ドイツ証券市場史

取引所の地域特性と統合過程

山口博教［著］

北海道大学出版会

まえがき

　本書の元となった各論文は，ドイツの諸地域証券取引所の歴史特性，言い換えると歴史的に形成されてきた地域特性を明確にしたいという意図をもって書いたものである。ドイツの株式会社と金融市場に関する研究を開始した当初，西ドイツにおける金融研究は銀行論という金融論に偏重し，証券市場についての解説は極端に少なかった。多くの銀行論，銀行経営学および銀行史のテキストがドイツの書店に並び，ドイツの各大学でさまざまに講義されていた。実際ドイツでは大学の銀行ゼミナールで学び，金融機関でのインターンシップを経験し，卒業後は銀行に入り預金／貸付業務に携わることが，金融分野の経営経済学を学ぶ学生の第一の希望であった。反面で，証券取引についての関心は非常に少なかった。そもそも証券取引を専門としているドイツの研究者は全国で数人ほどで，銀行研究者と比べて極端に少なかった。もっともこのような状況は日本でも同様であった。

　その原因はなぜかという疑問は，研究が進むにつれますます膨らんでいった。それに対する解答は本書の内容にも関係するが，ともかくドイツ証券取引所史をなんとか書けないかという関心が沸き起こった。このため，1991年にドイツ留学の機会を与えられたときから，ドイツ各地の証券取引所を訪問し，その歴史的文書や取引所史を入手する努力を払ってきた。その結果，ベルリン，フランクフルト，ハンブルク，ブレーメン，バイエルンの証券取引所については創立記念冊子を入手することができた。また何度か訪問したフランクフルト・アム・マインのゲーテ大学附属資本市場研究所では関係文献のコピーを取らせてもらった。さらに1992年にフランクフルトにある銀行史研究所の委託により，ハンス・ポール教授が編纂した『ドイツ取引所

史』が刊行されたことがおおいに追い風となった。この本の巻末には証券取引と取引所についてのかなりの量の文献が掲載されていたからである。このようにしてドイツにおける株式所有と銀行論争に関する第一冊目の著作をまとめた後，ドイツ証券取引所史を研究課題として取り組むことができるようになった。

　ところで西ドイツにおける証券市場への無関心は，第二次世界大戦以降のドイツの金融市場の基本構造にかかわるものである。すなわち預金／貸付業務を中心とした銀行融資と企業の自己金融がその基盤にあった。1975年に北海道大学大学院経済学研究科に入り，これを一つのテーマとして研究生活の第一歩を踏み出した。そしてドイツにおける株式所有主体の分析と合わせて，このような企業金融状況について「戦後西ドイツにおける資本蓄積過程」という修士論文にまとめた。提出したこの論文審査において，執拗に出された質問はかつての「金融資本(Finanzkapital)」という概念が一体どうなったのかということだった。というのは西ドイツ時代の企業金融は，かつての「金融資本」的形態からまったくかけ離れたシステムをとっていたからである。しかしこの問題に当時すぐに回答(解答)することはできず，その後の研究課題として残され続けた。すなわち，かつてのドイツでは信用大銀行が株式会社に資本の前貸しをし，その企業からの返済を待たずに，その会社株式を上場したり，増資のさいの引き受け発行を行うことで資金回収を行っていた。このような金融システムが西ドイツでみえにくくなったのはどうしてか，という問題である。というのはこのシステムは第一次世界大戦以降にすぐになくなったわけではないが，1930年代の銀行危機，ナチスの統制経済体制と第二次世界大戦を経て消え失せたかのように思われるからである。したがってまずその原因と消失過程を探ることが課題となっていった。

　ただし戦後復興後に日本ほどの高度成長ではないにしろ奇跡の復興を遂げた西ドイツで，またまた「銀行の企業支配力(Macht der Banken)」(筆者の第一著作『西ドイツの巨大企業と銀行』(文眞堂，1988年)では「銀行勢力」と訳した)をめぐる論争が1960年代後半から巻き起こっていた。そして数にして百社前後の，西ドイツを代表する巨大株式会社と社会経済全体に対

して及ぼす民間信用大銀行の影響力（支配力）が，社会的批判にさらされた。これは主として社会民主党青年部（Jungsozialisten＝JUSO）を中心とした学生運動の流れと労働組合運動の高揚から生じたものであった。批判の矛先は主として銀行の企業株所有と監査役員の企業取締役会への派遣を通じた会社および産業界支配に向けられた。逆説的ではあるが，再度「金融資本」批判の波が高揚した。したがって論争の存在は，「金融資本」は2回の世界大戦を経て消失したのではなく潜在化していて，西ドイツ経済の成長とともにそれが顕在化してきたことを証明するものだった。しかし，このドイツで4回目となる西ドイツ銀行論争のなかで，銀行の株式直接所有と寄託株議決権の利用に関する分析は行われていたものの，証券市場自体に関しては一部のテーマ（貨幣市場への資本市場の従属問題）を除き本格的研究が及んでいなかった。この分野に関する研究成果に触れることができるようになるには，1980年代半ばまで待たなければならなかった。

　というのはそもそも西ドイツ時代の株式市場というのはその経済力からみても，また日本と比較しても，やはり矮小な市場でしかなかったからである。したがってかつての活発な株式取引の伝統を念頭に置いたうえで，このように株式市場および銀行の株式取引が不活発で充分な収益部門たり得なくなったのはいつからか，またどのような社会・経済的原因があったのかが改めて問題となる。これは先の「金融資本」消失と共通する問題でもある。筆者がドイツ証券市場史に取り組みはじめたのは，このような問題意識からであった。

　まず最初にベルリン証券取引所に取り組み，次にフランクフルト証券取引所の分析に移った。このなかで驚いたのは，両取引所がまったく性格の相違する市場であることが次第に明らかになってきたことである。またベルリン取引所分析でも重要な問題として浮上していた証券取引におけるユダヤ系個人銀行（家）とユダヤ系証券業者（マークラー銀行）の果たす役割が，フランクフルトではさらに一層重要であったことも次第に判明した。さらに1930年代の戦時経済体制の構築以降の変化が以上の問題で決定的な重要性をもっていたことに気がついた。それは以下の問題をはらんでいた。

第一には，株式市場が抑圧され，軍事融資を中心とした債券市場中心の証券取引にゆがめられていったことである。この市場構造は西ドイツの金融市場にも引き継がれていった。第二には，最終的にユダヤ人とユダヤ系証券業者(個人銀行家)が追放され，西ドイツではわずかな数になってしまったことである。とくにこの点については，歴史研究以外の金融論，銀行論の世界ではドイツの研究者で言及したり著述したりする学者が皆無に近いくらい少なく，私の個人的仮説として出発せざるを得なかった。また第三点目として，戦後経済改革が以上のような社会経済体制の転換を決定的にしたことであった。この改革は日本における米軍(連合国軍)の単独占領とはまったく異なり，4カ国占領という形態で行われた。1871年のプロイセンによるドイツ統一以来ベルリンを中心とした国家体制が続いたが，これは徹底的に破壊された。その結果かつての領邦国家時代とはやや異なるものの，主としてアメリカの意向に基づいた連邦制の経済社会体制へと転換させられた。ただし，日本でもそうであったが，戦時経済体制は金融面では大きな影響を敗戦後も与え続けていて，これが変わりはじめるのは1980年代中盤以降であった。

　その後東西ドイツ統合とEU統合の進展に伴い，ドイツの金融市場を取り巻く状況は大きな変化をみせた。まずロートシルト家がフランクフルトへ里帰りし，ROTHSHILD GmbHという会社で業務を再開した。またすでにハンブルクへ戻っていたヴァルブルク家が創業時のM. M. WARBUG & Co.という老舗の企業名を取り戻した。いわゆる個人銀行(家)のルネッサンスである。その背後には何よりも金融業務のなかで，株式取引が徐々に増加しはじめた事実があった。最初は，旧東独国有企業の信託公社移管を経たあとでの民営化，株式会社化によるものであった。個人の株式取引ブームも生じて直接金融が脚光を浴びた。その後，IT産業の勃興とともにベンチャー企業の創業ブームが出現した。これらの創業を支えるノイエマルクトがドイツ証券取引所株式会社に設置された。これは投機的不正行為の頻発を伴い一時的挫折をみせて新市場へ改組転換されたが，グローバリゼーション，アングロサクソン・スタンダードという大波が浸透しはじめている。

　ただし日本と同様にグローバルスタンダードの導入は，戦時経済体制以来

とられてきた経済・金融体制を破壊していくことでもある。これが成功裏に行われるかどうかは，今後慎重に見極めていかなければならない。日本におけるビッグバン以来の金融制度改革を考えるうえで，この著作が研究者と証券・金融業界関係者，とくに証券取引所関係者に対してなにがしかの意味をもつことができれば幸いである。

　なお，本書は，序章を除き一応時代順に各章を配置した。当初ドイツ証券市場分析を狙っていたが，結果としてドイツ証券市場史としてまとめることとした。ただしこれまでの仕事が現状分析を中心としてきたため，現在から過去をみている。今後の動向を考えるうえでも，この点にも関心をもって読み進めてもらえることを願っている。

　最後にこの本の完成までにいろいろな方々から恩恵と激励を受けているため，それらについて書き留め感謝の気持ちとしたい。合わせて筆者の第一著作刊行後に故人となられた研究者達のご冥福をお祈りする。

　日本の研究者では，学部，大学院時代の指導教授であった元北海道大学教授の富森虔児教授。北海道を去られてから久しいながら不肖の弟子のさまざまな面でのミスに対し絶えず遠方よりチェックしていただいている。次に元京都大学・現東京経済大学の渡辺尚教授には第一著作に続き，今回の下地となったいくつかの論文作成時に目を通してもらってきた。筆者のドイツの地域(領域)問題に対する関心は，教授が北大在任中に担当された外国書講読の授業以来触発され続けてきたものであり，その学恩に応えられれば幸いである。また大学院以来，土曜研究会をはじめとした各種研究会で故大爺栄一・松井安信・石坂昭雄北海道大学名誉教授と中村通義・森杲・加来祥男元北海道大学教授には，いろいろな面でご指導いただいた。改めてここで感謝申し上げる。

　また，絶えず新鮮な刺激を与えてくれる証券経済・金融・信用理論学会の全国，道部会等に参集する諸学兄姉と熱い討論をすることができた。金融・証券関係でドイツ研究者の数は限られていて，とくに全国学会時の懇親会での交流が力となってきた。さらにたまにしか出席できないにもかかわらず入会を許されている，ドイツ資本主義研究会(第二次)および明治大学の高橋俊

夫教授を中心としたドイツ経営学研究会およびドイツ現代史学会で諸研究者と交流できるようになったことも大きな力となっている。

なお，ドイツ語・ドイツ文化研修では故塩谷饒名誉教授(元北星学園短大学長)をはじめとしドイツ人講師(ウルリッヒ・ヴァルベラー(Dr. Ulrich Walberer)とエーベハルト・クレーベルク(Eberhard Kleeberg))を含めた北大独文科の諸教授陣。ならびに現在定年後の豊かな文化活動を目指す，小岸昭館長(京都大学名誉教授)を先頭とした同人誌『ブレーメン館』の関係者，および札幌でのゲーテ・インスティトゥート(Goethe-Institut＝ドイツ文化センター)夏期独語講習会以降，独自のグループ学習を続けている平野恭雄氏を中心としたメンバーと初代講師のヴォルフガクング・バウアー(Dr. Wolfgang Bauer)氏，2代目講師のダニエル・アーノルド(Daniel Arnold)氏の協力と欧文校正の支援に感謝したい。

ドイツの研究者では，まず1991年の国外研修時に前半の半年受け入れの労をとられた元ベルリン自由大学銀行・金融研究所のマンフレート・ハイン教授(Prof. Dr. Manfred Hein)。1979年の第一回短期私費留学以来何度かの訪問のたびに，文献収集やドイツの研究者およびベルリン証券取引所等への紹介という面で多大のお世話をしていただいた。とくにドレスデン銀行の株主総会が当時ベルリンで開催されたさい，学生・共同研究者と一緒に見学するという貴重な体験をさせてもらった。また教授には1994年に学術振興財団の資金で日本へ短期招聘したさいに，北星学園大学ほか日本の各地で講演をしてもらった。

次に元エアランゲン・ニュルンベルク，アレキサンダー大学経営学研究所の故オズワルト・ハーン名誉教授(Prof. Dr. Dr. h. c. Oswald Hahn)。同じく1991年の国外研修時に後半の半年受け入れてもらい，研究室を挙げてお世話になった。当地に本社のある情報会計の会社(DATEV eG)やドイツ銀行ニュルンベルク支店の訪問のさいに共同研究者と一緒に同行させていただいた。また私の要望に応えて，バイエルン証券取引所の訪問のさいの仲介をしてくださった。教授は1999年に心臓病で亡くなられたが，2004年にウルズラ・ハーン(Ursula Hahn)夫人のご好意で遅ればせながらやっと墓参

まえがき　vii

することができた。

　またフランクフルトのゲーテ大学附属資本市場研究所カール・ホイザー教授(Prof. Dr. Karl Häuser)は，訪問のたびごとに現役時の多忙さのなかで研究所資料の閲覧を許可していただいた。またフランクフルト証券取引所やドイツ証券取引所連合会(現ドイツ証券取引所株式会社の附属施設であるドイツ株式研究所)訪問の仲介の労をとってくださった。ただ2001年に訪問したさいにはすでに定年を迎えられていて，研究所の建物がかつてのライヒスバンク(Reichsbank)のものであったなどの話を伺うことができた。

　そして元ケルン大学のフリードリッヒ・ウィルヘルム・ヘニング教授(Prof. Dr. Dr. Friedlich-Wilhelm Henning)には1997年の訪問のときにフランクフルトにある銀行史研究所への紹介ならびに，ドイツ語文献の手配等でご足労をお掛けした。教授は自らは証券市場論の専門家ではないと謙遜されてはいたが，ドイツで1930年代まで行われていた定期取引を体系的にまとめていてこの分野では右に出る研究者はいない。

　さらにハンブルク大学貨幣・資本市場研究所ハルトムート・シュミット教授(Prof. Dr. Hartmut Schmidt)は，ハイン教授から紹介していただきその業績を知ることができた。現在ドイツでのEU証券市場問題および地域証券取引所研究の第一人者であり，その著作によってドイツの地域取引所研究を進めることができたといっても過言ではない。ハンブルクのハンザ証券取引所と公文書館訪問のさいには，仲介の労をとっていただいた。ほかにブレーメン証券取引所の冊子等文献収集でも多大のお世話になっている。また教授には2002年に北星学園大学で第58回証券経済学会を主催したときに，関係各位の支援により招聘することができ，学会ほか各地で特別講演をしてもらうことができた。

　そして本書では第二次世界大戦末から連合国4カ国による占領時代を経た西ドイツ時代の証券市場をどうにかまとめることができたが，これはカール・ルードヴィヒ・ホルトフレーリッヒ教授(Prof. Dr. Carl-Ludwig Holtfrerich)がフランクフルト金融市場史についての著作を1999年に刊行したことによる。このなかにはドイツ・レンダーバンク本店所在地問題がドイツ

ではじめて取り上げられていた。短時間ではあったが2001年にベルリン自由大学ケネディ・センターの研究室を訪問したおりに，この問題が「最新の研究成果である」と教えられた。

なお第一著作刊行時に書くべきであったが，内外文献の探索・取り寄せではつねにご尽力いただいている北星学園大学図書館職員にはこの場を借りて感謝したい。また大学後援会からも本書執筆にあたって便宜を図っていただいている。さらにドイツ占領軍文書の閲覧にあたっては，コブレンツの連邦文書館とロンドンのキューガーデン公立文書館およびイングランド銀行文書館を利用できたことが大きな力となった。とくにイングランド銀行では文書館の改築作業で多忙のなか対応をしてもらったことを付け加えておく。

またドイツ証券市場研究を進めるにさいして，以下の機関からさまざまな援助を受けている。まず石井記念証券財団から1997年度に奨学金を受けた。これにより渡独の機会を与えられ，諸地域証券取引所を訪問することができた。推薦していただいた証券経済学会元代表理事で元専修大学教授の熊野剛雄氏に感謝を申し上げる。また北星学園大学特別研究費を2001年度に与えられたことを付記しておく。そして今回出版にこぎつけることができたのは，独立行政法人・日本学術振興会の平成17(2005)年度科学研究費補助金（研究成果公開促進費）を交付された結果である。準備作業にあたっては北海道大学出版会の今中智佳子氏がいろいろな助言と支援をしてくださり，ここに記して感謝したい。

最後に，この著作を2004年3月に84歳の生涯を閉じた亡き父に捧げる。

目　次

まえがき

図表一覧

凡　例

序　章　ドイツの証券市場 ……………………………………1
　　　　——諸地域取引所の歴史特性

　第1節　はじめに——ドイツ諸地域取引所の歴史的伝統　1
　第2節　フランクフルト取引所対ベルリン取引所　5
　第3節　ナチス期の中央資本市場対西ドイツの連邦制資本市場　7
　第4節　統一ドイツとドイツ取引所株式会社の成立と展開　10
　第5節　直接金融復活への歩み　13
　第6節　ま と め　16

第1章　国際債券市場としてのフランクフルト証券取引所 …………23
　　　　——生成・発展・転回と歴史特性

　第1節　は じ め に　23
　第2節　都市フランクフルトの歴史特性　26
　　1．国際関係のなかでのフランクフルトの地政学的位置　26
　　　（1）近世以前——政治と交易の中心地　26
　　　（2）近世以降——各国との八方美人的外交姿勢　27
　　2．見本市都市から取引所都市へ　28
　　　（1）メッセと貨幣鋳造権の意義　28
　　　（2）為替取引所としての200年　30
　　3．「旧い富」を支える都市社会層　31
　　　（1）フランクフルト旧家の性格　31
　　　（2）ユダヤ系金融業者の意義と差別　34

第3節　フランクフルト取引所の生成・発展・転回　35

  1．1825年までの生成期　35

    (1)　中世末期から1775年まで　35
    (2)　1825年までの生成期　36

  2．1866-70年までの発展期　38

    (1)　1850年まで　38
    (2)　1866-70年までの発展期　39

  3．1914年までの転回期　41

    (1)　1896年まで　41
    (2)　1914年まで　42

第4節　フランクフルト証券取引所の歴史特性　44

  1．先物取引を中心とする投機活動の評価をめぐって　44

    (1)　先物取引の起源と種類　44
    (2)　フランクフルト証券取引所の投機活動の評価　44

  2．ドイツ帝国内の地域取引所および西南部ドイツ地域の「中央資本市場」としての役割　48

    (1)　ドイツ帝国内の地域取引所としての機能　48
    (2)　西南部ドイツ地域における「中央資本市場」　48

  3．ユダヤ系証券業者と個人銀行家の役割　49

    (1)　フランクフルト取引所のユダヤ系証券業者　49
    (2)　証券取引所における個人銀行家の伝統　50

第5節　ま　と　め　51

第2章　中央資本市場，ベルリン証券取引所の生成　……………59

第1節　は　じ　め　に　59

第2節　19世紀における証券取引所の生成　62

  1．ドイツ帝国建国までの証券取引所(1871年まで)　62

    (1)　フランクフルト取引所とベルリン取引所の拮抗　62
    (2)　個人銀行家の動向とフランクフルト証券取引所の役割　65

  2．創業活動と先物取引(1896年まで)　67

    (1)　株式会社の創業　67
    (2)　ドイツにおける証券先物取引　70

  3．帝国取引所法の施行とその影響(1914年まで)　76

    (1)　帝国取引所法の施行　76

(2)　帝国取引所法が与えた影響　80

　第3節　ま　と　め——1914年までの中央資本市場と地域取引所の役割　82

第3章　中央資本市場，ベルリン証券取引所の展開 91

　第1節　は じ め に　91

　第2節　第一次世界大戦以降の証券取引所　92

　　1．第一次世界大戦と証券取引所(1918年まで)　92
　　　(1)　第一次世界大戦下の戦時経済　92
　　　(2)　戦時経済が取引所へ与えた影響　95

　　2．インフレの克服と株式取引の高揚(1924年まで)　97
　　　(1)　インフレの発生と克服　97
　　　(2)　株式取引の高揚　102

　　3．相対的安定期と証券取引所(1929年まで)　110
　　　(1)　見せかけの安定　110
　　　(2)　暗黒の金曜日　113

　第3節　ま　と　め——両大戦間期の中央資本市場と
　　　　　　　　　諸地域取引所の役割　118

第4章　中央資本市場，ベルリン証券取引所の崩壊 125

　第1節　は じ め に　125

　第2節　銀行危機以降の証券取引所　127

　　1．銀行危機の発生と対応策(1933年まで)　127
　　　(1)　世界経済恐慌と銀行危機　127
　　　(2)　銀行危機への対応策　131

　　2．統制経済の開始と証券市場の国家管理(1939年まで)　135
　　　(1)　統制経済の開始　135
　　　(2)　証券取引所の統制と統合　142

　　3．第二次世界大戦と証券取引所の崩壊(1945年まで)　147
　　　(1)　第二次世界大戦下の軍事融資　147
　　　(2)　証券市場の機能麻痺　152

　第3節　ま　と　め——中央資本市場としてのベルリン証券取引所の
　　　　　　　　　意義と限界　154

　　1．中央資本市場としてのベルリン証券取引所の意義　155
　　2．中央資本市場としてのベルリン証券取引所の限界　157

第5章　西ドイツの連邦制資本市場
―― 4カ国占領とフランクフルト金融市場の復活 …………163

第1節　はじめに　163

第2節　これまでの研究成果　164
  1. ドイツにおける主要な研究　164
  2. 日本における主要な研究　168

第3節　戦時経済の遺産と敗戦前後の証券取引　170
  1. 戦時経済の遺産と金融・証券市場　171
    (1) 株式市場の機能麻痺　171
    (2) 国家による債券市場の徹底的利用　172
    (3) 経済統制下の貨幣市場　173
  2. 証券取引所の再開と旧所有権の清算　174
    (1) アメリカ占領地区以外の証券取引所　175
    (2) アメリカ占領地区の証券取引所　177
    (3) 封鎖証券と旧所有権の清算　179

第4節　占領政策の相違とフランクフルト金融市場の復活　181
  1. 基本方針と占領政策をめぐる連合国間の確執　182
    (1) アメリカの金融改革方針と調査報告　182
    (2) ブリテンの占領方針と占領政策　186
    (3) 連合国全体による占領政策樹立の挫折　189
  2. フランクフルトにおけるドイツ・レンダーバンクの創設　192
    (1) 米英占領地区の統合と西側占領政策の統合　192
    (2) ドイツ・レンダーバンクの名称と性格　196
    (3) ドイツ・レンダーバンクの本店所在地　198

第5節　フランクフルト金融市場と西ドイツの連邦制資本市場　204
  1. 戦後の経済復興とフランクフルト金融市場　204
    (1) 通貨改革と貨幣市場　204
    (2) 金融機関と企業金融　207
    (3) 戦後復興と金融市場　208
  2. 西ドイツの連邦制資本市場とその歴史特性　210
    (1) 連邦制資本市場と証券取引所連合会　210
    (2) 株式市場と債券市場　214
    (3) 西ドイツ資本市場の歴史特性　220

第6節　まとめ　225

第6章　統合資本市場としてのドイツ取引所株式会社 ……………… 237
　　　　──取引の電子化に伴う複合システムの導入

　第1節　はじめに　237
　第2節　電子取引システムの導入過程　239
　　1．証券取引所改革の歩み　239
　　2．先物取引における電子取引システムの導入　240
　　3．現物市場の電子化と取引所改革　241
　第3節　「中央取引所論」対「非中央取引所論」　242
　　1．「中央取引所(Zentrale Börse)論」の論拠　243
　　2．「非中央取引所(Dezentrale Börse)論」の論拠　244
　　3．統合資本市場としてのドイツ取引所株式会社　245
　第4節　諸取引システムとドイツ資本市場の評価　246
　　1．IBIS 対 BOSS-CUBE　246
　　2．ドイツ資本市場対ロンドン国際市場　253
　　3．フランクフルト証券取引所への業務集中と地域証券取引所の対応　255
　第5節　ま　と　め　258

第7章　ハンブルク証券市場の歴史特性 ……………………………… 261
　　　　──ハンザ取引所の一翼として

　第1節　はじめに　261
　第2節　ハンブルク取引所の創業とその組織　262
　　1．ハンブルク取引所の創業　262
　　2．ハンブルク取引所の組織　263
　第3節　近代における展開と商品取引所　264
　　1．近代における取引所の展開　264
　　2．商品取引所の組織　265
　第4節　通貨・為替取引所と証券取引所の展開　266
　　1．通貨・為替取引所の展開　266
　　2．証券取引の開始　268
　第5節　現在のハンブルク証券市場と地域取引所をめぐる論争　270
　　1．現在のハンブルク証券市場　270
　　2．地域証券取引所をめぐる議論　271

第6節 ま と め 272

文 献 一 覧　277
論文初出一覧　289
あ と が き　291
索　引　295

図表一覧

序章
- 表 0-1　ドイツの諸地域取引所の変遷　2
- 表 0-2　ドイツの株式会社数，名目資本金，上場株式会社数の推移　10
- 表 0-3　ドイツ諸地域取引所で売買された株式・社債の数。1998 年　12
- 表 0-4　ドイツの証券現物売買高(全体，フランクフルトおよびデュッセルドルフ取引所)　12
- 図 0-1　独ノイエマルクトの時価総額および上場企業数の推移　14
- 表 0-5　ドイツの証券市場で使用されている株価指数　16

第 1 章
- 表 1-1　フランクフルトの銀行商会，銀行，銀行支店(設立年)　32-33
- 表 1-2　ドイツ各証券取引所で上場された証券　43
- 表 1-3　フランクフルト証券取引所とベルリン証券取引所におけるルポール金利(a)ならびにライヒスバンクの本店(ベルリン)，フランクフルト支店，そのほか 4 カ所の支店における業務種類別取引高の比較(b)　46

第 2 章
- 表 2-1　先物，定期取引の種類　71
- 図 2-1　証券種類別の年間発行量の比重　74

第 3 章
- 表 3-1　ベルリン大銀行の借方と貸方　1923 年-1944 年　98-99
- 表 3-2 a　両大戦間期の現金流通量　1915 年-1945 年　101
- 表 3-2 b　1923 年第 4 四半期の流通貨幣量　102
- 表 3-3 a　株式会社数と資本金　1870-1922 年　104
- 表 3-3 b　株式会社数と資本金　1922-1943 年　104
- 表 3-3 c　株式会社数と資本金　1953-1974 年　105
- 図 3-1　株式会社数，株主数，資本金額　1800-1975 年　106

図3-2　投資家からみた利回り比較　114
表3-4　ドイツ諸地域取引所の入場者数(概数を含む)　120

第4章
表4-1　ドイツの失業者数　1927-1939年　129
図4-1a　アメリカの株価動向　130
図4-1b　ドイツの株価動向　130
表4-2　1933年から1938年までのドイツ帝国の軍備支出　139
表4-3　個人銀行(家)商会のアーリア化　147
表4-4　国内におけるライヒ負債の内訳　150

第5章
図5-1　ドイツの株価指数DAX　213

第6章
図6-1　ドイツ取引所株式会社の諸機関　238
図6-2　ドイツ取引所株式会社の株式所有関係　247
表6-1　ドイツ取引所株式会社の取引時間　248
表6-2a　取引所ごとの個別相場での約定価格に基づくIBIS／BOSSスプレッド
　　　　乖離率(ASV)　249
表6-2b　取引所ごとの個別取引所売買高に占める全体相場での売買高比率　250
表6-2c　IBISスプレッドに基づく個別取引所での全体相場の
　　　　ASV(手数料控除前)　250
表6-3　株式銘柄ごとのIBISスプレッドとIBIS売買割合　252
表6-4　シーレックとヴェーバー両氏のアンケートによるFWB・IBIS・SEAQインター
　　　　ナショナルの評価　254
図6-3a　同上グラフA　254
図6-3b　同上グラフB　254
表6-5　地域証券取引所の市場持ち分(株式＋債券売買高)　256

第7章
図7-1　ハンブルク・ハノーバー取引所株式会社(BÖAG Börsen AG)の構成　267

凡　例

　本書の専門用語については以下を参照した。ただし，各書で日本語訳に相違がある場合には，著者の判断で適宜選択した。
1．東畑精一監修，四宮恭二編『Deutsch-Japanisches Wörterbuch der Wirtschaft, 独和経済用語辞典』有斐閣，1969 年。
2．田沢五郎『Deutsch-Japanisches Wörterbuch für Politik, Wirtschaft und Recht ドイツ政治経済法制辞典』郁文堂，1990 年。
3．後藤紀一・Matthias Voth『ドイツ金融法辞典 Deutsch-Japanisches Wörterbuch zum Bankrecht』信山社，1993 年。
4．山田晟『ドイツ法律用語辞典』(改定増補版)大学書林，1994 年。
5．田沢五郎『Deutsch-Japanisch-Englisches Wörterbuch für Handel, Wirtschaft und Recht mit Kommentaren und Grundbegriffen 独＝日＝英ビジネス経済法制辞典』郁文堂，1999 年。

序章

ドイツの証券市場
——諸地域取引所の歴史特性

第1節　はじめに——ドイツ諸地域取引所の歴史的伝統

　現在のドイツの証券市場は，1993年に成立したドイツ取引所株式会社(Deutsche Börse AG)が母体となっている。この会社はドイツの諸地域取引所を統合したものである[1]。この会社が成立する以前のドイツ諸地域取引所には長い歴史的生成過程と各取引所の伝統があった[2]。この章では，これら歴史的伝統を踏まえて各地域取引所の特性に触れていくことにする。というのは，現在金融革新を遂行し，直接金融へ転換するための努力を試みているドイツの取引所の今後の展開過程を評価するときに，この問題を避けて通ることはできないと，考えるからである。

　しかし歴史的，文化的に相違する諸地域を「ドイツ」の名のもとに一括することはさまざまな困難がある。このため，ここではスイスとオーストリアおよび一時期のフランスを除くドイツ語圏の各地域取引所を分けて扱うこととする。地域分けは，表0-1に示した通りである。

　まずライプツィヒの中部ドイツ取引所は，17世紀に創設されて以来，銀などの商品取引，為替取引の伝統をもっていた。1934年の取引所改革と35年の統合後は，最大の地域取引所(Regionalbörse)であった。しかし第二次世界大戦終結前の1943年に爆撃で破壊され，旧ソ連の影響下で旧ベルリン取引所(旧東ベルリン所在)およびブレスラウ取引所とともに廃止の憂き目に遇っていた。東西ドイツの統合後1990年に，再建の話が出はじめ，93年には中部ドイツ取引所協会が関係者により設立された。すでに，ザクセン州お

表 0-1　ドイツの諸地域取引所の変遷

取引所所在地	設立・法制化年	1935年の統合	西ドイツ時代	1993年以降
A．東部ドイツ(旧プロイセン)				
①ベルリン	1685(1805)	①ベルリン取引所	①旧西ベルリン証券取引所 (1952年3月)	①ベルリン・ブレーメン証券取引所 (2003年3月)
②マクデブルク				
③シュテティーン				
④ダンツィヒ	16・17世紀×			
⑤ケーニヒスベルク	1635(1823)×			
⑥グリメン	×			
⑦メーメル	×			
⑧クラビック	×			
⑨エルビンク	×			
⑩ポーゼン	×			
⑪ブレスラウ	18世紀	②ブレスラウ取引所	×	
⑫ハノーバー	1785(1801)	③ハノーバー取引所	②ハノーバー取引所 (1946年4月)	②ハンブルク・ハノーバー取引所株式会社 (1999年)
B．北部ドイツ				
⑬ハンブルク	1558(1815)	④ハンザ取引所	③ハンザ取引所 (1949年8月)	
⑭リューベック	1605(1801)			
⑮ブレーメン	1682(1701)	------	④ブレーメン証券取引所 (1946年11月)	
C．中部ドイツ(ザクセン)				
⑯ライプツィヒ	1666(1818)	⑤中部ドイツ取引所 (ザクセン取引所)	×	
⑰ドレスデン	(1857)			
⑱ハレ	1635			
⑲ツヴィッカウ				
⑳ケムニッツ				
D．西部ドイツ				
㉑デュッセルドルフ	1844(1875)	⑥ライン・ヴェストファーレン取引所	⑤ライン・ヴェストファーレン取引所 (1946年4月)	③
㉒エッセン	1855(1880)			
㉓ケルン	1553(1820)			
E．中西・西南部ドイツ				
㉔フランクフルト	1585(1707)	⑦ライン・マイン取引所	⑥フランクフルト証券取引所 (1945年9月)	④
㉕マンハイム				
㉖シュツットガルト	(1861)	⑧バーデン・ヴュルテンベルク取引所	⑦バーデン・ヴュルテンベルク取引所 (1945年11月)	⑤シュツットガルト証券取引所 (1949年)
F．東南部ドイツ(バイエルン)				
㉗アウグスブルク	16世紀(1816)	⑨バイエルン取引所	⑧バイエルン取引所 (1945年8月)	⑥ミュンヘン証券取引所 (2003年)
㉘ミュンヘン	(1829)			

G．その他(エルザス，ロートリンゲンを除く)　㉙キール—×，㉚コルベルク—×，
　　㉛ニュルンベルク—×，㉜ブラウンシュヴァイク—×

出所：松野尾裕「ドイツ取引所アンケート委員会(1892-93)」『立教経済学研究』第4巻第1号，1989年。Hans Pohl (Hrsg.), *Deutsche Börsengeschichte*, Frankfurt am Main, 1992, Bernd Baehring, *Börsen-Zeiten*, Frankfurt am Main 1985 から作製。ただしバーデン・ヴュルテンベルク取引所の第二次世界大戦後の再開年月については，上記2冊目の著作に記述がないため，直接同取引所へ問い合わせを行い返事を得た。

よびチューリンゲン州共同の州立銀行がライプツィヒに置かれることが決まっている。証券取引所の復活もまた，この地帯の金融センターとして，また経済復興と企業創業活動にとって重要とみなされ，開設準備が進められていると報道されたもののまだ実現にはいたっていない[3]。

次に西部ドイツはかつての重化学・鉱工業地域であった。そしてこれらの株式会社の証券を中心に取引していたのが，ドイツ最古の取引所であるケルン取引所であった。イタリア，イギリス，アントウェルペンなどとの交易面，またフランクフルト・アム・マイン（以下フランクフルトと省略）のメッセ（大市）とも連動し，支払決済等の面で中世ドイツで最重要な取引所であった。ただしナポレオンの進入により取引所取引は一時的に中断した。その後1820年に新しい取引所として再出発したが，その組織と規定はフランスのそれの影響を受けたものとなった。ただしドイツの近代化のなかでは，あまり目立たない地域取引所にとどまった[4]。

一方デュッセルドルフ取引所は，エッセン取引所と同様に工鉱業証券を中心とした証券取引所であった。しかも19世紀までは，証券取引所（Wertpapierbörse）というよりは，鉱業原料を中心とした商品取引所（Warenbörse）の性格を強くもっていた。しだいに鉱山株（Kux）を中心とした鉱業証券が取引されてくるが，依然として商品取引所との混合取引所であった。1935年以降，また第二次世界大戦後も西部ドイツの中心的取引所となった。とくに西ドイツ時代には，デュッセルドルフが商工業の中核都市となり，日本企業の多くもその支店を置いていたからである。しかし，1980年代後半からは重厚長大産業が衰退し，フランクフルトが証券取引の集中度を増すにつれ，その経済的比重はしだいに落ちてきている[5]。

また北部ドイツの各取引所は，ハンザ取引所の名の示すごとく，歴史的には北海・バルト海沿岸の海外貿易を背景としている。ハンブルク取引所は，16世紀中盤にアントウェルペン取引所をモデルに設立され，当初水産物，コーヒー等の商品取引所として繁栄した。そのほかにも為替・保険・海運等の諸業務をも結合していた。証券取引は18世紀のはじめに開始されていたが，定期的に取引されだしたのは，1815年以降だった。取引対象は，国債，

鉄道株，銀行株，海運株などバランスがとれていて，とくにロシア・スカンディナビア諸国の証券，船舶・植民地証券がこの取引所の特色であった。19世紀半ばには，フランクフルト，ベルリン，ケルンにつぎ4番目の取引高をもっていた。1841年には市参事会(Senat)が取引所規則を認可し，運営は公的管理の下で商業会議所に委任された。また同時に民間組織であった商品取引所は証券取引所から分離された[6]。

　次に東南部ドイツにおいては，15世紀から18世紀はじめまで，商取引の中心は一貫してアウグスブルクであった。この地では，かつてフッガー家が全盛を誇った時代に，金・銀等鉱物資源の採掘，イタリアなどの地域との交易に伴う貨幣・為替業務および宮廷金融が営まれていた。19世紀に入るとバイエルン王国の財政需要と負債の増加によって，為替・債券業務が伸張した。しかし1815年のウィーン会議を境にアウグスブルクの為替取引の繁栄は終焉を迎え，1829年に開設されたミュンヘン取引所が次第にその遺産を受け継いでいくこととなった。この取引所は既存のツンフトからは独立した商人諸階層の協会組織としてスタートしている。その後，運営は1832年に商業協議会(Handelsgremium)，1868年には商業協会(Handelverein)により行われるようになった。1896年の帝国取引所法施行後には，州政府の管轄下に入った。ここではバイエルン・オーストリア債券，抵当証券，ロッテリー債(富くじ(籤)付債券)が取引されていて，その後オーストリア国立銀行(Österreichishen Nationalbank)株やバイエルン抵当・為替銀行(Bayerischen Hypotheken-und Wechselbank)株が付け加わった。19世紀末にはドイツで最大の抵当証券市場となった。しかし取引の大半はバイエルン州内関係機関の証券であり，地域特性を色濃くもつ取引所であった。なお近年では北部ドイツの重厚長大産業の衰退を後目に，コンピューター，情報関連と自動車産業株が伸長してきている[7]。

　フランクフルトとベルリンの取引所については，次の項目からそれぞれ独自に取り上げ，対比させてみていくことにする。というのは，前者は現在ドイツ取引所株式会社の傘下にあり，ドイツの資本市場の中心的役割を担っている。それに対してベルリン取引所はドイツ帝国の時代に同様の役割と機能

をもっていた伝統がある。さらに両取引所はいろいろな面において，非常に対称的な生成過程と歴史的伝統を保持しているためでもある。そして，1990年のドイツ統合に伴い，政治首都のベルリンとドイツおよびEUの経済・金融中心地として一重要拠点となったフランクフルトの両取引所の性格を総合的にとらえることが，今後のドイツの動きおよび現在のドイツ取引所株式会社の性格を理解するために必要である，と考えるからである。

第2節　フランクフルト取引所対ベルリン取引所

　この両取引所は，発生・展開・取引内容・所在都市の性格などからみて，相互に両極端の性格を有している。また，東西ドイツの統合後，ベルリンへの首都移転にもかかわらずマイン河畔のフランクフルトはドイツ金融センター(Finanzplatz Deutschland)としての地位を不動のものとし，さらに国際展開を図っている。

　まず都市フランクフルトからみていく。この都市は，中世の神聖ローマ帝国の自治的自由都市であった。市の参事会は，経済活動を行っていた都市貴族層により担われていた。彼らは都市商工会議所を基盤に結集し，狭い範囲ではあったが，国内外にまたがる血縁・閨閥関係を構成していた。また，ユダヤ教徒が中世末期以来この地に定住していた。彼らは繰り返される迫害と都市住民との軋轢，他方での税金等での金融的貢献という状況のなかで，15世紀中盤にはユダヤ人はゲットーに押し込められ，制約された生活を強いられた。しかし，経済・金融活動では抜き難い影響力を築いていった[8]。

　この地の取引所は，崩壊したアムステルダム取引所の伝統を受け継ぎ，国際債券取引所(Fondsbörse)として出発した。証券取引所として初期の時代には，オーストリア・ハプスブルク家との，そしてその後は北米大陸との関係がとくに強かった。投資家は投機をあまり好まず，安定指向の債券を中心とした取引を指向する傾向があった。これは，汚れた空気や工業を嫌悪する都市住民の性格を反映している。また，19世紀に経済覇権をなし遂げたロートシルト家の意向でもあったと思われる。証券取引は各国国債や鉄道証券

が中心で，投機的証券は，本取引所からは分離された夕刻取引所(Abend-börse)で扱われたほどであった。また投機も，鞘取り(アービトラージ)を中心に行われていた[9]。

そしてこれらの金融・証券取引業務で中心的役割を果たしていたのが，クリスチャン系とユダヤ系の個人銀行(Privatbank)ないし個人銀行家(Privatbankier)であった。すでにみたロートシルト(Rothschild)家のほかに，メッツラー家(Meztler)，ベートマン兄弟商会(Gebr. Behtmann)などであった。これらの商会は国際的同族(血縁)ネットワークを重視するフランクフルトの老舗銀行であった。資産管理と投資金融に従事し，利潤や拡張よりも流動性を第一義とし，預金業務をも扱っていた。ただし，証券業務では，発行業務というよりは流通・販売業務が中心であり，ベルリンを中心として出現した兼営銀行(今日のユニバーサル・バンク)とは性格の異なる銀行であった。

一方，ベルリンは軍事大国プロイセンおよび普仏戦争後の1871年に建国されたドイツ帝国の政治首都であり，取引所も王立の制度で開設された。この時期にはフランスから戦時賠償金が流入し，ドイツ全土で創業(成り金)ブームとバブルが巻き起こった。投機につぐ投機が一世を風靡し，その反動による大不況期を経たものの工業化に成功した。

ところでこのようなドイツにおける創業時代を牽引したのは，株式会社形態をとった信用大銀行であった。これらの創設には，多くの個人銀行家もかかわっていたが，その営業内容は個人銀行業務とはまったく異なるものであった。発行引き受け業務と商業銀行業務(交互計算業務)を連結し，企業の経営内容に密接にかかわっていた。企業の金融・財務・証券業務を一手に引き受け，「金融資本」として絶えず批判を受けることになった。また投機活動はフランクフルトでは個人銀行主体で行われたが，ベルリンでの株式大銀行が絡む投機は，資金量と規模の点でフランクフルトのそれをはるかに凌ぐものであった。

なお，この投機の行き過ぎが社会的反感と批判を生じさせたことで，1896年に帝国取引所法が制定された。この結果，投機は玄人筋と金融機関にのみ制限され，全体として抑制されることとなった。ただしあまりに抑制処置が

厳しかったために，その後緩和を求める動きもあり，幾度かの法律改正により緩和処置がとられた。

その後，第一次世界大戦の準備，戦争経済のなかでは，軍需産業を育成すべく戦時国債が増発された。またこの消化を促進するため，信用銀行以外の金融機関，貯蓄銀行と信用協同組合もが証券業務を扱うようになり，ユニバーサル・バンクへの道を進みはじめた。

そして敗戦後1920年代には大インフレを経験し，その後の両大戦間相対的安定期を迎えるなかで株式投機が一定程度復活した。企業の集中運動も活発化し，巨大企業も誕生している。しかし，1930年代の不況期に入ると，再び抑制され，次にみるナチスによる統制経済下では，先物取引は完全に禁止処置を受けることとなった。

第3節　ナチス期の中央資本市場対西ドイツの連邦制資本市場

ナチスの経済政策の基本は，反資本主義，反自由主義，反金融資本，反ユダヤ主義＝アンティゼミティスムス（Antisemitismus）であった。証券市場はとくにユダヤ系銀行・証券業者の温床となると考えられ，統制下に置かれた。そして，軍備を推進する工業会社への融資のため，ライヒスバンクの信用を基礎に置いてあらゆる金融・証券機構が動員された。具体的には，企業に自己金融を強制し，その企業利潤を戦時国債とメフォ（Mefo）手形の発行で吸収し，必要な軍事物資生産へ振り向けていった。そして価格統制があらゆる面に及び，証券価格も管理されるにいたった[10]。

とくに第二次世界大戦に突入する1939年以前までは，ライヒスバンク総裁のヒャルマー・H.G.シャハト（Hjalmar H. G. Sahacht）のもとで，国家の信用創造はかろうじて中央銀行のその枠内で機能していた。しかし，シャハトが総裁の地位から締め出されたあとでは，このような経済機構は維持されなくなっていった。すなわちゲーリング（H. Göring）がイニシアチブをとった4カ年計画では，国家財政は中央銀行の枠をもはみだすまでになっていった[11]。しかも，このことは国内外の批判の目を避けるべくカムフラージ

ュを施されて巧妙に遂行され,「音無しの金融」ともよばれた。

　以上の経済活動全般に及ぶ統制のため,取引所自体も一切の市場性を喪失するにいたった。それまでドイツに二十数カ所あった取引所は,1935年に9カ所に整理統合された。ベルリン取引所が中央資本市場となり,残りは郷土市場(Heimatmarkt)とよばれた地方取引所の地位へ貶められた。さらに同年ライヒスバンク以外の州民間発券銀行の銀行券発券の特権が廃止され,中央銀行体制が強化された。まさに「指導者原理」に基づく,中央集権的統制経済の基礎が固められた[12]。

　また,これに合わせてそれまでドイツ各地の取引所で中心的役割を果たしていたユダヤ系証券業者,銀行業者が「アーリア化(Arisierung)」のスローガンのもとで排除されていった。証券取引技術に長けていたこれらの人材追放は,戦争後のドイツ経済回復にマイナス要因となったであろうと考えられる[13]。

　しかも戦争経済からの復興過程は,日本と異なり複数占領国の手で推進された。このため各占領地域で復興目的とその実現を目指す政策が相違し,速やかに遂行されなかった。西側陣営での政策統合にも長期の時間を要した。したがって第二次世界大戦が終結したからといって,ドイツで諸地域の証券取引所が直ちに一斉に再開されたわけではなかった。南部ドイツでは比較的早く,1945年には,ライン・マイン,バーデン・ヴュルテンベルク,バイエルン取引所が再開された。翌年の46年には,ハノーバー,ブレーメン,ライン・ヴェストファーレン取引所が続いた。遅れてハンザ取引所が49年再開であり,旧西ベルリン取引所にいたってはやっと1952年になってからであった(表0-1)。とくにベルリンにおいて取引所の再開が遅れたのは,連合軍の爆撃で取引所建築物が破壊されたうえに,ソ連軍がベルリンの王宮と合わせて建物自体を撤去してしまったからであった。このため取引所の移転を余儀なくされ,1955年には西ベルリンの商工会議所内に取引所ホールが新築され,業務が開始された[14]。

　一方政治体制の面では,1949年になってやっと,ドイツ基本法の制定等新国家体制の基礎が固められた。ドイツ連邦共和国(旧西ドイツ)では連邦分

権制により各州の政治権限を強化し，ワイマール憲法の民主主義的精神を復活させた。経済面ではルードヴィヒ・エアハルト(Ludwig Erhard)などが主張した「社会的市場経済体制」が形成されていった。戦時経済体制時に国・公有された諸企業が，国・公営企業として存続した。

政治制度と同様に，証券取引所もまた連邦制の連合組織として再編された。8カ所の取引所の共通窓口，調整機関としてドイツ証券取引所連合会(Arbeitsgemeinschaft der deutschen Wertpapierbörsen)が1952年に組織された。このなかでブンデスバンク所在地のフランクフルトの証券取引所は，「国際債券市場」としての伝統と中心的地位を約100年ぶりに取り戻した（敗戦後なぜフランクフルトが西ドイツ金融制度の中心地となったかについては，第5章で論じている）。そして，戦後はインフレ予防を最重要政策とした中央銀行および連邦政府の姿勢が非常に強固なものであった。このため，投機活動は第二次世界大戦終結後も引き続き徹底して抑制された。したがって株式金融は低調のまま推移せざるを得なかったが，これにはほかの要因も作用している。そもそもほかの企業形態と比較し株式会社数が少なくなったこと，また企業金融面では自己金融とハウスバンクからの借入が重視されたことである（表0-2）。

以上の金融体制のもとでユニバーサル・バンクにおいては株式金融よりも債券取引が中心にすわらざるを得なかった。かつてのフランクフルト証券取引所の伝統が蘇った背景には以上のような事情があった。そしてこの体制は1985年ころまで維持されてきた。その後1970年代の後半から，金融自由化と先物取引の再開で直接金融復活の兆しがみえはじめた。この背後には，第一には，コンピュータの経営活動への導入，取引の電子化などの技術革新，第二に国・公有企業民営化政策の推進がある。第三には，EU統合の進展，ユーロの導入という欧州レベルでの経済・産業・企業統合が進展した。また東西ドイツの統合にも必死の努力が払われた。第四には，1990年のドイツ統合と前後して，ナチス期にドイツを離れ諸外国に避難していたユダヤ系金融業者のドイツ本家への里帰りが行われたこともその大きな要因であると考えられる。すなわちロートシルト家が約100年ぶりに同家発祥の地のフラン

表 0-2　ドイツの株式会社数，名目資本金，上場株式会社数の推移
(1886-1922：Mrd. Mark, 1925-1943：Mrd. RM, 1956-1999：Mrd. DM)

年次	株式会社数	名目資本	上場会社	年次	株式会社数	名目資本	上場会社
1886	2,143	4,876	──	1956	2,824	24,135	686
1891	3,124	5,771	──	1960	2,558	30,477	628
1896	3,712	6,846	──	1965	2,508	45,948	627
1902	5,186	11,968	──	1970	2,304	56,495	550
1906	5,060	13,849	──	1975	2,189	76,348	471
1913	5,486	14,737	──	1980	2,141	91.1	459
1919	5,345	17,353	──	1983	2,118	101.1	442
1922	9,558	103,739	──	1990	2,685	144.7	649
1925	13,010	19,121	──	1995	3,780	211.2	770
1930	10,970	24,189	──	1996	4,043	216.5	993
1935	7,840	19,556	──	1997	4,548	211.6	1,461
1940	5,397	21,494	──	1998	5,468	238.6	1,985
1943	5,359	29,736	──	1999	7,375	262.1	#3,415

注：#は全上場株式数。
出所：Ulrich Fritsch, *Mehr Unternehmen an die Börse*, Köln 1978, S.12-16. Arbeitsgemeinschaft der Deutschen Wertpapierbörsen (Hrsg), *Jahresbericht 1987*, Frankfurt am Main 1988, S. 27, Herbert Hansen, Kräftige Anstieg der Zahl der Aktiengesellschaften bis Ende 1998 auf 5468 Unternehmen, in: *Die Aktiengesellschaft*, Köln 3. 1999, R. 67, Die Renaissance der Aktie, in: *Die Aktiengesellschaft*, 4. 2000, R. 123. Deutsche Börse (Hrsg.), *Facts and Figures*, Frankfurt am Main 1999, 2000 より作製。

クフルト・アム・マイン市で支店を復活させた。また，ロンドンから戻ってきたウォーバーグ家がやはり業務開始時の名称であるM. M. ヴァルブルク商会(M. M. Warburg & Co.)の名を再使用してきている[15]。

　以上のように，東西統合後のドイツ経済，金融市場を取り巻く状況は，冷戦体制下のそれとは大幅に異なり，かつ急速に変貌を遂げつつある。この経過については項目を改めて取り上げていきたい。

第4節　統一ドイツとドイツ取引所株式会社の成立と展開

　戦後の西ドイツにおける先物取引は，まず1956年の外国証券を対象とした先物取引の認可からスタートした。国内証券については，先物調査委員会

の答申を受けて，1970年に株式オプション取引(38種)がやっと開始された。1976年には外国株も加わり，84年末時点で56種60株の取引となった。そして，1986年4月には公社債オプション取引が，7月には株式指数取引が行われるようになった。これほど先物取引が遅れたのは，投機に対する強い規制の意識があったことと，先物取引が断絶し，その経験が途切れたためであると考えられる。

しかし，1985年前後にドイツ取引所改革がEC統合を背景として関係者のあいだで強く意識され，遂行されていった(ドイツ証券取引所連合会の改組等)。また，ロンドン金融市場に対抗し，欧州の金融センターにフランクフルトを押し上げたいという政策当局の狙いもあった(Finanzplatz Deutschlandの構想)。1988年にはドイツオプション・先物取引所(German Options and Financial Futures Exchange)がスイスの技術を導入することでスタートした。

その後，市場の電子化が急ピッチで進められ1988年にドイツ株価指数(DAX)取引の導入，1990年に連邦再利子先物契約(Bund-Futures)と先物取引の電子化が，現物取引に先行し，同年1月にドイツ先物取引所(DTB)の設立に結実した(現在のユーレックス(Eurex))。後者について，立ち会い時間に縛られない電子取引システム(IBIS)が開発されていった。これは現在のクセトラ(Xetra)に発展した[16]。

東西ドイツの統合と並行してこの作業が進み，首都移転決定のなかでドイツ政府はフランクフルトをEUの金融中心地にしようとの決意を固めた。取引所統合については，「中央資本市場論」対「地域取引所論」の激論が交わされた。論点は，市場の流動性，取引コスト，市場の深度，市場参入の容易さ，取引の公正さ，情報の有効性等多岐にわたるものであった。電子市場を目指すため，取引のシステム化と国内資本市場の集中を掲げる議論が出される一方，他方ではそれまでの連邦制資本市場を堅持することを重視する見解もあった[17]。

結局最終的には，両者の中間形態の統合資本市場的な性格をドイツ取引所株式会社はもたされることになった。一種の妥協ではあるが，電子取引シス

表 0-3 ドイツ諸地域取引所で売買された株式・社債の数。1998 年
ただし，( )内は，1997 年末の数値。

取引所	フランクフルト	デュッセルドルフ	ミュンヘン	ハンブルク	シュツットガルト	ベルリン	ハノーバー	ブレーメン	全取引所
株式	2,244 (720)	839 (451)	2,026 (425)	846 (498)	1,448 (154)	2,774 (364)	160 (174)	168 (126)	4,132 (1,111)
国内株式	637 (410)	485 (309)	439 (262)	398 (305)	413 (150)	535 (331)	149 (163)	162 (117)	883 (679)
外国株式	1,607 (310)	354 (142)	1,587 (163)	447 (193)	1,035 (4)	2,239 (33)	11 (11)	6 (9)	3,249 (432)
債券	8,139 (6,643)	4,230 (3,557)	3,520 (4,020)	3,654 (3,298)	2,824 (1,856)	2,091 (1,972)	1,536 (1,390)	756 (944)	23,449 (15,018)
国内債券	7,180 (5,860)	4,045 (3,171)	3,471 (3,839)	3,637 (2,984)	2,734 (1,803)	1,934 (1,848)	1,525 (1,325)	754 (895)	22,310 (14,099)
外国債券	959 (783)	185 (386)	49 (181)	17 (314)	90 (53)	157 (124)	11 (65)	2 (49)	1,139 (919)

出所：Deutsche Börse, *Fact Book 1998*, Frankfurt am Main 1999, S. 12.

表 0-4 ドイツの証券現物売買高(全体，フランクフルトおよびデュッセルドルフ取引所)
(Mrd. DM)

年次	ドイツ諸取引所の合計 合計	株式	債券	フランクフルト取引所 合計	株式	債券	デュッセルドルフ取引所 合計	株式	債券
1985 %	436.0 (100)	236.9 (100)	199.1 (100)	—	—	—	126.2 (28.9)	76.2 (32.0)	50.0 (25.1)
1987 %	2034.5 (100)	848.8 (100)	1185.8 (100)	1361.1 (66.9)	452.8 (53.3)	906.2 (76.4)	—	—	—
1990 %	3624.3 (100)	1819.6 (100)	1804.7 (100)	2384.9 (65.8)	1127.5 (62.0)	1257.4 (69.8)	604.9 (16.7)	338.6 (18.6)	266.3 (14.8)
1995 %	8086.9 (100)	1733.2 (100)	6353.8 (100)	6075.2 (75.1)	1305.7 (75.3)	4769.5 (75.1)	703.4 (8.7)	168.5 (9.7)	534.9 (8.4)
1996 %	8998.7 (100)	2441.9 (100)	6556.9 (100)	6935.8 (77.8)	1938.0 (79.3)	4997.8 (76.2)	680.7 (7.6)	182.7 (7.5)	498.1 (7.6)

出所：Rheinisch-Westfälische Börse zu Düsseldorf および Deutsche Börse AG の資料より

テムを導入する一方で立会市場をも併存させるという複合的取引所となった。その後の展開をみると，現物取引ではデュッセルドルフ取引所の市場シェアの低下，フランクフルト取引所の相対的優位性の確立が顕著となった(表0-4)。また，ベルリン取引所が一定の力を復活させつつあることもみてとれる(表0-3)。再び，投機的取引が活発となっていくのか，または，フランクフルト的な安定指向の投資活動が継続されるのか，直接金融が次第に拡大しつつあるなかで今後の展開は非常に興味深いテーマを提供している。

第5節　直接金融復活への歩み

　すでに第3節でみた通り株式会社とその上場企業数は1990年代にめざましい増加傾向をみせている(国内，国外企業数の合計)。株式会社数は1999年には7000社を突破し，2002年には1万社を超えるのではないかと，観測されている[18]。そうすると1920年代の後半のそれに近づくこととなり，歴史的にみても画期的事態となるであろう。

　これには，ドイツ金融センターを維持しようとする連邦政府の肩入れが大きな効果を上げている。資本市場振興法に合わせて100年ぶりに取引所法が改正されたり，株式所得に伴う二重課税を緩和したり，保有株式譲渡で得たキャピタルゲインを無課税とする政策が出されている(2001年度実施)。また，それに伴い少数株主の法律上の地位の強化を図ったり，合併に際しても，株価を高める以上に，株式利回りを高めることを重視するような方策を打ち出している。また企業の透明性に関しては，1998年成立の「企業統治と透明性に関する法律」(KonTraG)によって，監査役メンバー，大口株主が公表されるようになっている[19]。

　さらに，自社株買い入れ償却やストックオプションの導入，銀行の寄託株議決権の権利行使の制限など，株主の権限が強化され，「エクイティー・カルチャー」重視路線が進行中である。これらの処置により，すでにいくつかの企業ではストックオプションが導入された(ヘキストから分離独立したSGLカーボン社，ドイツで筆頭のソフトウェア会社のSAP社などである)。

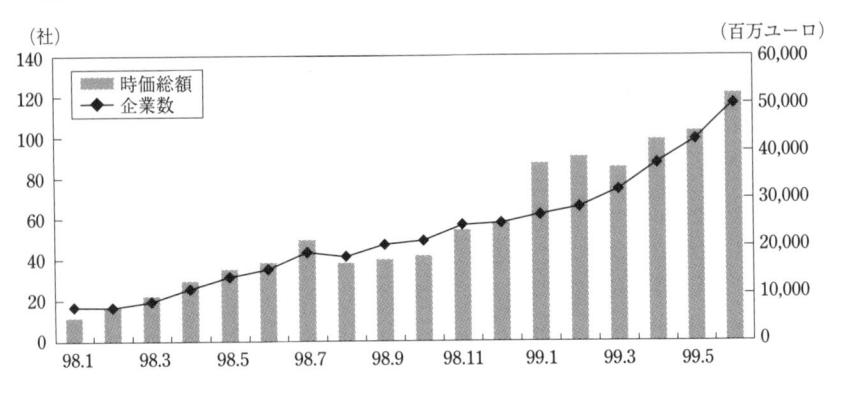

図 0-1　独ノイエマルクトの時価総額および上場企業数の推移
出所：Deutsche Börse, *Monthly Statistics Cash Market*.
出典：吉田仁美「欧州におけるベンチャー証券市場の運営状況について」『証券業報』583号，1999年9月，63ページ。

　以上の諸資本市場振興策の結実により，ドイツ大企業の経営風土は変わりつつあり，すでに「トップ30社は変貌済」との記事も出ている。すなわち，自己金融とドイツ流メインバンクであるハウスバンクに依存した企業金融は，大企業に限っては過去のものとなりつつあり，アングロサクソン・スタンダードである，株式金融による資金調達，金融派生商品，M&Aが流行になってきている[20]。

　さらに，株式会社および上場企業数を押し上げる力強い動きは，ベンチャー企業向けに1997年にオープンしたノイエマルクト（Neuer Markt）がこの動きを支えていることはいうまでもない。ノイエマルクトは，立会市場，Xetra，Eurexにつぐ，フランクフルト証券取引所株式会社の第4番目の市場である。ほかの市場と比べても極めて厳しい開示条件が付されているにもかかわらず，1997年の開設以来めざましい数に上る企業が上場してきている。1999年5月には，登録会社は100社を超え，年末には200社を超えることが確実視されていた。この予想の通り，同年12月7日付のドイツ取引所株式会社のホームページには次のような見出しがつけられていた。「200社目はフランスから，記録的となった1999年のノイエマルクト――欧州一の急成長」[21]。このように欧州では突出した新規株式公開の場を提供できた

ことに一段と自信を深めてたといえよう。

　なお，日本のベンチャー企業向け株式公開市場の設立にあたっては，諸規定を既存の取引所のそれに比べ緩和する傾向があるが，ノイエマルクトの場合にはむしろ厳しくする方向で対応している(①上場後半年は持ち株譲渡を禁止する。②他の市場へ上場換えする場合にも，元の市場で2年間の取引期間を経たのちとすること。③縁故者，共同事業者は分散株主には含めず，かつ分散株主を株主全体の20％から25％へと引き上げたこと[22])。

　以上の処置にもかかわらず，公開企業が拡大している背景には，ドイツにおけるめざましいベンチャー企業の登場がある。同市場では1999年6月1日からノイエマルクト・ブルー・チップスという株価指数(Neuer Markt Blue Chips＝NEMAX50)を導入した。50社のなかには，情報・通信・メディア・ソフトウェアなどのIT産業にかかわる企業やバイオ産業に従事するドイツ国内外の企業がある[23]。

　ドイツの証券市場ではすでにほかにもCDMX, DAX, SDAX, STOXX-Indizesなどの株価指数も機能している。先にみたソフトウェア会社SAPのような優良企業もある。この会社は1972年にIBMから独立して開業し，88年に上場，ベンチャーを脱却し94年からDAXに入ってきた優良企業である[24]。

　またミュンヘンのコンソールス(Consor)社のように，携帯電話を使った株式取引に乗り出したディスカウント・ブローカーや，モービル・バンキングを目指すセビット(Cebit)社などもあとに続いている。これに対し，既存企業も通信販売会社のオットー社(Versandhaus Otto)がインターネットを利用したり，フィアグ・インターコム(Viag Interkom)が携帯電話事業に参入したりもしている。このようにドイツでも，無線通信プログラム規約(WAP＝Wireless Application Protokol)をめぐる，IT産業での競争が一段と激しさを増している[25]。

　以上，ドイツの政財界を挙げてのベンチャー企業と株式市場に対する振興策がこの統合後めざましい勢いで進展し，成果を上げてきたといえよう。

表 0-5　ドイツの証券市場で使用されている株価指数

- CDAX (Composite DAX)：
  フランクフルト証券取引所(FWB)の公定市場，規制市場，ノイエマルクトで値付られるすべてのドイツ株式。
- DAX (Deutscher Aktienindex)：
  市場安定効果をもち，売買高で最大のドイツ30株式。これらの株式売買は，ドイツ株式売買高の約3分の4となっている。1987年に導入され，98年に10周年を迎えた。この指数部門は，世界でもっとも流動的な株式市場部門であり，これは派生的商品に対する最大の需要をもつためである。98年度には取引の93％がXetraで行われた。
- MDAX (Midcap-DAX)：
  30DAXにつぎ，FWB売買高が多い70の株式。1996年に導入されて以来，需要が増加した。外国投資家にもこの証券が関心をもたれているのは，MDAX派生商品が有効かつ価格面で有利なポジション確保に役立っているからである。
- STOXX-Indizies：
  ドイツ取引所株式会社が，SBF-Bourse de Paris, Schweizer Börse, Dow Jonesとともに1998年2月に導入した欧州株式指数群。同年6月からは，Xetraでも取引可能となった。DAX指数とともに，欧州ブルー・チップス部門の核を形成している。ドイツ取引所株式会社とロンドン証券取引所LSEは統合戦略の枠組み内での共通市場となることを目指している。
- SDAX：
  SMAX部門(公定市場，規制市場でMDAX価格についで取引される，ドイツSmallcaps部門)の100大株式指数で1999年第2四半期から導入された。SMAXは，伝統的産業部門で定着した中堅業に対する指標である。開示性と株式の流動性が強く要請される。株式分散所有は，資本金全体の20％以上が必要とされる。この点はノイエマルクトと同様にしている。

出所：Gruppe Deutsche Börse, *Geschäftsbericht 1998*, Frankfurt am Main März 1998, S. 19-21, S. 68ff.

第6節　ま　と　め

　以上ドイツの諸地域取引所の歴史特性について，個別市場の説明とフランクフルトとベルリンの取引所の対比を通して概括した。両取引所は，その成立過程および取引対象証券，取引業者の特質等さまざまな点で対称性と固有の伝統を有していることがわかった。そこで，これらの点を踏まえてドイツの経済体制および金融制度との関連において再度整理を試みておきたい。まずフランクフルト取引所は，為替取引所としての取引の伝統のうえに，ナポレオン戦争とそれに対抗する民族戦争遂行のための軍事融資の必要から国債取引市場として成立していった。これを扱ったのは，中世以来のユダヤ系宮廷金融業者が中心であった。すなわちドイツおよびハプスブルク王朝の諸侯に対する個人銀行家の個人信用が，市場を通した国公債取引へと展開してい

ったのである。その中心にすわったのが，ロートシルト家であり，当初はオーストリア債などでの投機業務をも扱ったものの，一旦取引所の中心的地位を占めると投機取引をむしろ抑えていったと思われる。

一方のベルリン証券取引所は，プロイセンを中心にした王立の取引所としての出発ではあったが，ドイツにおける工業化と株式会社の組織という点で傑出した市場となった。取引の中心は，個人銀行の多くが参加して誕生していった株式銀行であった。ドイツ帝国の誕生と前後して，銀行による銀行の創業と，鉄道業をはじめとした株式会社の創業を武器に，株式先物取引を中心に極めて投機的な展開を遂げていった。

しかし，この先物取引は市場の高騰と暴落の落差が大きく，農産物輸出を目指すユンカーなどの大農場経営者から農産物価格の不安定さが指摘，批判された。このため，1896年には帝国証券取引所法が制定され，先物取引は規制を受けることとなった。素人はこの市場から遠ざけられ，投機業者と大銀行などが主体の銀行間市場として存続していった。こうして，第一次世界大戦では，戦時公債の発行もあったが，取引所の市場性は失われず，戦後のインフレーションを乗り切ったのち再び先物取引は息を吹き返すことができた。

ただし，当時のドイツは重い戦時賠償金の支払いに喘いでいて，ついに1927年の「暗黒の金曜日」からは，証券市場の取引は極端に困難な道へ向かって進み出した。1933年から開始された経済の統制に直面し，市場は次第に軍事融資目的の国家の装置（アパラート）へ改造されていった。すなわち最後には証券価格も自由には値付けすることが許されなかった。

第二次世界大戦後，通貨改革を経てこの統制は西ドイツでは解除された。しかし，膨大な国家信用の残滓は西ドイツの企業と銀行と連邦政府のうえに重しとなって残された。このため，戦後の復興は，復興金融公庫などの政府融資と企業自己金融および公社債を中心としたものにならざるを得なくなった。

またかつての繁栄を誇ったベルリン証券取引所は，ソ連軍により解体され西ベルリンの商工会議所へ場所を移さざるを得なくなった。金融中心地はフ

ランクフルトとなり，1860年代に失われた国際債券市場としての伝統がこの地に復活された。しかし証券取引所では，かつて取引の中心に座っていたユダヤ系証券業者の数は極端に少なくなっていた。戦時中のアーリア化政策のため，残存できなかったからである。株式取引は極めて低調で推移せざるを得なかった。

その後，1985年以降先物取引の復活，EU統合の進展，東西ドイツの統合のなかでかつてのベルリン証券取引所で行われていた先物取引が復興されてきている。上場企業の増大と合わせ，再び株式市場と投機が60年ぶりに脚光を浴びはじめた。ロートシルト家がフランクフルトに返り咲いたことと合わせてみると，ドイツの証券市場はフランクフルトとベルリンの両取引所の伝統が複合されたものとなる可能性が出てきている。国際債券取引の伝統に，国際株式取引，国際金融派生商品取引が付け加わり，ドイツの証券市場史で初めての総合的取引の装いをみせはじめている。

さらに今後は，ドイツの大信用銀行がかつての先物取引の伝統に習熟していくかどうかが，EUの証券市場統合の行方を作用するものと考えられる[26]。というのは，ドイツのユニバーサル・バンクの伝統は戦時統制下のいかなる時期にも温存され，その経済・経営・金融能力は潜在的にではあれ，機能上は維持され続けているからである。この伝統は，ナチス期の統制経済下と第二次世界大戦後の信用安定を第一義的課題としていた西ドイツ時代には，禁止ないし制限されていた。1985年以降の先物取引とユダヤ系証券業者の復活，取引所の国際統合，およびIT革命の進展に伴い，この伝統は再び開花してきている。米国の金融勢力に平成のバブル経済崩壊後押され続けている日本の金融・証券界にとっても，欧州における証券市場の展開は今後の日本の行方を考えるうえで視野に入れておかなければならないであろう。なおドイツのノイエマルクトは，諸事情で廃止され，テクニーク(Technik)という新しい市場が2004年春からスタートしている。

注
1) 拙稿「統合資本市場としてのドイツ取引所株式会社——取引の電子化に伴う複合シ

ステムの導入」『証券経済研究』第11号,1998年1月(本書第6章)。また,ドイツの証券市場の概略と欧州証券市場統合については,以下を参照のこと。日本証券経済研究所編『図説ヨーロッパの証券市場2000年版』2000年3月。
2) Hans Pohl (Hrsg.), *Deutsche Börsengeschichte*, Frankfurt am Main 1992. ドイツの証券取引所通史について,日本語に訳出されているものとしては,以下の文献がある。ハロルド・デグナー／ライネル・フレーゲ(土屋貞雄訳)「ドイツの証券取引所連合会とその会員」『証券研究』第52巻,1997年4月。
3) Dieter Rudorf, Die Bedeutung des Bankplatzes Leipzig nimmt wieder zu, in: *Handelsblatt*, 27. 10. 1994. しかし,その後この地での証券取引所開設は中断されている。
4) Hans Pohl (Hrsg.), a. a. O., S. 43-45, 114-115.
5) Ebenda, S. 194-196.
6) Ebenda, S. 67, S. 110-111, 197-198.
7) Ebenda, S. 96-98, S. 186-188.
8) 大澤武男『ユダヤ人とドイツ』講談社現代新書,1991年,同『ユダヤ人ゲットー』同上,1996年。小倉欣一・大澤武男『都市フランクフルトの歴史』中公新書,1994年。
9) 中木康夫『ロスチャイルド家――世界を動かした金融帝国』誠文堂新光社,1980年。Erich Achterberg, *Der Bankplatz Frankfurt am Main*, Frankfurt am Main 1995. なおフランクフルト証券取引所の歴史を全般にわたって見渡したものとして次のものがある。Bernd Baehring, *Börsen-Zeiten*――Frankfurt in vier Jahrhunderten zwischen Antwerpen, Wien, New York und Berlin, Frankfurt am Main 1985.
10) ナチスの戦時金融については,以下の文献を参照のこと。Heinrich Irmler, Bankenkrise und Vollbeschäftigungspolitik (1931-1936), in: Deutsche Bundesbank (Hrsg.), *Währung und Wirtschaft in Deutschland 1876-1975*, Frankfurt am Main 1975, ハインリッヒ・イルムラー「金融恐慌と完全雇用政策(1931-1936年)」ドイツ・ブンデスバンク編(呉文二・由良玄太郎監訳)『ドイツの通貨と経済』(上)東洋経済新報社,1984年所収。Will Albers, Finanzpolitik in der Depression und in der Vollbeschäftigung, in: *Währung und Wirtschaft in Deutschland 1876-1975*, ヴィル・アルバース「不況と完全雇用下における財政政策」同上訳書(上)所収。Karl-Heinrich Hansmeyer und Rolf Caesar, Kriegswirtschaft und Inflation (1936-1948), in: *Währung und Wirtschaft in Deutschland 1876-1975*, カール・ハンスマイヤー／ロルフ・ツェーザー「戦争経済とインフレーション(1936-1948)」同上訳書(上)所収。大島通義『総力戦時代のドイツの再軍備――軍事財政の制度論的考察』同文舘,1996年。
11) シャハトについては,次の著作が詳しい。John Weitz, *Hitler's Banker*, Boston 1997, ジョン・ワイツ(糸瀬繁監訳)『ヒットラーを支えた銀行家』青山出版,1997年。
12) 拙稿「中央資本市場としてのベルリン証券取引所――生成から崩壊への過程」(1)-(3),第32-34号,1995-97年3月(本書第2-4章)。ただし,ドイツで行われていた先

物取引の訳語については，その後の調査に基づき本書では変更を加えている。
13) Johannes C. D. Zahn, *Der Privatbankier*, Frankfurt am Main 1963, 金原実・小湊繁訳「個人銀行家」『証券研究』第46巻，1975年。
14) Berliner Börse (Hrsg.), *Berliner Börse 1685-1985*, Berlin 1995. 拙稿「〔紹介〕Berliner Börse (Hrsg.), *Berliner Börse 1685-1985*, 1985 Berlin.」『北星論集』第30号，1993年。
15) ロートシルト家が1990年にフランクフルトで100年ぶりに支店を復活させたほか，ウォーバーグ家もドイツへ戻ってきている。ロン・チャーナウ(青木栄一訳)『ウォーバーグ――ユダヤ財閥の興亡』(下)訳者あとがき，日本経済新聞社，1998年。
16) 日本証券経済研究所編『図説ヨーロッパの証券市場1997年版』同研究所刊行，1997年3月，第2編。『図説EUの証券市場1999年版』同研究所刊行，1999年3月，第5・8・9章。岩田健治「欧州経済・通貨同盟と株式市場――取引所統合の新段階」『証券経済学会年報』第34号，1999年5月。
17) この論争については，前掲拙稿「統合資本市場としてのドイツ取引所株式会社――取引の電子化に伴う複合システムの導入」でまとめてある。
18) Herbert Hansen, Die Renaissance der Aktie, in : *Aktiengesellschaft*, 4. 2000, R. 124.
19) Ebenda，および『日経ビジネス』2000年2月14日号，132ページ。また以下の論文を参照されたい。松田健「ドイツにおける『企業統治規範』の策定と法規制――企業経営の透明性と開示のための法律(Transparenz- und Publizitatsgesetz)との関係から」明治大学大学院『商学研究論集』第18号，2003年2月。および「ドイツにおけるコーポレート・ガバナンス論の展開」同上第19号，2003年9月。
20) 『日経ビジネス』同上および『日本経済新聞』の以下の記事。『「ドイツ株式会社」に転機――金融の産業支配・労資協調に緩み』2000年2月7日付。また以下の論文を参照されたい。清水一之「ドイツの資本市場の構造改革とコーポレートガバナンスの変容」明治大学大学院『商学研究論集』第22号，2005年2月。および同「DAX30社に見られる株式所有構造の変容とドイツの銀行権力――独占委員会報告書に依拠して」同上第23号，2005年9月。
21) ドイツ証券取引所ホームページ www.neuermarkt.de/INT，1999年12月7日。および近藤一仁『上陸する巨大ネット市場「ナスダック」』経済法令研究会，1999年11月，谷口智彦「ドイツは一皮向けている――市場主義へ企業の変身急」『日経ビジネス』2月14日号。
22) 同上ホームページ，1999年8月6日。
23) 同上ホームページ，1999年12月13日。
24) SAPについては以下を参照した。山田徹雄「ドイツにおける情報関連産業――SAPの事例研究」『跡見学園大学女子大学紀要』第33号，2000年3月。
25) *Wirtschaftswoche*, 10. 14. 1999. のインターネット特集 Internet für Alle から。S. 100-112.

26) 1999年春に発表されたダイムラー・クライスラー社の誕生過程で，最近の巨大株式会社と金融機関との関係をかいまみることができる。両者の合併の背後に，ドイツ銀行が控えていたことは事実であるが，実際の戦略部隊は法律・会計・監査会社とならんで，投資銀行が先兵の機能を果たしている。この場合は，アメリカのゴールドマン・サックスであった。Holger Appel/Christoph Hein, *Der Daimler-Chrysler Deal*, Stuttgart, 1998，ボルガー・アペル／クリストフ・ハイン(村上清訳)『合併──ダイムラー・クライスラーの21世紀戦略』トラベルジャーナル，1999年。訳者の村上氏は，背後に参謀役としてとして控えていたドイツ銀行の役割を重視しているが，筆者は逆に実働部隊のゴールドマン・サックスの役割が重要とみた。それはドイツ銀行傘下の子会社ドイツ・モルガン・グレンフェルが，この合併において充分な機能を果たしていなかったからである。2000年春に出ていたドレスデン銀行とドイツ銀行との合併話が御破算になったことなどと考え合わせると，ドイツ銀行自身の，M&A業務の習熟度にはやや疑問を感じざるを得ないのは筆者だけであろうか。

第1章
国際債券市場としてのフランクフルト証券取引所
―― 生成・発展・転回と歴史特性

第1節　はじめに

　1999年1月1日より国際通貨ユーロ導入が開始され，欧州通貨同盟は新たな段階に入った。また，欧州の証券取引所の統合も一方で前進しつつある。この過程のなかでフランクフルト・アム・マイン(以下フランクフルトと省略)は，ロンドン・パリとならんで，引き続きヨーロッパの商業・金融中心地としての役割・機能を担うこととなった。というのは，この都市にはヨーロッパ中央銀行が置かれているほか，ドイツ取引所株式会社(Deutsche Börse AG)もあり，ニューヨーク，ロンドン，東京とならぶ世界的金融センターとして重要性を高めつつあるからである[1]。

　ところで，本章が対象とするのは，現在ドイツ取引所株式会社傘下に置かれた，フランクフルト証券取引所の歴史である。この取引所は，1985年に創立400周年を迎え，記念式典を行った。またそのときには，取引所史をベルント・ベーリング(Bernd Baehring)に依頼し刊行している[2]。しかし，この取引所の歴史についてはベルリン証券取引所のそれに比較するとあまり知られてはいない。

　これには，いろいろな理由が考えられる。第一に，ドイツ帝国の成立以降，ベルリン証券取引所では非常に活発な取引が行われ，さまざまな形で脚光を浴びていたこと。このためその背後に隠れてみえにくくなっていたためである。銀行史研究家E.アハターベルク(E. Achterberg)は，「1875年から1945年までの70年のみが，敗北の時機であった」[3]と端的に表現している。

第二に，金融資本の成立史およびその理論的解明のなかで，銀行の証券業務の役割が注目を集めていたからである。このため，証券取引所よりも銀行，とくにユニバーサル・バンクの機能・意義についての研究が日本では重点とされた。第三に，第二次世界大戦後のドイツの企業金融では，証券業務は副次的役割に転じ，自己金融が中心にすわった。このため，ユニバーサル・バンクとはいわれるものの，銀行経営上株式業務は後退し，商業銀行業務と債券業務が営業の中心となった。このため，フランクフルトは金融中心地として復活はしたものの，証券取引所が脚光を浴びることは少なかったからである。

しかし，先のフランクフルト証券取引所史をひもとくと，この地での輝かしい伝統があることがわかる。18世紀末から19世紀中盤にかけての，国際債券業務を中心とする伝統である。またこの伝統は中世の宮廷金融(Hochfinanz)を基盤としたもので，その起源をたどっていくと，欧州における商品・為替取引所の歴史を引き継いでいることがわかる。そこで，この伝統の起源をたどるには，どこまで歴史を遡ればいいのかという問題が生じる。この章では，第二次世界大戦後にまで，影響を及ぼしていると考えられる諸点との関連を念頭に置き，そこを中心にフランクフルト証券取引所の歴史過程に触れていくこととする。

そしてこの分析のなかで，フランクフルト証券取引所の歴史的特質を把握することを試みたい。すでに述べたごとくこの特質は，たんなる歴史過程のなかだけにあるものではなく，現在のドイツの証券取引所の性格と共通すると考えられる。具体的には以下の諸点である。

①株式業務以上に，債券業務の比重が大きい。
②かつての(第二次世界大戦以前の)ベルリン証券取引所と比べ投機活動が弱く，市場全体として安定性指向が強い。
③ベルリン証券取引所ほどではないが，ドイツの一定領域内である程度の中央資本市場的機能をもあわせもっていたこと。
④ほかの取引所とも共通するが，ユダヤ教徒(以下ユダヤ系とする)の業者，個人銀行家(Privatbankier)および公定マークラー(Kursmark-

ler），証券仲介業者(Kommissionär)の活躍が顕著であったこと。

　以上の諸点の関連について本論に入る前に，本章の問題視角を明らかにするために，国際債券市場についてもう少し言及しておきたい。

　まず第一点として，ベルリン証券取引所との対比という意味で，これほどフランクフルト証券取引所の特性を表現するものはほかにない。この点については，以下の記述を挙げておきたい。「資本家を育てたのは，企業利潤だけではなく，利子生み資本であった。また，旧い富が確定有価証券という伝統的投資を優遇した。フランクフルト，ブレーメン，フランスの地方商業諸都市は株式よりも，債券を好んだ。株式はライン周辺，ベルリン，パリでは非常に急速に巨万の富をもたらしたのであるが」[4]。このように，従来の取引所史研究でアントウェルペンやアムステルダムの取引所について定義された国際的公債市場(Fondsbörse)の性格を継承している。さらに，「19世紀に入り，鉄道投資が盛んになるにつれて鉄道株が上場されていった。商品→為替→公債→株式という過程を経て証券取引所(Effektenmarkt)へ発展していった」[5]が，業務の重点は一貫して債券(公社債)であった。以上の理由で，本章では国際債券市場の性格を前面に置いた。

　第二点として，この地の投資主体と投資行動に関連する。フランクフルトで蓄積された富は投機活動を好まず，安定指向が強い。また，フランクフルト市の上層階級は，一般に工業に対する嫌悪感をもち，工業投資に遅れをきたした。さらにこの地は，西南部ドイツの貴族層の農民解放に伴う償却資本金(Ablösungskapitalien)の再投資地としても重要であった。これらの投資活動は，投機利潤よりも安定した収益が目的とされた[6]。このような資産運用は，第二次世界大戦後の西ドイツでもみられた現象である。ドイツ連邦銀行を中心として，信用の安定性こそが第一義とされたからである。

　第三に，ベルリン証券取引所が台頭し，華やかな企業創業活動を活発化させた19世紀終盤以降も，フランクフルト証券取引所は，西南部ドイツ，オーストリア，スイスとの業務関係を失わなかった。この意味では，ナチスの台頭まで国際的資本市場であり，かつ西南部ドイツの「中央資本市場」としても役割を果たした。第二次世界大戦以降，連邦制取引所の一つとして復活

したフランクフルト取引所が，国際証券市場の中心としての役割を果たしていることと共通している。

　第四に，ユダヤ系の個人銀行家および証券業者の影響力が多大であったことである。とくにユダヤ系業者は証券業務に熟達していた。ナチスによるアンティゼミティスムス(反ユダヤ主義)により，数多くの業者が迫害，追放された。しかしこの伝統が消滅したわけではない。また，19世紀末にフランクフルトから消失した，かのロートシルト(Rothschild，英語名ロスチャイルド)家も，1990年代に入り，この地に約100年ぶりに支店を復活させている[7]。

　以上，歴史的に形成された，フランクフルト証券取引所の特質について，以下で歴史に沿ってみていくこととする。そして，第二次世界大戦後の西ドイツの証券取引所の特性との関連を考えていく。

第2節　都市フランクフルトの歴史特性

　以下では，フランクフルト市の歴史特性をみていきたい。それは，この都市の性格がフランクフルト証券取引所の歴史特性に反映されていると考えるからである。また，このことは，ベルリン証券取引所の歴史的特徴との相違を明白にするうえでも重要な要因ととらえているためでもある。そこで，この歴史特性を①地政学的位置，②商業・経済的側面，③社会構成上の問題に分けていくこととする。

1．国際関係のなかでのフランクフルトの地政学的位置

　ここでは，都市フランクフルトの地理上および政治上の位置を確認する。そして，この地域がなぜ中世に見本市・大市(メッセ)の一大中心地となったのかという点に触れる。

(1)　近世以前——政治と交易の中心地

　都市フランクフルトが，「マイン川の浅瀬」の側にあり，都市名の由来が，5世紀末のアレマン族に対する戦闘時の「フランク族の(マイン川)徒渉点」

であること，また，8世紀には，文書上にも「往来のさかんな活気のあるところ」であり，教皇会議の開催地であったことを，小倉欣一が紹介している[8]。また，中世の13世紀には，フランクフルトは国王選挙地となり，14世紀以降には，帝国(自由)諸都市(Reichsstädte)の一つとなっていった。また，1356年の金印勅書により，アーヘンで国王載冠式が行われることとされていたが，1562年からは，フランクフルトがその地となった[9]。

このようにフランクフルトは神聖ローマ帝国(das Heilige Römische Reich Deutscher Nation)の国王選挙と載冠の地という重要な政治的機能をもった。選挙時には，大勢の関係者が集まり，宿泊施設と食料が供給された。これらは「メッセとならぶ第二の源泉」からなる「特別収入」[10]となり，フランクフルトの「旧い富」の蓄積に貢献していった。

さらに，地理上の面からみると，都市フランクフルトは，欧州大陸主要諸都市の東西，南北双方のほぼ中心地にある。東西では，パリとベルリンおよびアントウェルペンとミュンヘンとのほぼ中間点，南北ではハンブルクとミラノとの中間点である。このため，次の説明にみられるごとく，欧州大陸の商業・交易の通路上に位置する。「12世紀頃からヨーロッパ各地の商人はパリに近いシャンパーニュ地方の名高い大市を訪れていたが，……フランクフルトの大市はその遺産を受け継ぎ，十字軍遠征以来イタリア商人が活躍する地中海地域と，ドイツ人ハンザ仲間の独壇場である北海・バルト海地域とを結ぶ南北交易の中継点となった」[11]と。

(2) 近 世 以 降──各国との八方美人的外交姿勢

中世以来フランクフルトは，あとに詳しくみていくように，オーストリア，ハプスブルク王朝の金融的後背地の役割を果たしてきた。さらに，ナポレオン1世(Napoléon I)時代にはフランスの占領下にも置かれ，自由・平等・博愛の精神的影響を強く受けた。1848年のフランクフルト国民会議の開催にこのことは如実に現れている。

しかし，それも束の間のうちに，台頭してきたプロイセンの軍門にくだることとなった。すなわち普奥戦争終了後，1866年にこの都市は，「プロイセン王国に強制合併されることを申し渡され，……中世以来誇りとしてきた自

治と自由を失うこととなった」[12]のである。

　このように，近世の幕開けは，フランクフルトにとっては激動する情勢下で，屈辱感を伴って進行した。しかし，オーストリア，フランス，プロイセンに対して，その都度ごとに巧みな外交によって対応していた。ここには，この都市の政治的柔軟性とそれを支えた，中世以来の富の蓄積があると考えられる。その基礎のうえに各国に対する金融的支援という政治・経済的力学が働いていることは否めないであろう。このような基底に流れる底力は，第二次世界大戦終了後およびEU統合のなかで復活し，発揮されているとみてもよいであろう。

2．見本市都市から取引所都市へ

　フランクフルトでは，近代的証券取引所が発生する前には，中世以来この地域における商業・運送・貨幣業務の歴史的伝統が存在した。この伝統があったがゆえに，為替業務を中心とする取引所を成立させ，18世紀末から代表的証券取引所へ展開していく基礎が築かれた。

(1)　メッセと貨幣鋳造権の意義

　フランクフルトのメッセ (Messe＝大市) の最初の記録は，アハターベルクによると1235年とのことである。しかし年2回の定期的開催となるのは，1330年皇帝ルードヴィッヒ (Kaiser Ludwig, バイエルン大公) が公認した時点であった。このことによって，フランクフルトは営業と取引の自由をもつ，「中世ドイツ最大の商品市場」となったという[13]。しかし，証券取引所史研究者のO．ヴォルムサー (O. Wormser) によると，次のような説明もある。そもそも14世紀，メッセの最初の繁栄時代は「都市ツンフトを構成する手工業者組合の独自の力に基づき，のちの時代にメッセを支配するようになった大商人はまだ知られず，このためこの時代の貨幣流通は，簡単な両替・振替業務を超えるものではなかった」と[14]。

　したがって市場規模は大きなものではなかったとしても，商品流通に必要な貨幣の鋳造については，フランクフルトは長い伝統を有していた。アハターベルクによると，この地にはすでに9世紀に貨幣鋳造所の痕跡があり，鋳

造権収入をめぐる為政者との闘争を経て，1346 年に大公ルードヴィヒがフランクフルトに鋳造・為替権を与えたとの説明がある。そして 14 世紀後半には，フランクフルトはライン地方の貨幣同盟の中心となり，1428 年に銀貨鋳造権を獲得した。金貨鋳造権に関しても，カイザーとのやり取りのあとで都市参事会は徐々にその権利を獲得していった[15]。

また，16 世紀に入ると，貨幣相場の決定がフランクフルトでなされることになった。すなわち，1585 年のメッセから有力商人による貨幣交換価値比率が決定され，この時点で為替取引所が成立した。この点についてはベーリングの次の記述が詳しい。「毎年秋のメッセでは，ニュルンベルクのメッセに参加した商人，イタリア人も含む 84 人の大商人の働きかけで，鋳貨秤量に基づき主要通貨価値を確定することが，決定された」と[16]。また，アハターベルクは別の観点——商品取引所の成立——からもこの都市をとらえている。「メッセの時期以外にも次第に為替・鋳貨取引に対する需要が形成され，フランクフルト取引所の誕生時間は，まさに次の瞬間であった。メッセのない週・月の定期取引のなかで契約が成立した瞬間である」と[17]。

なお，同時にこの年は，アントウェルペン取引所が崩壊の憂き目にあった時期でもあった。スペインによる弾圧を受けたプロテスタント系住民が，アムステルダム，ハンブルク，ケルンとならんでフランクフルトをその逃亡地の一つとした。このため，フランス系およびオランダ系移住民の新たな宗教共同体が形成され，既存のユダヤ系住民とともにこの地で併存するようになった。彼らの商工業上の技術がフランクフルトに多大の貢献をしたことを，ベーリングが指摘している[18]。

そしてすでに 1600 年にはメッセはそのピークを迎えた。また取引所としても 16 世紀にフランクフルトは，貨幣と資本を扱うドイツで第一級の取引所となったとみなされていた。それは，メッセにおける大規模決済と貸し付けが商人だけではなく，広汎な階層から貨幣取引の集中をもたらしたからである。さらにこの業務は多くの貴族・聖職者層の貨幣の取り扱い，とくに皇帝の下での宮廷財政管理にまで発展していった[19]。

(2) 為替取引所としての200年

ところで先にみたようにフランクフルトの取引所は，為替取引所として1585年にスタートした。以来400年以上にわたる取引所史をもつが，のちほどみるように証券市場へ転換していくのは1790年代以降である。このため，それまでの約200年間が，両替・外国為替取引所(Wechsel-/Devisenbörse)の歴史でありそれに見合う諸制度を徐々に形成していった。ここでは，マークラー(仲立人)と相場表についてみていきたい。

まずマークラー制度であるが，16世紀末に，42人の外国人と6人の内国人の存在が指摘されている。そして17世紀に入り，商品取引所から為替取引所へ衣替えするにつれ次第に土着のマークラー数の増加がみられるという[20]。ただ，当時のフランクフルトのマークラー制度は「不断の闘争史」のなかにあった。すなわち宣誓業者と自由業者(「もぐり仲買人(Bönhase)」，「いかさま師(Stümpler)」)間，土着業者と外国人間，またとくにクリスチャン系業者とユダヤ系業者間およびマークラーと商人間で激しい口論があった。15世紀に定められていたマークラー規則や為替規則はこの時代に合わなくなり，グループ内にも対立が持ち込まれたという[21]。

このため，1625年4月11日に市の参事会は勅令を出し，マークラー制度を規制することとした。具体的には，7人の宣誓マークラーによる値付けを行い，為替相場とメッセ相場を有力商人の参加のもとに確定した。そして計算された平均相場をも定めた。為替については，1666年に12の規定が制定され，これによりフランクフルトは「あらゆる商取引のセンター」となった。制定に取り組んだ委員会は，市参事会にも助言を求め，引き続き改正に取り組んでいった[22]。

その結果1681年には，さらに取引所規則を制定することとなった。翌年につくられた規則では，取引所を社団と確定し，管理責任と所在地をも明示した。すなわち取引所理事会を選出した名門貴族ブラウンフェルス(Braunfels)家の家屋内のホールを取引所として定めた。開催時間はメッセ開催中は午前10時，メッセ時以外は12時，閉会は午後2時であった[23]。なお，相場表(Kursblatt)についてみると，最初の印刷されたものが1642年9月

21日に出現している。これらは，17世紀には圧倒的にイタリア語で，18世紀にはフランス語で書かれていた[24]。

以上のように，フランクフルト取引所は為替取引所として体裁を次第に整え，18世紀後半に近代国家の出現と銀行業の発展により証券取引所への転換を迎えることとなる。

3．「旧い富」を支える都市社会層

これまで，取引所前史をみてきたが，ここでこの自由都市の経済力を支えてきた都市市民層の分析をしておきたい。とくにその中心には，個人銀行があった。これらの銀行は，貨幣・為替（信用）業務，商品取引業務および商品輸送業務というメッセの三形態の業務取り扱いから誕生してきている。またこれらの業務は30年戦争のなかでも重要性を失うことなく保持されてきたことが指摘されている[25]。これらを含むフランクフルト都市社会層全体の分析がフランクフルト証券取引所の性格を判断するうえで重要である。

(1) フランクフルト旧家の性格

フランクフルトの都市貴族——身分上閉鎖的な都市上層階級（門閥）についてアハターベルクは次のような性格付けをしている。「後年何年にもわたって，クリスチャン系，ユダヤ教徒家系（ユダヤ系）に特徴付けられた小サークルのなかで，所有資産を浪費せずに，結婚と婚姻とによって継承していった」と[26]。

以上のようにフランクフルトの旧家の富は血縁ネットワークを構成していた。しかもこのネットワークはドイツ国内にとどまらず，広い国際関係へと拡大する傾向があるという第二の性格を彼は記述している。この関係はロートシルト・グループについては有名であるが，このグループ以外の旧家にもあてはまることを，アハターベルクは強調する。すなわちメッツラー（B. Metzler）の息子とベートマン兄弟（Gebr. Bethmann）との関係でも次のことが妥当すると。「フランクフルトの商会の多くは銀行業者を含め，所有者の兄弟・息子が外国へ移住し，その地で成功を収め，同時にフランクフルトとの関係を維持し，フランクフルトの側でもこのような移住者を利用した」

表 1-1 フランクフルトの銀行商会,銀行,銀行支店(設立年)[1]

(a) 銀行商会

17 世紀		1840-1849	
Johann Mertens	1605	J. A. Schwarzschild Söhne	1847
D. u. J. de Neufville	1650	E. Ladenburg	1849
Joh. Goll u Söhne	1660	1850-1859	
B. Metzler seel. Sohn u. Co.	1674	M. Hohenemser	1853
18 世紀		L. u. E. Wertheimber	1854
Koch Lautrern u. Co.	1719	Gebr. Sulzbach	1856
Gebr. Bethmann	1748	L. Mainz sen.	1857
Gebr. Schuster[2]	1786	v. Erlanger u. Söhne[3]	1859
Moritz Stiebel Söhne	1795	1860-1869	
Jakob Isaac Weiller Söhne	1795	A. Merzbach	1860
19 世紀 1800-1809		Georg Hauck u. Sohn[4]	1861
J. Maggi-Minoprio	1803	Ferdinand Hauck[4]	1861
J. Ph. Keßler	1804	Baß u. Herz	1862
Jacob S. H. Stern	1805	Katzenstein u. Benjamin	1862
A. Mumm u. Co.	1805	Kahn u. Co.	1865
Emanuel Müller	1806	Gebr. Fürth u. Co.	1865
1810-1819		Marius Bender	1865
Gebr. Goldschmidt	1810	S. u. H. Goldschmidt	1866
Heinrich Gontard u. Co.	1815	J. Dreyfus u. Co.	1868
1820-1829		N. Niedermayer u. Söhne	1869
J. L. Finck	1820	1870-1879	
Grunelius u. Co.	1825	16 商会	
1830-1839		1880-1889	
Lazard Speyer-Ellissen	1836	15 商会	
		1890-1900	
		12 商会	
		1901-1914	
		14 商会	

と[27]。

　さらに以上のネットワークは,経済のみならず,政治・社会関係でもさまざまに形成された。それは,この帝国自由都市とオーストリア・ハプスブルク家との結合要因の一つ,「フランクフルト上層階級に属する女性とオーストリア将校や外交官との間にみられる多くの婚姻関係」[28]にみることができる。また,プロイセンとの関係では,オットー・フォン・ビスマルク(Otto von Bismark)とメッツラー商会(B. Metzler seel. Sohn & Co.)に連なるエマ・メッツラー(Emma Metzler)との間におけるそれも著名である。そ

表1-1 続き

(b) 銀行[5]

Frankfurter Bank	1854	Eisenbahnrentenbank	1887
Mitteldeutsche Creditbank	1856	Bank f. ind. Untern., i. L.	1895
Deutsche Vereinsbank	1871	Eisenbahnbank	1898
Deutsche Eff. u. Wechselbank	1872	Deutsche Eisenbahn-Ges.	?
Frankfurter Hypothekenbank	1862	Metallbank u. Metallurg.-Ges.	1906/10
Frankf. Hyp.-Credit-Verein	1867	Frankfurter Viehmarkts-Bank	1904
Landw. Hypothekenbank	1872	Tellus A.-G.	1907

(c) 銀行支店

Bank für Handel u. Industrie	1864	Nasauische Landesbank	1886
Reichsbankhauptstelle	1871/76	Pfälzische Bank	1896
Deutsche Bank	1886	Direction der Disconto-Ges.	1901
Allg. Elsäss. Bankges.	1886	DresdnerBank	1904

出典：Otto Wormser, *Die Frankfurter Börse* — Ihre Besonderheiten und ihre Bedeutung, Tübingen 1919, S. 202.
1) Int. Bank-Adreßbuch; Berlin 1913 と問い合わせによってまとめたもの。
2) 1908年にDeutsche Vereinsbankに吸収された。ただ商会としては存続している。
3) 1904年にDresdner Bankにより吸収された。ただ商会としては存続している。
4) 1817年に共同で創業された商会から分岐したもの。
5) 多数の信用協同組合と信託会社はここでは網羅されていない。

れは，メッツラー家がフランクフルトにおいて一時期は，政治・経済の指導的立場に立ち，「市参事会員であり，市長であり，当時のフランクフルト都市国家のいわゆる内閣メンバーであった」[29]からである。

なお，これら上層階級は商取引，金融業界を中心として形成されてきた。この伝統は次のような特徴をもっていた。「伝統的な工場に対する嫌悪感，つまり騒音，臭気，汚染を伴う工場生産にフランクフルトは向かないという意識が市の上層階級に強かったこと」[30]である。これは，プロイセン国家に組み込まれてからも，残存した反プロイセン感情とともにフランクフルト市民層の潜在意識として継続した。

最後に，ユダヤ系のものを含むフランクフルトの各種銀行の誕生年については，ヴォルムサーの著作の巻末資料が参考となるためここで掲載しておく（表1-1）。

(2) ユダヤ系金融業者の意義と差別

　フランクフルト市はユダヤ教徒に対し，租税の納税義務と引き換えに居留権を付与していた。また，十字軍運動のなかでユダヤ教徒に対する迫害が強化されたことに伴い，1452年ゲットーを建設し移住を強制した[31]。このため，祝祭日と夜間はユダヤ教徒はゲットー内に閉じ込められたが，平日の昼間は市内での取引に参加することは可能であった。

　ところで，取引所取引へのユダヤ教徒の参加と差別については，ベーリングの記述がある。それによると，1620年ころには，取引は，市庁舎の置かれたレーマー(Röhmer)前で行われていて，ユダヤ教徒業者は，その反対側のザムスターグベルクに陣取ったこと，のちに取引所がブラウンフェルス家のホールに移された1694年にもユダヤ教徒は取引所への参加を認められなかったことなどである。そして「彼らは取引所向かいのイタリア人店舗の角に集まった。しかし，時間の経過とともにこのような隔離ははっきりしたものではなくなった」[32]という。

　すでに，17世紀末の時点でユダヤ系マークラーは，クリスチャン系マークラー12人に対し，4人となりその活躍ぶりがうかがえる。ユダヤ教徒の「解放」が進む19世紀以降には，その影響力はますます大きなものとなっていった。この点に関しては，アハターベルクの記述があり，それを示しておく。「為替業務はユダヤ系商人に集中していた。対抗処置として，人々はユダヤ教徒に対し取引所入場をできるかぎり長い間禁止した。入場が完全に承認されるのは，1813年以降であり，またフランクフルト取引所設立が1585年であるため，——ナチス期の例外を除き——ユダヤ系対抗業者への冷遇処置は228年以上に及んだ。それにもかかわらず，フランクフルトでは，ユダヤ系の銀行商会・会社，今日銀行と理解できるものは，17・18世紀には，クリスチャン系のものよりも少なくはなかった」[33]。

　なお，19世紀にはユダヤ系の証券業者は次第にフランクフルト証券取引所の中心にすわっていくが，この点については，あとで触れることとしたい。

第3節　フランクフルト取引所の生成・発展・転回

　以下では，この証券取引所の生成過程について，三期に分けてみていきたい。第一期は，ロートシルト家が経済覇権を握る1825年まで，第二期はロートシルトならびにフランクフルト証券取引所の全盛期を迎えたドイツ帝国建国以前の1866年-70年まで，第三期はフランクフルトがベルリン証券取引所によって完全に凌駕されていく1914年までとする。ロートシルト家については，中木康夫の『ロスチャイルド家』の著作にこの時代の記述があるため詳細はそれに譲り，本章では，証券業務との関係に絞る[34]。

1．1825年までの生成期
(1)　中世末期から1775年まで

　近世以前の証券発行主体は，宮廷，国王，諸侯であり，これらの証券を購入する債権者としては，貴族，高級官僚，一般官吏，諸団体，貸金業者がいた。また，証券取引業者としては，フランクフルトでは著名な銀行業者が登場する。メッツラー家，ベートマン兄弟商会，ロートシルト家である。

　ベートマン兄弟商会の名がフランクフルトに登場したのは1748年であった。この商会は1754年にすでに債券業務を開始し，その後ウィーンの宮廷金融業者となった。アハターベルクは，「最初の証券(業務取引)銀行家(Erste Effekten-Bankiers)」として紹介している[35]。この地で3代目となるサイモン・モーリッツ・ベートマン(Simon Moritz von Bethmann)は，のちに市参事会の一員となり，ゲーテとの親交，ユダヤ人解放へも貢献している。

　そして，19世紀を風靡するロートシルト家の創始者マイヤー・アムシェル・ロートシルト(Mayer Amschel Rothscild)は鋳貨・両替・骨董商として18世紀中盤にその活動を開始していた[36]。

　ところで，フランクフルトの取引所が証券取引所としての体裁を整えていくうえで，債券を中心とする記名証券から無記名証券の移行があった。すな

わち18世紀からのドイツにおける無記名証券の一般化の過程である。この結果，信用創造形態の変化と証券投機をもたらすこととなるが，以上の点については当時の証券投機について言及したカール・ナイトリンガー（Karl Neidlinger）の叙述がある。「取引所組織による公信用は，民間仲介業者（宮廷ユダヤ人と宮廷金融業者）を圧迫し，近代債券がもつ国家経済的性格は，諸侯の債券がもつ個人的経済関係を圧迫し，抵当付特別保証は抽象的な国家信用の背後に退いていった」と[37]。

すなわち対人信用を基礎とした借用証書的な形態から，市場において広汎な債権者の手に渡る可能性のある近代的債務証券が登場してくるのである。ナイトリンガーによると，このような一大変革の契機は，18世紀に入ってからのクリスチャン系業者とユダヤ系業者間での譲渡禁止処置の廃止，後者の業務制限の撤廃が契機であったという。すなわち1715年にザクセンのフリードリッヒ・アウグストゥス（Friedrich Augustus）が，以上の禁止規定を定めた1551年のアウグスブルク帝国最終決定を廃止するとの裁決を下した以降である。もっともユダヤ系業者は，すでにこのような規制をかいくぐってはいたが，この決定は，投機を含む証券取引を活発化せしめた。そして無記名証券の導入が，このような過程を一層促進した[38]。

(2) 1825年までの生成期

すでに述べたように，ベートマン家は1754年には国債取引を開始していたが，1778年までのその取引は，それほどめざましいものではなかった。活発化するのは，同家がウィーン宮廷の銀行業者となった1778年以降であった。そして1779年にはオーストリア国債の大規模債券取引に従事した[39]。ベートマン家は，この国債大発行にさいしては公衆向けの応募方法をとった。愛国国債（Patrialobligation）の発行である。この国債は，「無記名証券として，時代の要請をほぼ完全に満たしていた」という[40]。また，同家は，1783年にこの地で初めて，外国証券発行を行っている（デンマーク債）。そして，1793年にヨハン・フィリップ・ベートマン（Johan Philip Bethmann）が死亡したときには，48種の国内外債券を保有していた[41]。

メッツラー商会も，1779年のバイエルン債の発行から債券業務に参入し

た。同商会がこの分野で知られるようになるのは，1795年にプロイセン公債を100万フローリン(fl.)発行してからであった。プロイセンは国債発行地として，1792年にフランクフルトを選んでいた。

　一方，ヘッセン方伯(Landgraf)ウィルヘルム1世(Friedlich Wilhelm I．Kurfürst)の庇護を受けたマイヤー・アムシェル・ロートシルトが最初の債券発行に乗り出したのは，1802年であった。これ以降，5人の息子とのパートナーシップによる大規模国際債券業務を行い，フランクフルトを国際債券市場へと押し上げていった。そして彼が死亡した1812年には，取引所取引業者の頂点に立った。ナポレオン没落を目前にし，メッテルニヒと手を組んだ5人の兄弟を中心としたロートシルト家がこの時代の経済権力の入り口に着いた。そして，1820年ごろには，欧州中の国債業務を手中に収め，ベートマン家に対する優位を確立した[42]。

　このロートシルト家の金融覇権を制覇する過程は，中木康彦の著作に譲り，本章では，同家を中心とする投機活動にのみ触れておきたい。国債投機は，取引所取引の初期には，穏やかで，経済生活上重要ではなく，「主として銀行業者，商人，個々の投機業者に限られていた」[43]。これが，活発になるのは，ナポレオン戦争中の軍事資金需要の増加とナポレオン没落後の金融再建によるものであった。いずれの時期も国家負債が急上昇した時期である。

　投機対象となったのは，オーストリアで1816年に発行されたメタリック債(利払いを金属貨幣で行う)と1820年のロッテリー債(富くじ付債券)であった。後者は，100fl.につき，20fl.の利子がつき，大衆の射幸心をあおるものであった。このため証券取引の活況が1816年から26年まで続いた。ベーリングはこれを「フランクフルト取引所での最初の好況期，──フランクフルトにおける固有の債券取引所(Fondsbörse)の開始」[44]とみている。しかし，以上の投機活動には，先物取引での詐欺も加わり，バイエルンでは価格が暴落し，破産者が続出する事態を招き，最終的には1825-26年の取引所危機を引き起こしている。

2. 1866-70年までの発展期
(1) 1850年まで

フランクフルト取引所は，1808年には「商工会議所との一定の関係を伴った一つの公法人である社団」[45]となっていたが，次第にその体裁を整え出した。1843年には新建築と取引所ホールを竣工し，立会場の設置と合わせて新取引所法を発効させた。さらに1850年に商工会議所が，為替マークラー協会が形成するシンジケート令を発布し，このシンジケートが編集する「取引所相場表」を公認している。

上場証券は，ヴォルムサーによると，1848年では国債18種，うち7種が外国債であった(発行回数44)。ほかの取引所でみるとベルリンが12種(25)，ハンブルク4種(9)，ライプツィヒが4種(8)，ウィーン1種(5)であった。このように，フランクフルトはこの時点では，ドイツで第一級の国家証券取引所(Staatspapierbörse)であった。一方株式では，すでにオーストリア国立銀行株が1820年に，16年遅れてバイエルン抵当・為替銀行株が上場された。その後，ほかの銀行株，鉄道株も登場するが，鉄道株は，最初からベルリンを中心として取引された。すなわち1847年には，ベルリン取引所上場は33株53回発行に対し，フランクフルトでは12株12回に過ぎなかった。このため，「豊かで慎重なフランクフルトでは，株式と新たな制度上のリスクに対する躊躇が大きく外債で巨額の取引をした国際都市ではあるが，この投資物件(株式)は重要ではなかった」と同氏は結論づけている[46]。

ただし，先にみたように投機取引がなかったわけではなかった。ロッテリー債，プレミアム付債券，メタリック債の定期取引，国債裁定取引が取引所開場週のうちの2日間，1時間のみ行われていた。行政当局の規制を考慮に入れて，58の銀行業者は，毎日夕刻時間帯に行える別取引所の設立申請を行った。これが，1825年に初めて認められた夕刻取引所(Abendbörse)であった。リスクの大きな証券取引をそれ以外の業務と切り離したのである。運営は，当初銀行業者が設立した団体(Colleg)であったが，1838年からは，証券協会(Effektensocietät)となり株式を中心に20世紀にも継続された[47]。

ちなみに 1830 年代には，ドイツ全土でスペイン債等の外国債投機ブームが生じた。1836 年にプロイセン政府はこの国債取引を禁止し，40 年には全外国債先物取引の禁止処置へ及んだ。このため，投機取引の対象は鉄道株へと移り，1836-42 年と 42-44 年の鉄道株ブームが引き起こされた。48 年三月革命前は，詐欺とペテンが横行し，政治的不安定さの原因ともなった[48]。

　なお，この時代の債券投機には，商人，官吏のほかに以前にはみられなかった社会階層が参加していることを，ナイトリンガー同様当時の証券投機について研究した H. ライスコウ(H. Leiskow)が，アウグスブルク・アルゲマイネ新聞(Augsburger Allgemeine Zeitung)から紹介している。それによると，雑貨屋，手工業者，聖職者，俗世間者，芸術家，知識人，富裕な支配層から貧しい奉公人まで，クリスチャン，ノンクリスチャンなどさまざまな人々が，個人で，または代理人を通して殺到した[49]。

(2) 1866-70 年までの発展期

　この時代は，ロートシルト家が全盛期を誇った時代である。また同時に，国際的な鉄道証券の発行活動が行われた時期でもある。フランクフルトでは，アメリカ鉄道債券発行が活発化し，ベルリンと競争関係にあったが，次第に後者が優勢となっていった。株式銀行の創業も開始された。

　まず取引所制度面からみると，マークラー規則がこの時代に整備された。1856 年に商工会議所がその草案を準備したが，1862 年にフランクフルトはドイツ一般商法典(Allgemeine Deutsche Handelsgesetzbuch)を受け入れ，その規定を用いることにした。しかし，この地ではマークラーの業務を自己名義での取引だけに限定したことが特色である。これは，銀行業者のリスクと負担の軽減を目的としたためである。この結果ベルリンで生じたようなマークラー銀行は，ここでは設立にいたらなかった。そしてこの原則に基づいて，1864 年に 1799 年につくられていたマークラー規則の改正を行った[50]。

　この時代の発行証券をみると，それまでの各国国債と 1830 年代中盤からの鉄道証券の発行に加え，50 年代のアメリカ，オーストリアなどの国外の鉄道証券が増加し，合わせて銀行株も活発に発行された。1853 年のダルムシュタット商工業銀行，54 年のフランクフルト銀行，56 年の中部ドイツ信

用銀行などである。これは，ナポレオン3世(Napoleon III)の統治下で，フランスの経済力伸張を目的として1851年に設立された，クレディ・モビリエ(Crédit Mobilier)の影響を多分に受けていた。また，設立にあたっては，ユダヤ系を含む多くの個人銀行家が積極的にかかわっていた。この流れは，1855年，56年と続き，その状況は，「地面から茸が生えてくるようであった」[51]とライスコウが記している。このため，1856年から57年にかけては，ドイツの資本市場は全体として，上げ相場を見込んだ投機的年代となった。

なおこの時代は，フランクフルト資本市場とロートシルト家の全盛期であった。次第にベルリン証券市場が伸張し，それはプロイセンの覇権とともに決定的となる。そこで，ロートシルト家の動向についてみておきたい。というのは，この時期に限り，同家と同市の利害が一致するかにみえるほど，同家のこの都市での政治・金融支配力が大きくなっていたからである[52]。

ロートシルト家の当時の金融支配力は，割引業務，国債ならびに鉄道株など，フランクフルト金融・証券市場のほぼあらゆる面に及んでいた。このうち，鉄道証券については，同家が欧州各国で発起業務に加わり，国際的鉄道王にのし上がった。それは，中木が述べているごとく「土地所有にも似た収益確実性と，ある程度の投機性に着目して」[53]いたからであった。

以上1850年から60年代のはじめにかけて，欧州を股にかけた経済覇権を握ったロートシルト家ではあったが，60年代の中盤からその支配的地位は揺らぎはじめていく。それは同家の後継者問題もさることながら，欧州内での政治的諸関係の変化に伴うものであった。1866年からの普奥戦争，プロイセンのフランクフルト占領，自由都市フランクフルトの終焉，グルデンに代わるターラー通貨の同市を中心とした地域への浸透，プロイセン国債の南部ドイツ地域での発行・販売独占権の喪失などによるものであった。また，同家の衰えは，同時にフランクフルト証券取引所が，その地位をベルリン証券取引所へ譲り，歴史の表舞台からその後影へと一旦退くことでもあった。

3. 1914年までの転回期
(1) 1896年まで

　1870年の独仏間での戦争，71年のドイツ帝国の建国およびこの年の春から73年春までの熱狂的創業ブーム，そして，75年のライヒスバンクの創設(プロイセン銀行の改編)の背後で，フランクフルト証券取引所は，それまでの個性を失うことはなかった。「取引所と大衆は，ドイツの各取引所を襲った狂気と陶酔から身を守った。フランクフルトは，これまで同様に国際業務に取り組み，伝統に従って債券を優先させた。」[54]

　すでに19世紀半ばに優勢となっていたアメリカ証券の発行が継続され(鉄道債など)，さらにオーストリア，ハンガリー，ロシアの鉄道債券も加わっていた。また，工業株取引も次第にその数を増し，1880年に13種(ベルリンは34種)，85年24種，88年34種，その後79種まで増加した。すでに宮廷金融という基盤は喪失に向かっていたが，フランクフルトも(周辺地域を含め)一応工業都市の仲間入りを果たすようになった。アルカリ会社(Alkaligesellschaft)，ドイツ・エジソン社(Deutsche Edison Gesellschaft)のちのAEG，アルミニウム工業会社(Aluminium Industrie AG)，ヘキスト(Meister & Brüning in Höchst)，メタル(Metallgesellschaft)，ブラウン・ボーベリ(Brown & Boveri in Baden/Schweiz)，バーデン・アニリン(Badische Anilin)，デグサ(Degussa)などの会社が創業された。

　創業時代以後の大不況期から1890年まで相場下落が続いた。1872年に商工会議所は，都市と協定を取り交わし，証券取引所新建築に乗り出した。そして，1879年3月には，現在の取引所につながる建物が落成をみた。銀行業者は地場の機関より，外国機関がその支店網を強化した。西南ドイツの銀行以外に，オーストリアとスイスの銀行の証券取引が，フランクフルトの支店経由で行われたためである[55]。

　取引制度の面では，月末決済または，15日決済の確定，相場表の日刊化，固定手数料の導入が行われ，有価証券上場規定など，全体として取引所習慣をベルリン取引所のそれに合わせる努力がとられた。ベルリン取引所との関

係では，その地で上場されていた銀行株が，フランクフルトでも好まれた。また，先物取引では，その価格が巨額であったため，ベルリン取引所とのあいだでの地域間アービトラージ（裁定取引）が一定の役割を担っていた[56]。

(2) 1914年まで

　この時代は，第一次世界大戦後からみると「古きよき時代」であった。ベルリンでは，工業化に伴い，階級分化が進んでいき，1919年にいたる革命的雰囲気が醸成された。それに対してフランクフルトでは，相変わらず「旧い富」を基盤としたレントナー（利子生活者）層の堆積が続けられた。

　1883年から1914年にかけて，ドイツ帝国では，総額510億マルクの証券が発行された。このうち「発行額のほぼ半分——46％は官庁によるもの，24％が抵当銀行の抵当証書，22％が株式であった」[57]。ちなみに，ヴォルムサーの調査によると，1913年にフランクフルト証券取引所に上場されていた証券は789種であった。このうち確定有価証券が475種（国内証券278種および外国証券197種）と配当証券314種（国内証券269種および外国証券45種）を上回っている（表1-2）。

　なお証券市場は，1888-89年に暴騰し，90年に暴落，そして94年まで相場が停滞するという荒っぽい動きを示した。これが，1896年の帝国証券取引所法を制定する契機となったが，この問題にはここでは触れないでおく。ただ，フランクフルトの個人銀行家を中心とする老舗銀行の特徴と経営様式についてのみ記述しておきたい。

　途中で清算されたいくつかの老舗銀行以外で大きな旧い銀行商会の大多数は，資産管理者への道をとっていた。このため，預金の受け入れは，それほど真剣には追求されなかった。貸し出しに見合う預金を準備する，という原理がまだ未発達であった。その意味では，投資金融に対して工業金融以前の形態，商業金融（Handesfinanzierung）のひな型を適用していた。そもそもこの地域では自明であった流動性の確保こそが，フランクフルトの銀行家の存立目的であって，利潤とか拡張とかは逆に負担となると考えられた。もともとフランクフルト銀行は証券流通業務に従事し，この関係で預金・貸出業務をも扱ってはいた。このため，オープンな金融市場へ，手形とロンバード

第1章 国際債券市場としてのフランクフルト証券取引所　43

表1-2　ドイツ各証券取引所で上場された証券[1]

	国内証券				外国証券				上場証券総計	
	確定証券		配当証券		確定証券		配当証券			
	種類	発行回数	種類	発行回数	種類	発行回数	種類	発行回数	種類	発行回数
1	2	3	4	5	6	7	8	9	10	11
Augsburg[2]	37	66	52	53	11	14	4	4	104	137
Berlin[3]	520	1155	914	996	158	448	56	62	1648	2661
Bremen[4]	62	89	55	57	3	3	2	2	122	151
Breslau[4]	63	103	63	66	14	35	—	—	140	204
Dresden	188	246	211	223	13	22	2	2	414	493
Düsseldorf[5]	20	36	78	78	—	—	—	—	98	114
Essen[5]	46	48	68	68	—	—	—	—	114	116
Frankfurt[5]	278	743	269	291	197	388	45	51	789	1473
Hamburg	173	324	131	143	122	271	17	17	443	755
Hannover	63	99	39	41	—	—	—	—	102	140
Köln	64	91	121	122	11	17	8	8	204	238
Königsberg	30	—	15	15	—	—	—	—	45	—
Leipzig	99	233	134	151	50	94	1	1	284	479
Magdeburg	—	—	31	33	—	—	—	—	—	—
Mannheim	42	73	62	63	—	—	—	—	104	136
München	89	226	95	93	31	57	4	4	219	386
Stettin	—	—	29	32	—	—	—	—	—	—
Stuttgart	33	74	43	44	—	—	—	—	76	118
Zwickau	15	—	23	28	—	—	—	—	38	—

1) 特記のないかぎりは，各取引所で公表された，1913年12月31日付の相場表から概括したもの。
2) Krupkes Konversationslexikon, Bd. 1, 1910から概括したもの。
3) Täuber, R., Die Börsen der Welt, Berlin 1911, S. 52による。
4) Krupkes Konversationslexikon, Bd. 3, 1912から概括したもの。
5) Krupkes Konversationslexikon, Bd. 4, 1913から概括したもの。

出典：Otto Wormser, *Die Frankfurter Börse*—Ihre Besonderheiten und ihre Bedeutung, Tübingen 1919, S. 221.

信用を充分供給できる体制が整っていなかった。こうした点では「非常にフランクフルトの伝統に則ったものであった」とベーリングは述べている[58]。

　一方，ベルリン大銀行はまったく発生源が異なるものであった。これらは産業企業の監査役会に入り込み，再金融のための預金をもち，フランクフルトへ乗り込んできた。最初は，ダルムシュタット商工業銀行(Bank für Handelsund Industrie in Darmstadt)，そしてドイツ銀行(Deutsche Bank，フランクフルト銀行(Frankfurter Bankverein)を支店化したもの)，コメルツ・ディスコント銀行(Commerz- und Disconto-Bank，ドレイフュス銀行(J. Dreyfus & Co.)を支店化したもの)が続いた。さらに決定的なこ

とは，この地ではロートシルト家が，家系を継続することができずに，清算後1901年にディスコント銀行(Diskonto-Gesellschaft)の傘下へ入り，そのフランクフルト支店となったことである。まさにフランクフルトの象徴の消滅であった。

第4節　フランクフルト証券取引所の歴史特性

1．先物取引を中心とする投機活動の評価をめぐって
(1)　先物取引の起源と種類

この地における18世紀末から1830年代末までの投機取引とその技術についてはライスコウによる以下の説明がある[59]。「これらは……，欧州とくにアムステルダム取引所で17世紀のはじめに展開され，当時完成し今日にも引き継がれてきた」。そしてこれらには，以下のような取引種類があった。

　①定期(確定日受渡)取引(Fest- oder Fixgeschäft)
　②繰延(買戻)取引(Prolongations- oder Rückkaufgeschäft)
　③プレミアム(特権・選択・差金)取引(Prämien- oder bedingtes Zeitgeschäft)
　　a．買方特権定期取引(買方選択権付)(Vorprämiengeschäft)
　　b．売方特権定期取引(売方契約解除権付)(Rückprämiengeschäft)
　　c．二重選択特権取引(売買両限の選択権付)(Stellage)
　　d．倍加特権付(両掛)取引(Nochgeschäft)

以上のような先物取引は，ナポレオン戦争を挟むこの時代にドイツで国民各階層のなかに浸透しはじめた。他方，プレミアム取引(今日のオプション取引)の普及はライスコウによると1820年代であった。

(2)　フランクフルト証券取引所の投機活動の評価

これまでの論述でみてきたように，当初ロートシルト家の投機取引があったものの，全体としてフランクフルト取引所は国債，鉄道債を中心とする安定指向の強い証券市場であった。とくにこの後の創業時代に投機が活発化し，19世紀末に投機を規制する帝国取引所法を生み出す原因をつくったベルリ

ン取引所とは，この点で対照的な性格をもつとみてよいであろう。そこで，このようなこの地の取引所の性格がどのようにして形成されたのか，まとめていくこととしたい。なおこの点については，ヴォルムサーが手際のよい概括をしているし，またヴィリー・プリオン(Willi Prion)が第二次世界大戦中に講演したものをまとめた著書にも端的に示されているため，この二著に依拠していく[60]。

a．投機業者について

信用を利用した投機はフランクフルト取引所では制限されていて，「いわゆる『素人』の投機筋はベルリンよりも弱かった」。また，玄人の投機筋もここでは弱体であり，「『大規模』すなわち資金力が豊富な長期的投機は，フランクフルトでは今日(1919年時点─山口)もはや成立しなかった」[61]。

b．投機資金について

信用取引を利用した投機も活発ではなかった。このことは「フランクフルト銀行(Frankfurter Bank)の貸借対照表においては，ルポール・ロンバード信用の項目での額が少なく，引受信用を利用した投機資金はわずかであった」[62]ことにみられる。また，ルポール取引の金利をみてもフランクフルトではベルリンよりも高めに決められる傾向があった(表1-3参照)。

c．証券取引の内容について

取引所取引に占める投機取引自体がそもそも量的に多くはなかった。「フランクフルト商工会議所の評価では，1890年代はじめ，売買総額中現物取引69％，先物取引31％であり，ベルリンでは，納税額でみるとそれぞれ25％，75％であった」。プレミアム取引はフランクフルト取引所の専売であったが，最終的にはその重要性を喪失した。

「取引所と関係し，収益を上げたフランクフルトの商会の多くは，大小を問わず為替・裁定(アービトラージ)業務に従事していた」からであった[63]。

d．相場形成の性格について

ベルリンの大銀行が行っていた「相場調整(Kursregulierung)は，フランクフルトではほとんど普及しなかった」。そちらでは「価格形成(Kursbildung)」ではなく，「価格固定化(Kursfeststellung)」まがいのことが行われ

表1-3 フランクフルト証券取引所とベルリン証券取引所におけるルポール金利(a)ならびにライヒスバンクの本店(ベルリン),フランクフルト支店,そのほか4カ所の支店における業務種類別取引高の比較(b)

(a) 1907年-1913年のフランクフルトとベルリン両証券取引所における,ルポール金利比較(年平均)

	1907	1908	1909	1910	1911	1912	1913
フランクフルト取引所	5.81	4.01	3.15	4.88	4.62	5.45	5.87
ベルリン取引所	5.29	3.94	3.90	4.61	4.15	4.97	——

#フランクフルトの数値は、Frankfurter Wirtschaftsbericht の1908年版と1913年版によっている。
ベルリンの数値は、Berliner Jahrb. für Handel und Industrie 1907-1913 に基づいている。
出典:Otto Wormser, *Die Frankfurter Börse* – Ihre Besonderheiten und ihre Bedeutung, Tübingen 1919, S. 219.

(b) ライヒスバンク本店とフランクフルトおよび主要4支店における業務種類別取引高の比較(1905年と1912年[1])の総額——100万Mk)

店舗所在地	年次	振替・振込取引	為替・小切手取引	ロンバート取引	取引高総額[2]
ベルリン[3]	1905	87,505	2,873	870	91,325
	1912	147,353	4,656	788	152,883
ハンブルク	1905	18,660	858	191	19,712
	1912	27,778	1,448	240	29,552
フランクフルト[4]	1905	10,486	746	69	11,303
	1912	16,756	1,033	273	18,072
ケルン	1905	5,363	528	138	6,030
	1912	10,023	723	219	10,967
ライプツィヒ	1905	4,236	511	89	4,838
	1912	8,063	841	284	9,189
ブレスラウ	1905	5,584	370	118	6,074
	1912	7,778	535	190	8,515
その他の支店の合計	1905	92,023	12,246	2,719	107,000
	1912	154,632	17,489	4,203	176,373
総計	1905	223,859	18,135	4,197	246,285
	1912	372,406	26,728	6,201	405,525

1) ライヒスバンクの管財報告書による。
2) 上記3種の業務以外の(重要性をもたない)預金・証券業務は除外。
3) die Bank des Berliner Kassenverein を含む。
4) die Frankfurter Bank を含む。
出典:Otto Wormser, *Die Frankfurter Börse* – Ihre Besonderheiten und ihre Bedeutung, Tübingen 1919, S. 206.

ていたという[64]。また価格形成上の均衡は，ベルリンと比較してフランクフルトでは「市場の規模の点では不利であったが，市場が投機的であることが少ないため，有利であった」[65]。すなわち通常時は市場が均衡し，投機的となったのは非常時であったともいえる。

e．自由取引およびマークラーの性格について

月末決済証券の仲買規則(Kommissionsoder)の導入にあたっての，両取引所の本質的相違は次の点にある。「フランクフルト取引所では，公定マークラー(Kursmakler)が仲買人と自由マークラーのあいだに入るが，ベルリン取引所ではこのような仲介は行われない。理由は，後者では自由マークラーの発達が比べようもないほどめざましく，仲買人のあいだに自立的に入り込んでは注文の速やかで円滑な執行に保証を与えられるからである」[66]。このためさらに「フランクフルトではベルリンと比較して，『自由取引』は重要な役割を演じていなかった。……先物取引は大部分が公定マークラー(Kursmakler)を通して仲介された」という[67]。

以上であるが，この最後の点についてはプリオンによるさらに詳しい解説がわかりやすい。それによると，ベルリン取引所でも，19世紀半ばには，官許商事マークラー(amtliche Handelsmakler＝公定マークラー)が独占権をもっていたが，取引所の開放の結果フランクフトとは違う二つの結果を生じさせたというのである。その一つは，公定マークラー自身が，自己投機の禁止を破っていったこと，もう一つは，仲介と同時に自己取引をする自由マークラーが発生したことであった。さらにほかの二つの点が加わり，ベルリン取引所の黄金時代には「幾多の内部的欠陥をもたらさずには参りませんでした」ということになり，次の例が挙げられている[68]。

(1) 取引所自体における投機の育成。多くは外部の大衆を相手方とした。
(2) 自己投機と仲介業務の混淆。
(3) 他人資本をもってする職業的投機および，大衆の投機の拡大。このことは，資本引き上げに際会すれば，容易に取引所相場を暴落せしめる。

まさに，昨今の日本におけるバブル形成とその崩壊期を思わせるかのような事態をもたらしうる状況であったことが想像できよう。

2．ドイツ帝国内の地域取引所および西南部ドイツ地域の「中央資本市場」としての役割

(1) ドイツ帝国内の地域取引所としての機能

　ドイツ帝国の建国に伴い，1870年代以降には，政治・経済はベルリンを中心とする体制が形成されていった。取引所でみると，取引銘柄数でも取引量でもベルリン取引所はほかのドイツ諸地域取引所の業務を凌駕していくことになった。ヴォルムサーは次のようにいっている。「このかぎりでは，ベルリン取引所はドイツのほかの領域に対して証券取引を集中し，それに応じて，取引所業務上，割引，ルポール，為替取引の圧倒的部分を吸収した。この意味で帝国首都の取引所はドイツ中央取引所となった。」[69]

　逆にみるとベルリン以外の取引所は，中央に対する地方という意味での地域取引所として存続していくしかなかったのである。これは，当時地域取引所がベルリンへの過大な経済力集中を非難しはじめた点にもみられる。「ハンブルク取引所は同じ時代に『その最良の力をベルリンへ移譲せざるを得ず』，同様の経験をミュンヘン，ドレスデン，また少なくないのではあるがフランクフルト自身も体験してきた」と[70]。

(2) 西南部ドイツ地域における「中央資本市場」

　しかし，フランクフルトの経済力とこの地の取引所の重要性のすべてが失われたわけではなかった。それには，いくつかの理由が挙げられる。

　第一には，フランクフルトがヘッセン地域のみならず，経済的後背地をもっていたことである。ヘッセン‐ナッサウ，ヴュルテンベルク，バーデン，バイエルン，プァルツ，加えて一定程度はエルザス・ロートリンゲンも含まれた[71]。

　第二に，「西南部の投資家がフランクフルト自体と同様に慎重であり，投機的でなかった」[72]ことも重要である。「はじめに」のところですでに触れたように，投資資金の一部を構成していた農民解放時の償却金を得た貴族，

土地領主(Grundherr)の運用姿勢に現れている。この点については，ヘラルド・ヴィンケル(Herald Winkel)による以下のような詳細にわたる記述がある。

　ドイツの多くの領域では，償却法により高位諸侯(Standesherr)の手に入った資金は金融マークラーや個人銀行との密接な関係により資本市場へ流入した。しかし，それがどのように利用されるのかについては，オーバーシュレージェンのような一部地域の例外を除き，これら貴族が関心をよせることはなかったという。そもそも19世紀中盤までは，投資対象となる近代的工業がドイツでは少なく，投資対象はもっぱら国家証券であった。これらの資金は「特別に保守的で……工業融資に骨を折ることが少ない」[73]フランクフルトの銀行業界により利用されたといえよう。

　第三に，ドイツ帝国が成立したとはいえ，「その国民権力覇権(nationale Machtherstellung)の地域的制約のため，帝国権力覇権がすべてを包括したわけではなかった」ためでもある[74]。このため，ベルリン取引所がドイツ中央取引所となったのに対し，西南部の諸地域に対してはフランクフルト取引所も同様の性格をもった。すなわちドイツ西南部をドイツ帝国から一定程度分離し，「西南部ドイツの中央資本市場という意味で，ドイツの取引全体に対しても重要性をもった」というヴォルムサーの説明もある[75]。

　以上はドイツ国内の要因であったが，これに加えて国際債券市場として，国際関係がフランクフルトの場合には重要性をもっていたことはいうまでもない。

3．ユダヤ系証券業者と個人銀行家の役割
(1)　フランクフルト取引所のユダヤ系証券業者

　これまでの叙述でみられたようにフランクフルトでのユダヤ系金融証券業者の活躍はめざましいものであった。彼らは，民族全体としての差別を受けつつも，19世紀中盤からは，その伝統的な金融証券技術により，社会的上昇を遂げた。とくに取引所取引ではなくてはならない存在になったことについて，多くの記述があり，それを紹介してみたい。

まずユダヤ人の歴史研究家パウル・アルンスベルク(Paul Arnsberg)は「19世紀後半(1880年)には210の銀行業者があったが，その6/7(85％以上)がユダヤ人の経営するものであった」と紹介している[76]。また証券取引所についても同様であり，アメリカ人ジャーナリストのスーザン・ゴールデンバーク(Susan Goldenberg)は次のように書いている。「『1880年のフランクフルト証券取引所を写したこの写真をみると，会員の3分の2がユダヤ人で，戦争まで主要な役割を演じていたことがわかる』とゲオルグ・ハウク・ウント・ゾーン銀行頭取ミカエル・ハウクは，……語った」[77]。

さらに20世紀に入っても，ナチスが台頭する直前まで以上の状況に変化はみられなかった。このことは，経済学者ヴィリー・プリオンが次のように述べていることからみてとれる。「又ユダヤ人の公定仲立人も居たのでありまして，1932年の如きは，伯林の公定仲立人の半数以上はユダヤ人だったという有様で，フランクフルトは更に多く，ウィーンに至って云わずもがなでした」[78]。

以上の三者の記述をみてわかるように，ドイツの証券取引所，とくにフランクフルト証券取引所では圧倒的にユダヤ系の個人銀行および証券業者の影響下にあったことがうかがえる。19世紀末にロートシルトのフランクフルト本家が一旦途絶えたあともほかのユダヤ系証券業者によりカバーされていたと考えられる。

(2) 証券取引所における個人銀行家の伝統

以上みたごとく，ドイツ各地で個人銀行家の役割が見逃せないことがわかる。しかしその数を歴史的にみると減少をたどっていることも事実である。自身が個人銀行所有者であり，金融界・証券業界の諸役職にあった法学博士のヨハネス・C. D. ツァーン(Johannes C. D. Zahn)の1972年の著作『個人銀行家』からその数値を拾うと以下のようになる。

1913年1221行，25年1406行，29年1110行，33年709行，38年491行，48年300行，52年225行，62年212行，71年161行[79]。30年代の減少が，ナチスのアンティゼミティスムス，「アーリア化」の結果であることはいうまでもない。「今日では，1933年～45年までの間に追放された銀行家

は，しばしば引継者の了解のもとに，再び銀行に戻ってきたり，あるいは，協力する目的で再び銀行に資本参加を行ったりしている。」[80] しかし，第二次世界大戦後も減少を続けているのは，合併により，地方銀行へ引き継がれたり，法人格を失ったりしたためである，という。

ただし，依然として証券市場ではこれら個人銀行家の果たす役割は大きい。この本の書かれた当時の1971年には，ドイツの諸取引所8カ所のうち，5カ所で個人銀行家が理事長になっていることが紹介されている。ツァーンがデュッセルドルフのライン・ヴェストファーレン取引所の理事長となっているほかに，フランクフルトのライン・マイン取引所，ハノーバー取引所，ミュンヘンのバイエルン取引所，ベルリン取引所においても然りである[81]。

ところで，冒頭でも述べておいたごとく，ドイツ統合の時期を前後して，ユダヤ系の資本が，ドイツ国内へ再び戻る動きも散見される。1980年代末には，ロートシルト家が当初の本拠地であったフランクフルトへ支店を復活させた。また，1991年には，「『M. M. ウォーバーグ商会』の本家の家名がドイツで復活」した[82]。これら，ユダヤ系を含む個人銀行の激動の歴史と昨今の動向については別の研究を必要とするため，ここでは詳細にわたり立ち入ることは避けることにする。しかし，1990年代のドイツ取引所株式会社成立の影には，これらの個人銀行の営業が大きな力となっていることを再度確認しておきたい。

第5節　ま　と　め

本章ではフランクフルト証券取引所(1935年からはライン・マイン取引所，91年からはドイツ取引所株式会社の管理下にある)の歴史・地域特性を浮き彫りにすることを目指してきた。それは，国際債券市場としての重要性であり，確実な収益を第一義とする安定性指向の証券市場であった。

これまでの記述のなかで明らかとなったのは，この国際性が都市フランクフルト自体の性格に由来することである。中世以来の商人層を中心とした自由都市であったことに加え，宗教戦争の難を逃れたフランス，オランダから

の移民を受け入れ，さまざまな問題を抱え，時には敵対しながらもユダヤ人との共存・共栄を図った時期があったことも加わり，多民族都市という長い歴史を有していた。

また，長い商業史の伝統のうえに，為替・金融都市としての成長を遂げてきたことも特筆されるべきである。というのはこの街は，北部ドイツのターラー圏と南部ドイツのグルデン圏が接触する地理的条件下にあり，両者の両替が行われる為替都市であった。この貨幣業務と運送業務を経営する個人商会のなかから次第に証券業務を扱う個人銀行家が派生してきた。フランクフルトの証券市場史は別の側面では個人銀行家形成史とみることもできなくはない。クリスチャン系およびユダヤ系血縁ネットワークの世界であり，近世から近代の入り口では絶対主義的封建諸公が彼らの資金力をあてにしたため，宮廷ユダヤ人金融業者が栄えることとなった。

彼らは，中世商業以来の先物取引技術に長け，扱う証券はもっぱら国家証券，国・公債であり，近代的株式会社誕生以前にすでに国債投機が行われていた。投機者は，封建諸公，官吏，農場主などであった。1820年代ごろには，富くじ債券の発行などにみられる証券投機も行われたが，これは次第に国債投資へ一般市民層の参加が始まり，これらの群小零細資金の吸収のための刺激剤となっていったと思われる。ベルリンほどの規模ではなくとも一応投機活動がなかったわけではないことを示す事実ではあった。また，為替を中心とする取引所から証券取引所への脱皮でもあった。

しかし，フランクフルト取引所の業者は，投機の危険性についての認識を深く身につけていた。18世紀中盤には，株式会社の発生，鉄道証券の取引の開始でさらに投機への刺激が生ずるが，それに対し特別の市場を用意したことに端的にみられる。投機を禁止したのではなく，規制の対象として特別扱いをしていたといえよう。

この傾向はさらに19世紀末から20世紀に入っても一貫していた。ベルリンで活発化した自由マークラーの活動は制限を受け，ルポール・ロンバード信用などの投機資金の供給も極力抑えられた。さらにベルリンと違い，素人筋の投機家が多くはなく，また公定マークラー自体が投機に習熟していた，

さらに投資家自体が安定性指向の投資を重視していたことなどの要因が加わった。このため，証券取引所全体の雰囲気が投機に対する危機管理と安定化のための諸手段を開発させていたとみるべきであろう。このことは，暴騰と暴落の反省のうえに立ち，投機活動の制限をドイツ全体で目指した1896年帝国証券取引所法にフランクフルト証券取引所の諸制度が部分的に採用されたことで，その有効性が証明されている。

さらにナチス期に入ると，先物取引がほぼ完璧に禁止処置を受け，この影響は1970年代まで尾を引くことになった。やっとここ20-30年間に復活してきたが，その技術を引き継ぐ業者はその数を減らし，新しいアングロ・サクソン流の先物技術の導入となっている。しかし，1990年のドイツ再統一の時期を前後して，世界の各地からかつての伝統を継ぐ個人銀行業者が復活してきている。

今後フランクフルトおよびドイツ全体でかつての規模の先物取引の興隆が図られるのかどうか，今後の展開を待つしかない。すなわち政治首都のベルリンとEU経済センターの一中心のフランクフルトが，どのように影響しあい，その歴史的伝統を復活させ，伸ばしていくのか，興味深いテーマが我々の眼前に展開されている。なお，この章ではフランクフルト証券取引所を牽引してきた個人銀行業者，証券業者の歴史と経営・活動には充分触れることができなかった。この点は今後の研究課題としたい。

注

1） 拙稿「統合資本市場としてのドイツ取引所株式会社——取引の電子化に伴う複合システムの導入」『証券経済研究』第11号，1998年1月(本書第6章)。岩田健治「欧州経済・通貨同盟と株式市場——取引所統合の新段階」『証券経済学会年報』第34号，1999年5月。山本武信『ユーロの生誕』共同通信社，1999年，234ページ。
2） Bernd Baehring, *Börsen-Zeiten* — Frankfurt in vier Jahrhundert zwischen Antwerpen, Wien, New York und Berlin, Frankfurt am Main 1985.(以下 *Börsen-Zeiten* とする)
3） Erich Achterberg, *Der Bankplatz Frankfurt am Main*, Frankfurt am Main 1955, S. 29.
4） Bernd Baehring, Make love to your money — Über Börsen, Aktionäre und

Börsianer, in: Herwig Gratsch (Hrsg.), *Zwischen Hausse und Baisse* — Börsen und Geld in Karikatur, Stuttgart 1987.

5) 飯田裕康「[1] 証券市場の成立と発展」日本証券経済研究所編『新版現代証券事典』日本経済新聞社, 1992年, 第11章所収。

6) 西南部ドイツにおける償却資本については, 以下の文献を参照した。Harald Winkel, *Die Ablösungskapitalien aus der Bauernbefreiung in West- und Süddeutschland* — Höhe und Verwaltung bei Standes- und Grundherren, Stuttgart 1968.

7) フランクフルト, ロートシルト商会の復活については, 以下を参照した。広瀬隆『赤い楯』集英社, 1991年, (上)23ページ, (下)882ページ。なお, 同商会はROTHSCHILD GmbHという名でフランクフルトのウルメン通りの建物にある。これについては, 1997年3月に, 筆者はフランクフルト日本人国際学校事務局長・大澤武男とともに立ち寄り, 確認した。

8) 小倉欣一・大澤武男『都市フランクフルトの歴史——カール大帝から1200年』中公新書, 1994年, 11ページ。

9) 同上第2章, Bernd Baehring, *Börsen-Zeiten*, S. 29, Erich Achterberg, *Der Bankplatz Frankfurt am Main*, S. 5ff.

10) Erlich Achterberg, a. a. O., S. 6.

11) 小倉欣一・大澤武男, 前掲書, 17-18ページ。

12) 小倉欣一・大澤武男, 前掲書, 168ページ。

13) Erich Achterberg, a. a. O., S. 2, 小倉欣一・大澤武男, 前掲書, 51-52ページ。

14) Otto Wormser, *Die Frankfurter Börse* — Ihre Besonderheiten und ihre Bedeutung, Tübingen 1919, S. 3.

15) Erich Achterberg, a. a. O., S. 19ff.

16) Bernd Baehring, *Börsen-Zeiten*, S. 42.

17) Erich Achterberg, a. a. O., S. 31.

18) Bernd Baehring, *Börsen-Zeiten*, S. 38.

19) Otto Wormser, a. a. O., S. 5, Erich Achterberg, a. a. O., S. 19ff., Bernd Baehring, *Börsen-Zeiten*, S. 34. 小倉欣一・大澤武男, 前掲書, 62ページ。

20) Erich Achterberg, a. a. O., S. 31, Bernd Baehring, *Börsen-Zeiten*, S. 47ff.

21) Bernd Baehring, *Börsen-Zeiten*, S. 48ff.

22) Ebenda, S. 50ff.

23) Ebenda, S. 52.

24) Erich Achterberg, a. a. O., S. 31, Bernd Baehring, *Börsen-Zeiten*, S. 50.

25) Bernd Baehring, *Börsen-Zeiten*, S. 32., Otto Wormser, a. a. O., S. 6ff.

26) Erich Achterberg, a. a. O., S. 11.

27) Ebenda, S. 43.

28) 小倉欣一・大澤武男, 前掲書, 166ページ。

29) Erich Achterberg, a. a. O., S. 49ff.

30) 小倉欣一・大澤武男，前掲書，180ページ。および馬場哲「19世紀後半～20世紀初頭におけるフランクフルト・アム・マインの工業化と自治体合併」篠塚信義・石坂昭雄・高橋秀行編著『地域工業化の比較史的研究』北海道大学図書刊行会，2003年371ページ。
31) 小倉欣一・大澤武男，前掲書，第4章，大澤武男『ユダヤ人ゲットー』講談社現代新書，1996年，52-53ページ。
32) Bernd Baehring, *Börsen-Zeiten*, S. 57.
33) Erich Achterberg, a. a. O., S. 87.
34) 中木康夫『ロスチャイルド家——世界を動かした金融王国』誠文堂新光社，1980年。
35) Erich Achterberg, a. a. O., S. 51-53.
36) Ebenda, S. 61，中木康夫，前掲書，15ページ。
37) Karl Neidlinger, *Studien zur Geschichte der deutschen Effektenspekulation von ihren Anfängen bis zum Beginn der Eisenbahnaktienspekulation*, Jena 1930, S. 33.
38) Ebenda, S. 19, 25.
39) Erich Achterberg, a. a. O., S. 53.
40) Bernd Baehring, *Börsen-Zeiten*, S. 59ff.
41) Ebenda, S. 59, 61.
42) Bernd Baehring, *Börsen-Zeiten*, S. 71-77. なお，イギリスでも1820年代にベアリング家を抑えたことについては，中木康夫，前掲書，53ページを参照。
43) Karl Neidlinger, a. a. O., S. 35.
44) Bernd Baehring, *Börsen-Zeiten*, S. 76.
45) Ebenda, S. 82.
46) Otto Wormser, a. a. O., S. 17-21.
47) Bernd Baehring, *Börsen-Zeiten*, S. 80.
48) Karl Neidlinger, a. a. O., S. 61ff. これら2回の景気循環は，ベーリングによるとドイツで初めて経験するサイクルであったという。Bernd Baehring, *Börsen-Zeiten*, S. 103.
49) Hanns Leiskow, *Spekulation und öffentliche Meinung in der ersten Hälfte des 19. Jahrhunderts*, Jena 1930, S. 6.
50) Bernd Baehring, *Börsen-Zeiten*, S. 88.
51) Hanns Leiskow, a. a. O., S. 42-49.
52) ロートシルト家が当時フランクフルトでもっていた金融支配力については，ベーリングが引用した1854年のメイヤー会話辞典（Meyers Conversation Lexicon）が参考となる。①手形および為替取引と国債保有に基づく同市での現金流出入の管理，②他商会の運命を左右できたほど大きな，フランクフルト証券取引所での利率決定権，③同家の意向に反すると，同地域では金融・財務取引が不可能となること。Bernd Baehring, *Börsen-Zeiten*, S. 74.

53) 中木康夫，前掲書，120ページ。
54) Bernd Baehring, *Börsen-Zeiten*, S. 118.
55) Ebenda, S. 124.
56) Ebenda, S. 123, 133.
57) Ebenda, S. 140.
58) Ebenda, S. 151.
59) Hanns Leiskow, a. a. .., S. 63-69.
60) ヴェ・プリオン著(野中淳解説)『ナチスの取引所』厳松堂書店，1941年。
61) Otto Wormser, a. a. O., S. 87-88.
62) Ebenda, S. 88-89. なお，ここでいう，ルポール信用とは，売りつなぎと買いつなぎの繰延取引(Reportgeschäft：売買受け渡し延期取引)に伴う，日歩，逆日歩の差し出しをいう。またロンバード信用とは，債券・株式等の動産担保貸し(Lombardgeschäft)に伴う信用のことである。詳しくは以下を参照のこと。大矢繁夫「ドイツの銀行の証券信用業務」酒井一夫・西村閑也編著『比較金融史研究──英・米・独・仏の通貨金融構造1870-1914年』ミネルヴァ書房，1992年，第4章。および『ドイツ・ユニバーサルバンキングの展開』北海道大学図書刊行会，2001年。
63) Ebenda, S. 89.
64) Ebenda, S. 95, 注記の1。
65) Ebenda, S. 133.
66) Ebenda, S. 99, 注記の2。
67) Ebenda, S. 101.
68) ヴェ・プリオン，前掲書，59-60ページ。
69) Otto Wormser, a. a. O., S. 171.
70) Ebenda, S. 192ff.
71) Ebenda, S. 171. Bernd Baehring, *Börsen-Zeiten*, S. 113.
72) Otto Wormser, a. a. O., S. 173.
73) Harald Winkel, a. a. O., S. 4. ヴィンケルによると，ケルンの銀行業界は，ベルギーの製鉄業やライン地方の繊維業，またルール地方の産業企業へ投資，融資をしていた。また，オーバーシュレージェンの鉱業は貴族所有によるものであった。また，南ドイツでも，シュヴァルツバルトにおける貴族による木材経営という例外も述べられている。そして1850年代以降には，東エルベの貴族は鉄道株投機に乗り出している。したがって貴族の投資がドイツ全体をみると，必ずしも投機的ではないとはいえない。
74) Ebenda, S. 171.
75) Ebenda, S. 174.
76) Paul Arnsberg, *Die Geschichte der Frankfurter Juden seit der Französischen Revolution*, Band 1, Der Gang der Ereignisse, Darmstadt 1983. S. 727. なおこの本のこの箇所は大澤武男により紹介されている。大澤武男『ユダヤ人とドイツ』講談社現代新書，1991年，91ページ。および小倉欣一・大澤武男，前掲書，197ページ。

第1章　国際債券市場としてのフランクフルト証券取引所　57

77) Susan Goldenberg, *Trading* — Inside the World's Leading Stock Exchanges, San Diego/New York/London 1986, p. 193. スーザン・ゴールデンバーグ(長谷川慶太郎訳)『世界の投機市場——その仕組みと動かす力』(下),東洋経済新報社,1987年所収,「フランクフルト証券取引所——すべてに保守的なドイツの風土」153ページ。
78) ヴェ・プリオン,前掲書,73ページ。
79) Johannes C. D. Zahn, *Der Privatbankier*, 3. Auflage, Frankfurt am Main 1972, S. 35-40. ヨハネス・C.D.ツアーン(金原実・小湊繁訳)「個人銀行家」『証券研究』第46巻,1975年11月,144-149ページ。
80) Johannes C. D. Zahn, a. a. O., S. 40. ヨハネス・C.D.ツアーン,前掲論文,148-149ページ。
81) Johannes C. D. Zahn, a. a. O., S. 123. Anmerkung 8. ヨハネス・C.D.ツアーン,前掲論文,138ページ,注22。
82) ロン・チャーナウ(青木栄一訳)『ウォーバーグ——ユダヤ財閥の興亡』(下),日本経済新聞社,1998年,478ページ,訳者あとがき。

第2章
中央資本市場，ベルリン証券取引所の生成

第1節　はじめに

　1990年10月3日，統一ドイツ国家が成立した。約40年の分裂国家を経ての統一であった。首都には，ベルリンが返り咲いたわけである。しかし，ベルリンへの首都移転と同時に，ドイツ連邦銀行のフランクフルト残留も決定された。

　フランクフルトは引き続きドイツの中央銀行所在地として，金融センター(金融中心都市)への歩みを保証されたことになる。また1993年10月29日には欧州共同体EC(現EU)が，フランクフルトを将来の欧州中央銀行設置場所とする決定をくだし，このための準備活動が開始されている。なおフランクフルト証券取引所(株式会社)は1991年1月1日に名称変更をし，ドイツ証券取引所(株式会社)となっている。これは90年代のコンピューター通信を土台とした「基本的構造改革」[1]を通じて，同取引所がドイツにおける金融経済の中心的役割を担うためであった。同時に，フランクフルトは，EUにおける経済・金融の重要拠点(金融センター)となることを目指している。さらに加えて，東欧諸国の経済・金融の再建支援においても重大な役割と機能が期待されている。

　ところで，ドイツの近代史を振り返ってみると，以上のごとき金融センターとしての役割を担っていたのは，フランクフルトではなくベルリンであった。すなわち，国際的金融センターとは呼ぶことが難しいとしても，ともかく国内金融センターとしては一応の役割を果たしていたと考えられる。

ちなみに、ドイツの中央銀行であったライヒスバンクの中央銀行としての機能は、ドイツ帝国（ドイチェ・ライヒ：Das Deutsche Reich）の成立からかなりの時間をかけてライヒ全体へ拡張された。まず第一に、銀行券（ライヒスマルク）の通貨としての認定が、1909年の銀行法の改正によって行われた。次にライヒスバンクの発券集中は、1936年になってやっと成立した。それまでは、プロイセン以外のザクセン（州都ライプツィヒ）、バイエルン（同ミュンヘン）、バーデン（同カールスルーヘ）、ヴュルテンベルク（同シュツットガルト）の各州中央銀行が独自の中央銀行券の発券権をもっていた。このことは、ドイツ連邦銀行が監修した、ドイツ中央銀行史というべき著作『ドイツの通貨と経済』で明らかにされている[2]。

ただし、どこまでベルリンが国内金融センターとしてその機能を担っていたのか、という問題に対して評価を与えた研究は、ドイツでも日本でもこれまでのところ充分ではなかったといわざるを得ない。本章では、この問題について全面的な答えを出すわけではないが、これにとくに取引所の活動の面から迫っていきたいと考えている。というのは銀行、とくに信用大銀行の集中・合併の面での研究はこれまで、日本でも多くの研究成果が出されていたのに対し、取引所の活動とその歴史についての研究成果はほとんどなかったからである。

幸いなことに、ドイツでは、各地における取引所開設から数世紀を経た現在、各地の取引所において、記念行事としてそれぞれの取引所史の刊行が進められてきた。筆者は、1991年から92年にかけての海外研修のさいに、いくつかの取引所を訪問しこれらを入手することができた[3]。また、1992年には、フランクフルトにある銀行史研究所（Institut für bankhistorische Forschung）が『ドイツ取引所史』（"Deutsche Börsengeschichte"）という題名の、大部の書物を刊行した[4]。この著作は、ドイツの取引所の歴史的分析、とくに先物取引の状況と規模の小さな各地域取引所を含めて、ドイツの取引所についての体系的整理を行った。この分野ではドイツでも初めての研究業績であると考えられる。またこの著作は、同研究所がすでに刊行している『ドイツ銀行史』（"Deutsche Bankengeschichte"）第1〜3巻に引き続くド

イツ金融史研究分野の輝かしい成果である[5]。また，すでに述べたごとく，現在では中央銀行のドイツ連邦銀行自らの手により編集された『ドイツの通貨と経済』はすでに，邦訳が終了している。これらの最新の研究成果，およびそれらに基づいた日本での紹介，論争と切り結んで整理を加えてみたいというのが，この本章をまとめる一つの動機付けとなっている[6]。

ただ，ここで本章のテーマの「中央資本市場」という用語についての説明をあらかじめ述べておかなければならないであろう。証券取引所の場合は，中央銀行の発券独占のように法律上の質的規定を与えることは，困難である。それをあえて，この用語を用いるには，以下の理由がある。

第一には，ベルリン取引所が第二次世界大戦終了までに，数量的には取引売買額等でみてもドイツ帝国内では中心的役割を果たしていたことである。

第二には，ベルリンの証券相場に合わせてドイツにおける統一相場建てが行われた時期があったことである。この点では証券取引において，一定の中央的機能を果たしていたと考えられる。そのほかにも，決済制度，上場規制，理事会組織等の取引所制度の面で，プロイセンのそれが模範となり，ほかのドイツ諸地域へ広がっていったという経過があったことも大きな要因である。

第三には，第二次世界大戦後の旧西ドイツの時代，また現在も基本的には継続していると考えられる連邦主義的な地域分権制と比較すると，ドイツ帝国の時代そして，ナチス政権の統制経済下では決定的に中央集中的な性格を，ベルリンの取引所ももたされたのではないかと考えられるからである。

第四には，本文で詳しく触れるが，ベルリン取引所は，ロンドン，パリなどの資本輸出を中心とした国際的金融センターとしての役割という点では充分な活躍はしてこなかった。むしろドイツ国内において資本を創出するという事業が中心であった。したがって，この中央資本市場は，国際金融センターとしては一定の制約を伴っているとも考えられる。

以上の点を念頭に置いたうえで，以下では「中央資本市場としてのベルリン取引所」を時代に沿って整理し，そのうえでその歴史的意義と限界について言及していくこととしたい。

第2節　19世紀における証券取引所の生成

ここでは，ベルリン取引所の台頭と全国的な中央市場としての機能の獲得の過程を三つの時期区分に沿って整理していきたい。まず第一には，1871年のドイツ帝国の建国以前の時期，次に1896年取引所法の成立までの時期，第三にそれ以降の時代に分けていきたい。

1．ドイツ帝国建国までの証券取引所(1871年まで)
(1)　フランクフルト取引所とベルリン取引所の拮抗

ドイツの取引所は，19世紀に入り次第に近代的な証券取引所としても形を整えてきた。『ドイツ取引所史』で19世紀から1914年までについて担当しているライナー・ゲメル(Rainer Gömmel，レーゲンスブルク大学教授)によると，フランクフルト取引所は1816年に証券取引所としての機能を開始し，1871年にドイツ帝国が建国されるまで，ドイツで最大の取引所であった。また，取引所の建築物については，『取引所とその時代──フランクフルト証券取引所1585-1985』(*"Börsen-Zeiten—Frankfurter Wertpapierbörse 1585-1985"*)を執筆したベルント・ベーリング(Bernd Baehring)によると，1843年には新ホールが完成された。また，取引所規則もマークラー制度を含め次第に整備されてきた[7]。一方，ベルリン証券取引所が編纂した300周年記念誌『ベルリン取引所1685-1985年』(*"Berliner Börse 1685-1985"*)によると，1805年に王宮の遊歩庭園内に取引所建築が落成している。同時に取引所規則が公布されたが，これは，1825年に改定された。そして1830年代の鉄道建設の開始とともに，華々しい取引が行われていた。1860年には，ブルク通りに新建築物が構築されて，フランクフルトとともに，全国的に重要な取引所となりつつあった[8]。

このように，ベルリンとフランクフルトの両取引所は，ナポレオン戦争以降のドイツの近代化への歩みとドイツの工業化と並行して，その取引量を増加させていく。しかし，両取引所には，その性格からみると相互に異なる特

性を当初からみてとることができる。さらに19世紀中盤からライヒの建国にいたる過程で，取引量でみて，ベルリンがフランクフルトを凌駕していくことになるのである。そこでまず，両市場の特性について触れておくことにしよう。

はじめにフランクフルト取引所であるが，こちらは債権取引中心の手堅い市場であった。その地理的条件，政治的関係の深さからオーストリアとの取引が多かった。いわばハプスブルク帝国の金融的後背地の役割を果たしていたといえる。そして，台頭しつつあった若きアメリカ合衆国への資本輸出地として，欧州における一つの拠点を形成しつつあった。すなわち，国際的な債券(国債)市場としての性格を色濃くもっていたのである。

この性格は，まず第一には国債業務を中心に置いた，フランクフルトの個人銀行家の取引姿勢によるものであった。また第二には，当地の富裕な投資家層の投機を嫌い，安全を志向するという投資態度に負っている。ベーリングは，フランクフルトという都市のもつこの性格についていろいろな箇所で言及しているが，この時代については，以下のごとく述べている。

「もちろんフランクフルトでも投機はなされたが，投機が許されたのは，いわばいたるところ押し寄せる将来を見越してというのではなく，血統書付きで手渡されてきた証券への投機が優先されていた。それは，この地になじみ，充分に計算の効くリスクに対しての投機であった。それは，貨幣と投資は一定の，見通しのよい事情から生まれるという思考にふさわしいものであった。金融的破産の可能性を孕む不確実性とか，無名者同士の資本結合とか，市場変動や個人的軽薄さおよび許さざるべき詐欺行為に基づく社会不安とか，収益変動とかいうものは，この地にはなじまないのである」[9]。

他方ベルリン取引所は，フランクフルトとは対象的に株式取引，とくにドイツ鉄道株の投機によりその最初の成果を上げてきている。1835年のニュルンベルクとフュルス間での最初の鉄道建設以来，1840年代には鉄道株投機が生じている。そして「実際に，鉄道株で主導的地位にあったベルリン取引所に，予想されなかった飛躍をもたらした」[10]のであった。そして，工業株と銀行株の登場を伴う19世紀の半ばにしてフランクフルトとベルリンの

地位の交代があったことがベーリングの記述と『ドイツ取引所史』の双方の記述のなかでみられる。この点は，数量的にも確認しておく必要があろう。

・1848 年 1 月 29 日のフランクフルト相場表
　　国債──18 種 43 回発行(18 種 44 回発行)
　　銀行株──12 株 12 回発行(8 株 9 回発行)
・1847 年 12 月 31 日のベルリン相場表
　　国債──17 種 24 回発行(12 種 25 回発行)
　　銀行株──30 株 51 回発行(33 株 53 回)

なお，かっこ内の数値は，1919 年刊行のオットー・ヴォルムサー(Otto Wormser)の著作による推計値で，その後の諸文献の基礎となっている。もっとも，この数値には，工業分野での株式発行数の数値がなく別の見方をとる日本での研究もある[11]。

ただいえることは，以上の数値でみても，債券市場としてはフランクフルトに及ばないものの，銀行株では，ベルリンが前者を凌駕していることがわかり，鉄道投機とならんでベルリンの台頭を窺うことができる。さらに時代が下るとこの傾向はもっと明白となる。このことは，以下の1893年の取引所委員会調査報告のベルリンの数値を引用し，またこれに対応するフランクフルト取引所の様子についてはすでに述べた『ドイツ取引所史』でのゲメルの記述にみられる。

・1870 年のベルリン取引所で相場の建てられた証券 325 の内訳
　　国内・国外の国債 95，鉄道優先株・社債 115
　　鉄道普通株・議決権付優先株 60，銀行・工業株 55

これに対して，1866 年のフランクフルト相場表で値付けされた証券 148 の内訳は，「銀行株は減少傾向にあり，……(ドイツおよびオーストリアの──山口)抵当銀行の抵当証券が，これに代わるようになっていた」[12]ことが，以上の数値に続き記述されている。

以上の証券発行活動には，通常の銀行業務のほかに，証券の発行・引き受け，工業企業の創業業務を行う以下の銀行の設立があったことはいうまでもない。ケルンのシャーフハウゼン銀行(Abraham Schafffhausen'schen

Bankvereins 1848 年），ドイツ最初の株式銀行であるダルムシュタット市のダルムシュタット銀行（Bank für Handel und Industrie in Darmstädt=Darmstädter Bank 1853 年），ベルリンのディスコント銀行（Disconto-Gesellschaft 1851 年）とベルリン商業銀行（Berliner Handels-Gesellschaft 1856 年）の設立があった[13]。

(2) 個人銀行家の動向とフランクフルト証券取引所の役割

なお，19世紀前半のこの時代，以上の証券取引を仕切っていたのが，ロートシルト銀行（Rothschild-Bank）を中心とする個人銀行家（Privatbankier）であった点に注意しておく必要があろう。またフランクフルトがベルリンへその取引所取引の優位性を譲ったときは，同時に，フランクフルトのロートシルト家の衰退でもあったことを付け加えておきたい。ちなみに，当時のロートシルト家の栄光は，フランクフルト市の繁栄の象徴であったのである。

まず，個人銀行家の活躍をみておくと，「最初の大鉄道網が個人銀行業者のイニシアチブと金融出資のもとに建設された」[14]ことが重要である。ケルンの商会シュタイン（J. H. Stein），シャーフハウゼン（A. Schaafhausen），ヘルシュタット（J. D. Herstaatt），オッペンハイム商会（Sal. Oppenheim jr. & Cie.），フランクフルトの商会ベートマン兄弟（Gebr. Bethmann），ロートシルト銀行，ベルリンの商会ブライヒレーダー（Häuser S. Bleichröder），メンデルスゾーン商会（Mendelssohn & Co.）などであった。

なかでも，ロートシルト銀行は，欧州の宮廷金融で多大の影響力をもっていたものの，クレディ・モビリエやダルムシュタット銀行などの株式銀行の設立には，抵抗の姿勢をとり続けた結果，ドイツでの地位を喪失することになった。その直接の原因は，普墺戦争とプロイセンによるフランクフルト占領という事件であった。「1866年は，ロートシルトにとって危機に思われた。この商会は，1860年以来もっていた南ドイツ諸邦におけるプロイセン国債の発行と販売独占権を失った」[15]。

以上のような過程をたどって，フランクフルト取引所は，その中心的役割をベルリン取引所へ譲ることとなった。すなわち，「フランクフルトはベル

リンが中心にすわっているほかの経済領域のなかでの地方都市になり下がったのであった」[16]。というのは，ゲメルが強調するように，当時の取引所投機は通信手段の発達と大衆の参加に基づいて行われ，その意味では都市の住民数が一定の力となっていた。ちなみに，19世紀半ばの都市住民数は，フランクフルトで2万6000人，ケルンで9万7000人に対し，ベルリンでは41万9000人，ウィーンでは44万4000人であったという[17]。

しかし，フランクフルト市の名誉を強調するベーリングが強調するように，同市は，依然としてアメリカ証券(国債・鉄道債)取引の欧州の中心地の一つであり続けた。この点では，ニューヨークの商会セリグマン会社(J. W. Seligmann & Co.)とその血縁関係を基盤とした欧州営業所が重大な役割を果たした。また，フランクフルト取引所は引き続き，西南ドイツ諸邦に対する影響力を維持し続けるのであるが，これは，同市で流通していた通貨に関連していた。したがって，同市をめぐる通貨制度に言及し，最後に証券制度の新たな展開にも触れておくこととしたい。

まずフランクフルト市の通貨であるが，グルデンが使用されていた。これは同市が南ドイツ諸邦との通貨関係をもっていたからである。そして，19世紀半ばに，同市では最初の株式会社として，フェラインスカッセ(Vereinskasse)の設立が構想された。この会社創業は，ロートシルト家などの名望家族の反対もあったが，最終的には，1854年4月11日に市参事会の許可が出されて，株式会社形態をとるフランクフルト銀行として出発している。

この銀行の機能と性格について，ベーリングは次のように述べている。「新銀行は三つの機能をもっていた。銀行の銀行，発券銀行，国家の銀行であった。中央銀行でなかったのは，その銀行券が南ドイツの協定通貨(Vereinswährung)のグルデンで流通したからであった。……フランクフルト銀行が，『銀行の銀行』であったのは，振替機関(Giroinstitut)として取引所の発展にとって重要な機能をもっていたためであった。取引所にとっての重大なことは，それまでは為替利子率の設定が多くの場合，実際には銀行業者の手で決められていたのに対して，この銀行が一定の法則により決定するようになった点であった」[18]。

このように，フランクフルトは近代的通貨制度の機能をもつ銀行を設立し，バイエルンなどの南ドイツ諸邦へも影響力を広げ為替市場の伝統を維持していった。また，この経済地理的なフランクフルトの重要性については，ベルリンも無視することができなかった。先に述べた，1866年のプロイセンによる同市の占領時にも，ベルリンはプロイセン・ターラー通貨の導入の強制を思い止めたという。それは，同市が北ドイツ・ターラー諸邦と南ドイツ・グルデン諸邦の両通貨領域のちょうど接点にあるためであった[19]。しかし，プロイセンの影響力が次第に増してくることも一方の事実であった。

　最後に，この時代の証券取引の技術・制度上の発展として，法律問題と通信手段の発展がある。法律問題では，1870年の株式法改正に伴う株式会社設立にさいし準則主義の採用されたことが大きな変化である。まず1861年のドイツ一般商法典により，設立認可システム解消の方向が定められ，これに従って諸邦が法律を整備することとなった[20]。

　また，1848年には，フランクフルトとベルリン間に電信が開通したり，1850年より，無記名株式が発行されたりなどしたことも証券取引の飛躍的拡大に貢献した。通信手段としては，以下のような新聞，雑誌の刊行が開始された。ベルリン取引所新聞(Berliner Börsen-Zeitung 1855年)，ベルリン取引所報(Berliner Börsen-Courier 1868年)，ザーリング取引所手帳(Salings' Börsen-Papiere 同年)，ベルリン株主(Berliner Aktionäre 1872年)。一方フランクフルトでは，週刊誌『株主』(Der Aktionäre)が1854年に創刊されたほか，銀行家のレオポルト・ゾンネマン(Leopold Sonneman)が取引所紙フランクフルト商業新聞(Frankfurter Handelsblatt)を1856年に刊行し，これがのちにフランクフルト新聞(Frankfurter Zeitung)へと展開し名声を高めていった[21]。

2．創業活動と先物取引(1896年まで)
(1)　株式会社の創業

　この時期は，1871年のライヒの建国，金本位制への移行，普仏戦争後フランスから支払われた戦時賠償金に基づいた株式会社創業という目まぐるし

い事件が続く時代であった。その後1873年のバブル崩壊から始まった大不況のなかで，銀行と工業企業の集中が進行していった。そして1880年代末の株式市場の熱狂相場を契機として取引所調査委員会(Börsen-Enquëte-Kommission)が設置され，1896年には，取引所法(Börsengesetz)が施行されることになった。これによって，銀行集中がさらに進むとともに，ベルリン取引所の中央資本市場としての機能もまた展開していくこととなる。

すでに述べたごとく，プロイセンによるフランクフルト市の占領後には，ターラーがこの地のグルデン決済圏へ入り込んでいた。ライヒの建国が，このプロイセンの影響力をますます大きくする方向へ作用したことについて，ゲメルの説明では次のように述べられている。「ドイツ帝国の創設が取引所史上重要であったのは，帝国政府の所在地がベルリンに置かれ，この地の取引所がほかの地域の取引所に対して決定的ともいえる地理的優越性を獲得したためであった」[22]。

というのは，フランスの戦時賠償金がベルリンへ与えた影響が重要なものであったからである。賠償金の金額は，利子と占領分担金を合わせると55億7000万フラン(約44億5000万マルク)にのぼった。そのさいフランス政府が発行した国債の約1/3は，ブライヒレーダー，メンデルスゾーン商会という個人銀行家が存在したベルリンで引き受けられた。「プロイセンの富豪は，ドイツとくにプロイセン国債を満期前に流動化し，これらの資金の大部分を創業時代の活動に投下し，これがベルリンへ特別のインパクトを与えたのであった」[23]。

ゲメルによると，このようにベルリンを起点として，中・北・西部ドイツへと創業ブームが波及していったという。株式会社の設立数は，1871年から73年のあいだで928社，資本金額では27億8000万マルクというヤーゴブ・リーサー(Jakob Riesser)の数値がある(1851年から70年代半ばまでは295社，24億マルク)。産業分野でみると70年代前半までは，鉄道株が中心であったのに対し，それ以降は鉱山，鉄道，機械製造に重点が広がっていった[24]。

また，戦時賠償金は1873年の秋までには24億マルクが資本市場へ流入し，

銀行の創業を含めて取引所へ多大の影響を与えた。今日まで続いている大銀行を含め，信用銀行の多くはこの時点で設立をみているからである。たとえば 1870 年のドイツ銀行(Deutsche Bank)，コメルツ・ディスコント銀行(Kommerz- und Diskontobank)，1872 年のドレスデン銀行(Dresdner Bank)などである。ただしカール・ホイザー(Karl Häuser)が強調しているように，プロイセンでは株式会社の設立が認められたのは，1870 年 6 月 11 日の株式会社法の成立後であった点には，注意しておく必要があろう[25]。

さらに，民間の信用銀行の設立と前後して，すでに触れたようにライヒスバンクも設立されていた。それは 1873 年にドイツで金本位制が制定されてから 2 年経ったのちの 1875 年であった。フランクフルト銀行のバランス・シート(B/S)はようやくグルデンからマルクへ切り替えられた。ただし，フランクフルト銀行の発券機能は，これもすでに述べたように 19 世紀末までは維持された[26]。なお，この創業時代に積極的投資活動をした投資家の圧倒的部分がユダヤ系市民であったことが，経済誌『キャピタル』("Capital")の編集者で経済史家のギュンター・エッガー(Günter Ögger)により，紹介されている。「実際に株式会社の有価証券目論見書は，ユダヤ名でいっぱいになっていて，『アーリア系の』業者はベルリン取引所ではむしろ例外的現象であった」[27]。ちなみに，創業の喧騒がたけなわであったこの時代のユダヤ人口は，ドイツ帝国では約 70 万人であった。このうちほぼ 50 万人がプロイセンで生活し，ベルリンだけをとっても 1876 年には 5 万人であったという。しかも銀行業界ではとくにユダヤ系業者の活躍がめざましい点については，大澤武男が詳しく叙述している[28]。

以上みてきた株式会社の創業熱は，1873 年春からのハンガリー・オーストリアでの支払い不能を契機として中断されることとなった。この状況については，カール・ボルン(Karl Born)とリーサーの叙述に基づいて，ゲメルは『ドイツ取引所史』のなかで以下のごとく述べている。「1870 年から 72 年にドイツで設立された株式銀行のうち，七つは 1873 年末には清算された。1870 年から 74 年までにプロイセンで創業された 857 の株式会社は，1874 年までに 123 社が清算のため，また 37 社が破産手続きのために消滅した」

と[29]。そして，ドイツではこれに対する対応策として，創業手続きおよび会社役員を明確にするための株式法の改正が，1884年7月18日付けで行われた。また，オーストリアでは，取引所法の改正により，最低払込資本金等の規定が付されたが，ドイツではこれは，1896年の取引所法の大改正まで待たなければならなかった[30]。

(2) ドイツにおける証券先物取引

そこで次にこの取引所法改正にいたるドイツの経済状況，なかでも重要な影響を与えた証券先物取引の問題を扱うこととしたい。この問題については，これまで紹介してきたゲメルと『ドイツ取引所史』第4章，「取引所危機と取引所法の制定——1914年から45年」を執筆しているフリードリッヒ・ウィルヘルム・ヘニング(Friedlich-Wilhelm Henning)が取り上げている。ヘニングは別の論文でもこの証券先物取引について書いており，これらを紹介する形で論を進めていくこととしたい[31]。

ドイツにおける先物取引はゲメルの記述では，「1816年以来利用されていて，1860年代末ごろからはじめて一般的な規模で普及した」という[32]。また，ヘニングの記述でも次のように説明されている。「工業化と国際資本市場の発展に伴って，取引所先物取引は19世紀の30・40年代に初めて新たな段階を迎えていた。というのは，証券投資のポテンシャルがかなり増加したためである」と[33]。また，先物取引の対象は，外国債，鉄道株，工業株の特定銘柄に集中していた。このためプロイセンでは1836年にスペイン債に対し，先物取引を禁止ないしは規制する法律を発行させた。この処置は続いて1840年には全外債に対し，そして44年5月24日の鉄道証券投機を契機として全証券に対してとられていった。しかし，以上の規制は先物取引規制としてはあまり有効ではなく，プロイセン政府は1860年に以上の3規制法を廃止している。むしろこれを証券取引のなかに位置付け，制度化の方向をとるという方向転換を行ったためであった。

この制度化は，いくつかの段階を経ることになるが，まずはじめとして規制法廃止前の1858年4月29日に，ベルリンで清算取引(先物決済)相場(Liquidationskurs)が導入された。そして10年後の1868年には，月末決済相

表2-1 先物,定期取引の種類

A. 狭義の先物取引,定期取引(Fest- oder Fixgeschäft)
①15日決済取引(Mediogeschäft) ②月末決済取引(Ultimogeschäft) ③(決算)繰延取引(Prolongationgeschäft)
B. プレミアム(特権)取引・条件付先物取引(Prämiengeschäft)
①前払い特権取引と後差金取引(Vor- und Rückprämiengeschäft) ②二重プレミアム(複特権)取引(Zweiprämiengeschäft) 　(一方で買方特権取引をし,同時に他方で第三者と売方特権取引をする方法) ③ストラドル取引(二重選択権取引・両限取引) 　(Stellgeschäft oder Stellageschäft) ④両面プレミアム取引(Zweischneidiges Prämiengeschäft) 　(両刀差金付取引—①と③を結合した複合取引) ⑤買方倍加特権付取引(Nochgeschäft) 　(契約者が履行日に契約時の価格で追加請求することを認めた取引) ⑥告知取引(売方倍加特権取引)(Geschäft mit Ankündigung) 　(価格が低下したときにも,売方が契約時の価格で供給し,また追加供給することを認めた取引) ⑦買方取引量選択取引(Vertrag >Schluß auf fest und offen< zugunsten des Käufers) 　(買方が固定量以下で引き取ることを認めた取引) ⑧売方取引量選択取引(Vertrag >Schluß auf fest und offen< zugunsten des Verkäufers) 　(売方が固定量以下で供給することを認めた取引) ⑨買方履行期選択・割引取引(Wandel- oder Eskomtegeschäft zugunsten eines Käufers) 　(買方が履行期以前に割り引いて買い取る権利を認めた取引—履行期短縮可) ⑩売方履行期選択・割引取引(Wandel- oder Eskomtegeschäft zugunsten eines Verkäufers) 　(売方が履行期以前に割り引いて買い取る権利を認めた取引—履行期短縮可)

出所:Friedrich-Wilhelm Henning, Börsentermingeschäfte in: *Bank-historisches Archihiv*, Beiheft 19, Frankfurt am Main 1991, S. 18-21.

場(Ultimokurs)が開設された。それらの相場表示は,1868年のはじめよりヘルテルの相場報告書(Hertel'schen Cours-Berichte)において行われ,同年5月8日からはベルリン公式相場表(amtlicher Berilner Kurszettel)の非公式部分も含められた。先に触れたごとく,1860年代末からは先物取引が「飛躍的展開」をみせたのであるが,この非公式証券の相場報告書への組み込みは,月末決済相場開設の目的をもって行われたのではないか,とゲメルは推測している[34]。

この先物相場開設と合わせて他方では,清算取引の相互決済のための機関およびマークラー銀行(Marklerbank)が創設された。前者は先物取引清算協会(Liquidationverein für Zeitgeschäfte 1868年設立)である。後者は

「もっぱら取引所取引,とくに先物取引に邁進する新種の銀行」であり,1870年代に8機関が創設された。しかし1896年の時点で存続していたのは,取引所取引協会(der Börsenhandelsverein 1872年設立),マークラーバンク(die Marklerbank 1877年設立),ベルリン・マークラー協会(Berliner Marklerverein 1877年設立)の3機関でしかなかった。いずれも,300万マルク以上の株式会社であったという[35]。このあいだには大きな経済変動があり,これらの機関は自己勘定で大規模な投機を手がけて失敗し,存続できない機関が生じたためであるが,この点についてはまたのちほど触れる。

　なお,この期間にいかに先物取引が盛行していたかについてはゲメルが,以下の数値を挙げて説明している。まず取引証券でみるとエルンスト・レープ(Ernst Löb)の次の数値である。「ベルリンでは,1868年に7証券で,これらはすべて相場表の非公式部分であった。80年には,34証券,85年には56証券で一つの証券を除きすでに相場表の公式部分として値付けされていた。取引所調査委員会が設置された1892年には,76証券であった」[36]。また,1870年以降は取引所取引が先物取引を中心として推移したことをゲメルは,取引所売上税とA. エッシェンバッハ(A. Eschenbach)の文献から読みとっている。

　さらに重要なことは,このような先物取引の拡張に伴う次のような取引所取引制度の変化のなかで,ベルリン取引所が指導的役割を果たしてくることをゲメルがみてとっている点である。それは,一方でのマークラー制度の確立,他方での現物市場(Kassamarkt)と先物取引で行われる月末決済市場との分離である。具体的にみると1867年までに,現物市場での相場確定が宣誓マークラーまたは商事マークラー(Handelsmakler)により行われるようになった。また同年末には公式相場表に,現物市場証券に対してはベルリンの相場に基づいた統一相場表示がなされるようになった。

　これによって,現物市場では,投機的要因が取り除かれるようになり,投機活動はもっぱら先物市場で行われるようになったというのである。というのは,月末決済市場では,1861年のドイツ一般商法典のプロイセンへの導入後も,仲立ち業務における宣誓・商事マークラーの独占がなく,個人・い

かさま的マークラーも混在していたからであった。先物取引の実戦部隊は実はこれらの部隊であったということがゲメルの叙述からうかがえる。彼らは，先物業務で自己取引を行い，月末決済契約を締結し，市場動向を絶えずキャッチしていたという。先にみたマークラー銀行の創業活動は，このような一定の資本力と信用度の高さに基づくものであった。他方，このような投機業務に携わることについて一定の制約を受けていた宣誓マークラーと商事マークラーは，月末決済市場では，「最初の」相場建てのみを行っていた。すなわち，自由市場において個人マークラーと銀行間で取引された相場の提示を主として事後的に行った。そしてこの「最初の相場」は統一相場，すなわち現物相場におけるのと同じ基準に従って仲介された[37]。

ところで以上の先物取引は，ヘニングによると以下のような種類のものがあったという[38]。

ヘニングの説明では，この月末決済取引こそが「同時代人にとっては投機のポテンシャルとなった」とみている[39]。というのは，月末決済取引では，順日歩(Report)ないし逆日歩(Deport)の支払い契約によって，決済を延期することが可能とされるからである。前者は強気筋の投機家(Haussier)によって利用され，後者は弱気筋の側(Baissier)により利用された。

以上のように，この19世紀の最後の1/3の時代には，先物取引が多様性をもっていて，同時に法律的規制のないほぼ完全な自由市場として取引が行われていた，とヘニングはみている[40]。なお，この時代の証券取引の内容と取引の態様については，それぞれゲメルの記述とベーリングの記述が詳細でありこれらについて紹介しておくのがよいと思われる。

まず，世紀転換期のドイツの証券発行状況についてゲメルは，ドイツ連邦銀行のまとめた統計を用いて視角化し，以下のような分析を与えている[41]（図2-1）。

　　　第一に，1880年代以降におけるドイツ工業化の進展は，銀行による投資資金に基づいて主として国内投資に向けられたが，それにもかかわらず1914年には第3位の資本輸出国となるまでに成長した。

　　　第二に，1890年代半ばまでは，資本過剰であったが，その後資本不

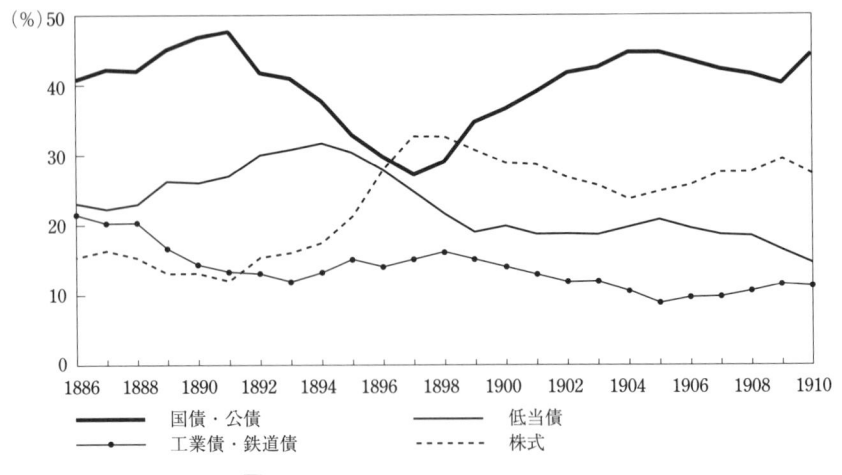

図2-1 証券種類別の年間発行量の比重

凡例：
― 国債・公債
― 低当債
-•- 工業債・鉄道債
---- 株式

資料：Deutsche Bundesbank (Hrsg.), Deutsches *Geld- und Bankwesen* in Zahlen 1876-1975, Frankfurt am Main 1976, S. 293.
出所：Hans Pohl (Hrsg.), *Deutsche Börsengeschichte*, Frankfurt am Main 1992, S. 161.

足をきたしている。

　第三に，外国証券投資は，比率的には低下傾向にあり，その原因が，1890-92年の取引所恐慌であった。

　第四に，この間1881年に取引所売上税と証券印紙税に関する法律が発効した。しかしこれらによっても長期的にみると，取引高はそれほどの影響を受けずにすんだ。

　第五に，証券の発行額は，国民所得の伸び以上の進展があった。また，株式発行も急成長はしているものの，資本市場の中心は公社債であった。株式発行が支配的となるのは，1894年から99年にかけてのわずか5年でしかなかった。

　第六に，建国時に無債務であったドイツ帝国は，1910年には48億マルクの債務を負ったほか，連邦諸邦，自治体は合わせて200億マルク近い負債を負っている。このなかには，プロイセンにおける鉄道の国有化に伴う鉄道債発行も含まれる。また1908-09年の増加は，艦隊建設の目的に伴うものであった。

第七に，抵当証券も絶えず一定の比重を保ち，国内公社債の50％弱を占めていた。

　以上のゲメルの記述を読むと，ドイツの証券取引所は，ベルリンを中心に19世紀の最後の4分の1世紀以降，順調な展開をみせたかのごとく思われる。しかし，ここには，先物取引をめぐる波瀾と曲折があったのであり，このことが証券取引所法の制定という事態を引き起こした。この法律の成立にいたるまでには，部分的な経済的混乱と諸政治勢力，とくに農業関係者の利害と工業推進者グループの確執が絡んでいたのである。ここでは，まず法律制定へいたる経済の混乱状況についてベーリングの叙述によってみてみよう。

　まずこの点についての同氏の指摘は，以上の時代を生き生きと説明している。「騰貴と騰落が日常茶飯事であった1880年代には，取引所は広範な国民に憎まれ，長期にわたり帝国議会とプロイセンの議員にとっての苛立つテーマであった」[42]。また，ドイツ帝国議会のなかでの取引所に対する攻撃としては，「異常なほどの無知と悪意」，「有毒物」，脱落者を伴う「猛禽類」などの表現が使用され，「取引所が経済生活を毒殺しているという告発が絶えず行われた」[43]。これらの脈絡からうかがえることは，当時の先物取引がなんらの規制のない，野放しの荒っぽい取引であり，問題があっても解決手段をもっていなかったことである。とくに農業関係者からは，先物取引が農産物価格を下落させるという攻撃が執拗に続けられていた。この点について，取引所法制定の直接の契機として，ベーリングは，以下のように述べている。「既存の諸関係に対する衝突は，ベルリン商品取引所内の先物取引にかかわる権力濫用に対する怒りから発生している」[44]。

　以上のように取引所法制定の原因として，先物取引が引き起こした社会問題と，農工業者間における利害衝突がその中心にあった。これらの問題を含め，取引所法施行にいたる過程とその法律自体がはらんでいた諸問題については，節をあらためて取り上げたい。

3．帝国取引所法の施行とその影響(1914年まで)
(1) 帝国取引所法の施行

　取引所法制定を制定するにいたらしめた直接の契機は，1891年秋の相場崩壊とそれに伴う銀行倒産であった。しかし，当時の相場は，このときに限らず変動の激しい状況が続いていた。その原因は先にみたごとく，取引所がほぼ完全に規制のない自由市場であったためである。このために諸問題が発生し，規制処置を考慮すべくその準備作業のために取引所調査委員会が構成され，審議を経て立法化の運びとなっていった。しかし，この立法には，農業利害関係者と大銀行の利害が，中小金融業者のそれを抑えて反映されていたため，証券先物取引には重大な不利をもたらすものとなった。したがって，規制が強すぎるとの逆の批判・非難が生じた。そしてこの法律改正の要請は粘り強く続けられ，最終的に1908年に規制を一定程度緩和する方向へ軌道修正されることとなった。さらにこの取引所法は，ドイツの信用・金融制度自体に大きな影響を与えることにもなった。けだし，ベルリンへの銀行集中とベルリン取引所取引への一定の業務集中を押し進めることになったからである。

　ところで，この取引所調査委員会の設置過程，構成メンバー，諮問内容とそれへの答申の内容については，詳細な紹介と解説が松野尾裕により行われている。また，帝国取引所法についても然りである[45]。さらには，この取引所法の制定については，大野英二の以下の的確な把握も行われている。「その本来の生みの母は，穀物定期取引の禁止により穀物価格の吊上げを狙う農業者同盟の強固な運動にあったとしても，他面で……中小資本にたいする大資本の優位を，また地方取引所にたいするベルリン取引所の優位を促進し，独占資本の利益に呼応していた」と[46]。

　したがって，本章では最近にドイツで刊行された比較的新しい資料において，どのような整理と新しい見解が加えられているのか，という点に焦点を当て論を進めていくにとどめたい。

　まず，ゲメルの取りまとめをみると，取引所自体に関連する直接的原因と，

1871年帝国建設以来の問題の山積という長期的な経済原因の二面から考察が行われている。前者については，1891年の個人銀行2行の倒産でピークに達した商品・証券取引に起因する一連の銀行倒産の問題である。具体的には以下のようであった。

　①顧客口座のルポール業務が，銀行により転用された。

　②相場崩壊後にも，これに対して信用保証を与えることに失敗した。

　③とくに小銀行業者は，銀行への寄託分を横領していた。

この結果穀物先物取引が穀物価格低下の原因となったという農業関係者の非難が生じたこと，また規制がないために，大衆投資家が取引所ゲームへ加速的に参加していったという，取引所新聞の主張などを紹介している[47]。同様のことが，ヘニングの整理でも行われている[48]。

　①先物取引は，とくに大銀行によって利用されたこと。

　②ほかの銀行も当時制約を受けていなかったインサイダー情報を大いに利用していた。

　③多くの銀行が顧客の利益を犠牲にして，より大きな利益を引き出していた。

　④あるいは顧客と共同して，先物取引で収益を上げる場合もあった。

以上の両者の叙述をみると，当時ベルリン取引所を中心として，商品と証券の先物取引が銀行業者に率先された，大衆の参加によって発生していたことが推測される。ただし，いろいろな問題を引き起こした銀行はベルリン取引所で活動していた，たかだか500人の銀行業者に過ぎなかったことがヘニングの説明で付け加えられている。そして，これらを制限する規制はなかったのであった。先にみたベーリングの紹介している「権力濫用に対する怒り」とは，このような状況に対するものであったといえよう。

以上のような取引所の混乱は，取引所での先物取引が帝国建設以降，次第に活発になってきたことの結果であった。このような歴史的視点をゲメルは以下のようにまとめている[49]。

　①証券要綱の改正に伴い，業務規模が拡大した大取引所では取引所組織においてさまざまな緊張が生じていた(例―1885年規則によるベルリ

ン取引所での商品取引所と証券取引所の分離)。
②取引所指導機関(証券取引所委員会，仲裁委員会など)が確立されてきてはいたが，その権限はいまだ充分ではなく，必要な市場規制を行いきれていなかった。というのは，証券に関する情報は銀行の手にあり，オープンにされていなかった。また取引所理事会，諸機関は価格形成，相場建てに対する影響力をもっていなかった。
③権力濫用は特定業務についての禁止規定がなく，大目にみられ，業務量のみがどんどん拡張していったこと。上場審査も形式的なものにとどまり，発行者が証券発行に責任を負う体制がとられていなかった。宣誓マークラーも，市場価格の安定を重視するあまり，相場建てのさいに関連銀行の要望に追随するなど，弱者の立場にあった。
④ベルリン取引所の現物取引には，統一価格という特別なシステムがとられていたのに対して，小規模取引所では取引価格はもっぱら相場に委ねられていた。たとえば，フランクフルト取引所では中間平均価格で値付けが行われていて，このシステムでは，個々の契約の自由を侵害されていたほか，極端な相場変動の場合に対応できなかった。また月末決裁取引に対して現物市場で買い戻していた投機家は過少・過大な注文が生じる場合にそれを決済できなくなるなどの問題が生じていた。
⑤宣誓マークラーといえども，自らの判断で月末決済市場での「最初の値付け」を仲介していたため，自由マークラーと異なる性格をもっていなかった。このため，公定市場と自由市場は密接に結合し，また先物取引は自由気ままにに行われ，誤用と濫用の温床となっていた。

以上のように，帝国建国以来，月末決済取引を通した証券投機取引は，なんらの規制のないままに，ベルリンをはじめとする大取引所でその量的規模のみを拡大していったことが最大の原因であったと考えられる。このため，バブル経済の崩壊によって引き起こされた取引所に対する大衆の不平と不満が，とくに商品・証券の取引所先物取引へ向けられたのであった。

ただし，農産物，とくに小麦価格の崩壊は，先物取引のみならず輸入穀物

によるものでもあった。しかし，農業関連業者はその点に目をつぶり，当時の穀物価格低下の原因をもっぱら先物取引に向け，その規制を要求した。ここでは，これに関連したもう一つの取引所に対する批判の高揚，アンティゼミティスムス(ユダヤ民族に対する非難と排斥)運動に触れておきたい。この点については，ヘニングが1880年の「ベルリン運動」のメッセージとして紹介している。すなわち不満と批判の矛先が「投機に参加したユダヤ人銀行業者に向けられていた」[50]というのである。また，同氏は同じ箇所で当時ゲオルグ・フォン・ジーメンス(Georg Von Siemens)が，農業関連業者と工業資本の対立，前者が後者への非難の口実として，このアンティゼミティスムスと先物取引への公憤を利用していたことに触れている。これは，1930年代に入って活発となるアンティゼミティスムスの運動が相当早くから，ドイツ，ヨーロッパにあったことを示している点で興味深い。

ところで，1896年に発行した取引所法は，このような定期・先物取引に対して強力な規制を加えることを，一つの重要な目的としていた。ゲメルは次のように述べている。「取引所法の最大の問題点は疑いもなく第4章にあった。定期取引の規定であり，その理由はこれにより，それまでの取引所取引が規則化され，成文化されたからである」と[51]。ちなみに，取引所法の章別構成を挙げておくと以下のごとくなる。

第1章　取引所およびその機関についての一般的規定(第1〜28条)
第2章　取引所価格の形成とマークラー制(第29〜35条)
第3章　有価証券の取引所取引の認可(第36〜47条)
第4章　取引所定期取引(第48〜69条)
第5章　取次業務(第70〜74条)
第6章　罰則および付則(第75〜82条)

この第4章により，鉱山・工業企業の持ち分証書についての先物取引が禁止処置を受けることとなった。また，市場参加者が取引所名簿に登録することが必要とされた。そして有価証券仲買人の加入権を制限すること，さらには，取引所取引へ素人の参加を制限することなどの規定も盛り込まれることとなった[52]。

(2) 帝国取引所法が与えた影響

このような先物取引の禁止によって、最大の打撃を被ったのが、じつは鉱山業・工業界ではなかったことを見逃すわけにはいかない。被害を受けた業界は商品定期取引業界と銀行業界であった。というのは先物取引についての禁止規定があまりに厳しすぎたからである。このため、取引所法制定以来、両業界は先物取引禁止規定に反対する執拗な抵抗運動を長年にわたって続けていくことになる。ちなみに、ゲメルは取引所法が発行した直後のオットー・ワルシャウア(Otto Warschauer)やギュンター・S.フロイデ(Günter S. Freude)などの国民経済的視点に立った著作を検討した結果以下のような結論を導き出している。すなわち、当時定期取引の対象として人気のあった証券は、工業株というよりも、銀行株や鉄道証券および外国債であったこと、また、ベルリンの大証券銀行こそが取引所で、この種の投機的取引の仲介と発行業務、またルポール業務を通した信用付与により、相当の利潤をあげていたとみている[53]。すなわち、大銀行は取引所を通さずに銀行間で証券取引を銀行株を中心として行っていたのであった。

このような事態の出現は、ルドルフ・ヒルファーディング(Rudolf Hilferding)の『金融資本論』の分析・叙述のなかで指摘されている問題でもあった。彼は、取引所委員会や当時の経学者、新聞の記事などを利用し以下の点を明確にしていた[54]。

　①株式投機は差益を取得し、さらに株式会社を支配するという「二重の機能」をもっている。
　②銀行は企業株を発行するさいには、その価格調整をも行っている。
　③大銀行は取引所機能の一部を奪って、自ら証券市場となっている。
　④このため取引所の意義が後退してしまっている。

ヒルファーディングのこの見解の背後には「組織された資本主義」に代表される独自の資本主義観(金融資本理論)があり、以上の指摘にもその片鱗がうかがえる。そして、高度に発達した資本主義を制御可能と考えてその実現を期待する根拠を、信用大銀行による金融・証券市場に対する調整力に求めている。しかし、銀行の証券取引は、もう一方では、投機活動による社会的

混乱をも引き起こしたわけであり，ヒルファーディングの場合にはこちらの面が軽視されたのではないかとも考えられる。

　以下では，取引所法施行以降，それが取引所に対して与えた影響を整理していきたい。まず証券取引業務が一部の銀行と証券取引所への業務集中をもたらすこととなった。まず，銀行について，ヘニングの手際のよいまとめがある。これについては，とくに以下の点の指摘が重要である。

　第一に，定期取引参加者が取引所への登録を義務付けられた結果，この登録をためらう業者もあり，登録者数は伸び悩んだことである。さらに登録業者への社会的無理解と拒否反応も生じた。これらの結果，取引所取引は後退していった。しかし，これに代えて，補足的業務が生じた。すなわち「銀行と顧客間で，取引所外部で銀行を通して締結され，清算される代替業務」[55]であり，かなりの繁盛をみせたというのである。

　第二に，国家により任命された委員と取引所委員会の双方のメンバーが定期取引に対するコントロールを強化し，維持したことである。とくに，穀物と製粉製品は定期取引から締め出された。全体として投機活動が否定的にとらえられ，活動が制約を受けることとなった。

　第三に，証券発行自体が困難となってしまった。また，定期取引に代わる取引として現物取引が強化された。このため多くの信用，とくにロンバード信用が大銀行を中心として利用された。

　以上のように，経済全体にわたり投機取引が抑えられていくなかで，大銀行のみが，銀行間市場といういわば内部市場を利用して先物取引を継続しえた。そして同時に銀行集中を遂行していった。この点は，最近のドイツの取引所史研究で初めて明らかにされてきた問題である。すなわち，大信用銀行の資本集中は，これまで以下のような説明が与えられていた。すなわち，銀行がその証券発行を先導してきた産業企業の側での資本集中に対応した銀行集中であったこと。第二に，証券の引受け発行，すなわち企業への設備投資資金の供給を前提とした，いわゆる事前金融を銀行が行うために，銀行自身の自己資本力が必要とされていた。また第三として，とくに地方信用銀行が証券発行の遂行上，ベルリンの大銀行との業務提携が不可欠であり，その地

の銀行との合併を必要としたことなどであった。これらに加え，第四の要因として銀行間での証券先物取引，すなわち取引所外での決済の継続問題が明らかとされたのである。なお取引所法の発効と同時に，証券寄託法（Depotgesetz）が発効し，この面でも銀行はますます産業企業に対する支配力を強めていった。

とはいえ一応取引所法の施行により，表立っては先物取引を利用することは困難となった。これは，大銀行および商品取引業界の関係業者にとっては大変な打撃であり，これ以降法律規制の緩和へ向けた運動が執拗に続けられた。この結果1904年に立法手続きが行われ，実際には1908年に法律改正が実現した。この新取引所法によって，先物取引を認められたのは，以下の業者であった。

　①商業登記簿登録済商人
　②ライヒ，領邦，自治体の非登録企業
　③登録済共同組合

これらの法人は先物取引契約を認められたが，商業登記簿に登録ずみであっても小規模経営者および個人はこの取引から締め出されている。これは，1896年の取引所法の基本，取引所取引に素人を加えず，玄人だけの市場とするという方針が貫かれたためである。へニングはこれにより，自由放任と完全禁止という「両極端が取り除かれ，危険な方向を避けるための規制は残した」と評価している[56]。

第3節　ま と め
——1914年までの中央資本市場と地域取引所の役割

ここでは，第一次世界大戦前のドイツの証券取引所の全体像についてその外観をみておきたい。

まず取引所数であるが，これについては諸文献に出てくる取引所の数は一致がみられない。松野尾の紹介するドイツ取引所アンケート委員会の報告書ではドイツ帝国取引所所在地で23カ所が提示されていた（1896年6月22

日)。ベーリングの叙述では取引所法施行時には29カ所である(プロイセン16, バイエルン2, ザクセン4, バーデン, ヴュルテンベルク, ハンブルク, ブレーメン, リューベック, エルザス, ロートリンゲン各1)。しかし,『ドイツ取引所史』では, 第一次世界大戦以前には, ゲメルが24カ所としている。これが1935年の取引所改革時には21カ所となったが, その構成には変化がみられる(序章の表0-1を参照)[57]。このように, それぞれの文献で数値が相違するが, これらの違いが生ずるのには以下のごとき問題があると筆者は考えざるを得ない。

第一には, 取引所としては商品・為替・証券の各種があり, ドイツの場合には, それらが歴史的経過のなかで同一市場に混在したり, そこから証券取引所が派生したり分離独立したりしてきた。したがって, 証券取引所としては数えられない取引所もこれらのなかに勘定されていること。第二には, エルザス, ロートリンゲンやドイツの東部地域の都市のように, 第一次世界大戦等による国境変化に伴い, ドイツに入らなくなった取引所も含まれていることである。ともかく, 筆者としては一応各文献で紹介された取引所について, 目に触れたすべてを表にしてまとめた。

もっとも本章で課題としている証券取引所となると, そのおもだったものは, ベルリン, フランクフルト, ケルン, ハンブルク, ブレスラウ, ハンブルク, ミュンヘンなどの7～8の取引所に絞られる。それは, ゲメルが行った1882から93年にかけての取引所税収入の分析からみてとれる。それによると当時の取引所は, 以下のような勢力配置となっていた。ベルリン取引所66%, フランクフルト取引所12%, ハンブルク9%である。ほかブレスラウ, ドレスデン, ライプツィヒ, ブレーメン, シュツットガルトは各々1%台の持ち分にとどまるほか, ミュンヘンにいたっては統計外ということである[58]。

次に, フランクフルトからベルリンへの証券取引の重心移動とドイツ各地域の地域特性について簡単に触れておこう。

最初にフランクフルトとベルリンの角逐である。歴史的には, 1850年には両者は同等の地位をとっていた。しかし1866年にロートシルト家が南ド

イツでのプロイセン国債の発行独占権を失い，71年にドイツ帝国が建国され，96年の取引所法が施行されるという経緯のなかでベルリンが台頭してきた。結局プロイセン国債の発行はベルリンのディスコント銀行が組織するシンジケートが，プロイセンから全権を委任されることとなった。また，ベーリングの記述でも，1901年のディスコント銀行によるフランクフルト・ロートシルト銀行の吸収，支店化こそがフランクフルトの当時の衰退を象徴していたとみなしている[59]。そもそもベーリングは都市としてのフランクフルトとその市民について，第二次世界大戦以降のことも合わせて伝統的な工業と投機への無関心があったことを，以下のように強調している[60]。

①ベルリンは貨幣準備よりも多くの事業所を，フランクフルトは業務量よりも多くの貨幣準備をもっていた。

②フランクフルトはかつてそうであり，今日もそうであるが「高貴な出自と友好性の刻印を誇り」とした都市である。

③フランクフルト——旧王富の象徴——の人々は投資の意欲はあるが，投機的ではなく，投資の変化を好まない

しかし以上のように，ベルリンに遅れをとったもののこの地の取引所は以下の3点において，ドイツにおけるその重要性を喪失したわけではない。

それは，第一には，依然としてドイツの西南部に対して，引き続き中心的な為替・証券取引所としての機能をもち続けたことである。

第二には，投機が好まれなかったとはいうものの，とくに投機的証券の取引を，昼の取引所から引き離した独自の夕刻取引所(Abendbörse，17時15分—18時30分)において取引を続けていたことである。これは19世紀の初めには「私的クラブ」であったものが，1836年には証券取引協会(Effekten Societät)となり，取引所法導入後には公的機関へと組み込まれて公式の取引所となった[61]。また，フランクフルトでも手工業のほかにも機械・化学などの工業が台頭し，必ずしも市民全員が工業嫌いであったわけではなかった[62]。

そして第三には，国際的には，ウィーン，スイスとの関係を引き続きもっていたこととならび，アメリカの鉄道証券の発行市場としても重要な役割を

担い続けたことも忘れるべきではない。

　これに対して，ハンブルクは次第にフランクフルトの業務量に匹敵する力をもつにいたるが，質的にはフランクフルトほどの重要性はもちえなかったようである。ゲメルの記述では，この地の取引所はフランクフルト取引所を補足する大地方証券取引所として紹介されている。それは北部ドイツ関連とスカンジナビア諸国の証券，そして産業としては船舶，運輸と植民地証券を活発な取引の対象としていたからであった[63]。

　そのほかの取引所でみると，のちにライン・ヴェストファーレン取引所としてまとめられるデュッセルドルフ，ケルン，エッセンでは，とくに鉱山株と鉱山持ち分証券(Kux)の取引が，またミュンヘン取引所では，抵当証券の取引がその特徴としてあげられる[64]。

注

1) Deutsche Börse AG, Jahresbericht 1992, Frankfurt am Main, 1993.『ドイツ証券取引所，1992 年報告概要』5 ページ。(ドイツ証券取引所連合会とドイツ取引所株式会社の年報は，次の年次については日本語訳も刊行されている。これは日本の証券会社の援助による。1988 年-1992 年)

2) Knut Borchardt, Währung und Wirtschaft, in : Deutsche Bundesbank (Hrsg.) *Währung und Wirtschaft in Deutschland 1876 - 1975*, Frankfurt am Main 1976, S. 21, S. 50, クヌート・ボルヒャルト「通貨と経済」ドイツ・ブンデスバンク編(呉文二・由良玄太郎監訳)『ドイツの通貨と経済』(上)東洋経済新報社，1984 年，43, 65 ページ。Heinrich Irmler, Bankenkrise und Vollbeschäftigungspolitik (1931-1936), in: *Währung und Wirtschft in Deutschland 1876-1975*, S. 327, ハインリッヒ・イルムラー「金融恐慌と完全雇用政策(1931-1936)」同上訳書(上)，400 ページ。David Marsh, *The Bundes bank*, U.K. 1992, p. XX, デイヴィット・マーシュ(行天豊雄監訳，相沢幸悦訳)『ドイツ連邦銀行の謎——ヨーロッパとドイツ・マルクの運命』ダイヤモンド社，1993 年，110-111 ページ。ライヒスバンクの成立時の金本位制への移行については最近のものとしては，以下の論文で叙述されている。居城弘「第 1 次大戦前ドイツの通貨と金融」酒井一夫・西村閑也編著『比較金融史研究——英・米・独・仏の通貨金融構造 1870-1914 年』ミネルヴァ書房，1992 年所収。

3) Berliner Börse (Hrsg.), *Berliner Börse 1685-1985*, 1985 Berlin. このベルリン証券取引所が編纂した小冊子について，筆者は，以下の紀要で紹介と抄訳を行った。拙稿「〔紹介〕Berliner Börse, *Berliner Börse 1965-1985*, 1985 Berlin.」『北星論集』第 30 号，1993 年。Bernd Baehring, *Börsen-Zeiten—Frankfurt in vier Jahrhundert*

zwischen Antwerpen, Wien, New York und Berlin Frankfurt am Main 1985. なおこの書籍については，すでにドイツでフランツ・レーナーによる書評が以下の雑誌に出されている。Franz Lehner, *Bankhistorisches Archiv*, Heft 1, Frankfurt am Main, 1988 S. 54ff.
4) Hans Pohl (Hrsg.), *Deutsche Börsengeschichte*, Frankfurt am Main 1992.（以下，*Deutsche Börsengeschichte* とする）
5) Gunther Aschhoff et al. (Hrsg.), *Deutsche Bankengeschichte*, Band 1-3, Frankfurt am Main 1982.（以下，*Deutsche Bankengeschichte* とする）
6) 日本での紹介としては，さしあたり以下の論文を挙げておく。生川栄治「ベルリン大銀行と利益共同体」近畿大学商経学会『商経学叢』第39巻第1号，1992年7月，「ベルリン大銀行と支店制の展開」同上第40巻第3号，1994年3月。
7) Rainer Gömmel, Entstehung und Entwicklung der Effektenbörsen im 19. Jahrhundert bis 1914, in: *Deutsche Börsengeschichte*, S. 135. 一方，ベルント・ベーリングは，リュートケ・ヴァルタースハウゼン(Lütke Waltershausen)の著作を根拠に，1818年をフランクフルト証券取引所の生誕年としている。Berndt Baehring, a. a. O., S. 79. フランクフルト取引所の新建築およびマークラー制度の整備状況については，ベーリングの著作の記述がある。Ebenda, S. 84, 87f.
8) 拙稿，前掲論文，189-190ページ。
9) Bernd Baehring, a. a. O., S. 89f.
10) Rainer Gömmel, a. a. O., S. 140.
11) Ebenda, S. 142. しかし斉藤晴造の以下の叙述もある。「ドイツ経済の重点はまったく西部にあり，フランクフルト取引所はベルリン取引所をまだはるかに凌駕し，株式発行の中心地は依然ケルンであった。」斉藤晴造『ドイツ銀行史の研究』法政大学出版局，1977年，9ページ。
12) Rainer Gömmel, a. a. O., S. 147.
13) Ebenda, S. 145 および，斉藤晴造，前掲書，7-9ページ。
14) Rainer Gömmel, a. a. O., S. 143.
15) Bernd Baehring, a. a. O., S. 110.
16) Ebenda, a. a. O., S. 109.
17) Rainer Gömmel, a. a. O., S. 144. ただしベーリングの著作の批評者であるフランツ・レーナーは，19世紀半ばのフランクフルト市の人口2万6280人には外国人が含まれていず，これを加えると約7万4000人となると批判している。Franz Lehner, a. a. O., S. 55.
18) Rainer Gömmel, a. a. O., S. 98f. なお，ここでのベーリングの記述によると，銀行券の流通上限は，1000万グルデンの資本金の2倍とされた。発券量は，1/3までが現金により，2/3までが金，為替，有価証券で準備されなければならなかったという。
19) Ebenda, a. a. O., S. 110. なお，北ドイツ・ターラーと南ドイツ・グルデンの為替相場は，2ターラー＝$3\frac{1}{2}$というように，1838年のドレスデン通貨協定で定められてい

た。この点については，以下を参照した。Karl Häuser, Kreditinstitute und Wertpapiermärkte in Deutschland — Perioden Ihrer Entwicklung, in : *Bankhistorisches Archiv*, Beiheft 14, Frankfurt am Main 1988.
20) Rainer Gömmel, a. a. O., S. 151.
21) Ebenda, S. 149. フランクフルト新聞の発行人ゾンネマンについては，以下の文献を参照されたい。小倉欣一・大澤武男『都市フランクフルトの歴史——カール大帝から1200年』中公新書，1994年，174-177ページ。
22) Ebenda, S. 151.
23) Ebenda, S. 154.
24) Ebenda, S. 153.
25) Karl Häuser, a. a. O., S. 21, Anmerkung 24.
26) また，交換比率については1グルデンにつき $1\frac{5}{7}$ マルクであり，フランクフルト銀行の発券特権は1901年にようやく拒否されたと，ベーリングの記述にある。Bernd Baehring, a. a. O., S. 116.
27) Günter Ögger, *Die Gründerjahre* — Als der Kapitalismus jung und verwegen war, München/Zürich 1982, S. 204f.
28) 「産業革命におけるこうしたユダヤ人の活躍は，当時の投資家，出資者としてのユダヤ人銀行業を抜きにしては考えられない。現在国際金融都市として著しい発展を見せているフランクフルトには，1880年には，すでに210の銀行業を営む会社があったが，その7分の6 (85%) はユダヤ人の経営下にあった。」大澤武男『ユダヤ人とドイツ』講談社現代新書，1991年，91ページ，小倉欣一・大澤武男，前掲書，197ページ。
29) Rainer Gömmel, a. a. O., S. 156ff.
30) Ebenda, S. 157.
31) Friedrich-Wilhelm Henning, Börsenkrise und Börsengesetzgebung von 1914 bis 1945 in Deutschland, in : *Deutsche Börsengeschichte*. (以下 Börsenkrise とする) S. 211ff. Ders, Börsentermingeschäfte in histo rischer Sicht, in : *Bankhistorisches Archiv*, Beiheft 19, Frankfurt am Main 1991, (以下 Börsentermingeschäfte とする) S. 12ff.
32) Rainer Gömmel, a. a. O., S. 163.
33) Friedrich-Wilhelm Henning, Börsentermingeschäfte, S. 16.
34) Rainer Gömmel, a. a. O,. S. 136.
35) Ebenda. S. 164.
36) Ebenda. S. 164.
37) Ebenda. S. 164ff.
38) Friedrich-Wilhelm Henning, Börsenkrise, S. 18 ff.
39) Ebenda, S. 19. なお，このルポール信用の利用法については，すでに以下の論文でロンバード信用との違いを含め詳細な説明が行われているので参照されたい。大矢繁夫「ドイツの銀行の証券信用業務」酒井和夫・西村閑也編著，前掲書，所収。および同

『ドイツ・ユニバーサルバンキングの展開』北海道大学図書刊行会，2001年。
40) この時代の先物取引が完全自由化のなかで遂行されたとみるのは，ヘニングの見解である。教授は次のようにみている。「この年（1896年—山口）から，1931年以降の世界経済恐慌時の強固な干渉の時代まで，つねに繰り返し諸規制について討議され，決定が行われた。基本的には取引所先物業務の完全自由化と完全，ないしはほぼ完全な禁止との間での動揺を繰り返した」。Friedrich W. Henning, Börsenkrise, S. 25.
41) Rainer Gömmel, a. a. O., S. 158ff.
42) Bernd Baehring, a. a. O., S. 146.
43) Ebenda, S. 146ff.
44) Ebenda, S. 147.
45) 松野尾裕「ドイツ取引所アンケート委員会(1892-93年)」『立教経済学研究』第43巻第1号，1989年7月。同，（資料）「ドイツ帝国取引所法1896年6月22日」『立教経済学研究』第44巻第1号，1990年7月。
46) 大野英二『ドイツ金融資本成立史論』有斐閣，1956年，191ページ。
47) Rainer Gömmel, a. a. O., S. 170ff.
48) Friedrich-Wilhelm Henning, Börsentermingeschäfte, S. 22.
49) Rainer Gömmel, a. a. O., S. 173-176.
50) Friedrich-Wilhelm Henning, Börsentermingeschäfte, S. 22ff.
51) Rainer Gömmel, a. a. O., S. 176.
52) 取引所法の内容の要約については以下に掲示されているほか，全文については松野尾の紹介を参照のこと。Rainer Gömmel, a. a. O., S. 175, Bernd Baehring, a. a. O., S. 147, 松野尾裕，（資料）「ドイツ帝国取引所法1896年6月22日」『立教経済学研究』第44巻第1号，1990年。
53) Rainer Gömmel, a. a. O., S. 176ff. なお，取引所法改正へ向けた動きについては，以下を参照されたい。Berliner Börse (Hrsg.), a. a. O., S. 12-14, 拙稿，前掲論文，193-195ページ。
54) Rudolf Hilferding, *Das Finanzkapital* — Eine Studie über die jüngste Entwicklung des Kapitalismus, Frankfurt am Main 1968 (Wien 1910), S. 199ff., 林要訳『改訳金融資本論』大月書店，1952年，230-232ページ。
55) Friedrich-Wilhelm Henning, Börsentermingeschäfte, S. 25.
56) Ebenda, S. 27. なお取引所法改正に伴う取引所投機の評価については，次の論文を参照されたい。恒木健太郎「取引所の投機に関するマックス・ウェーバーとヴェルナー・ゾンバルトの共通意識」京都大学大学院『社会システム研究』第8号，2005年2月。
57) Bernd Baehring, a. a. O., S. 149, Rainer Gömmel, a. a. O., S. 178. 松野尾裕，前掲「ドイツ取引所アンケート委員会(1892年-93年)」191ページ。
58) Rainer Gömmel, a. a. O., S. 179.
59) Bernd Baehring, a. a. O., S. 152. ベーリングは，ディスコント銀行がフランクフ

ルトのロートシルト家の墓守をすることとなったと記述している。これは，ディスコント銀行がロートシルト家と血縁的にもつながりのあるためでもある。この点については，以下を参照した。広瀬隆『地球のゆくえ』集英社，1994年，177ページ。

60) Bernd Baehring, a. a. O., S. 132, 133, 139.
61) フランクフルトの夕刻取引所(Abendbörse)については以下で言及されている。
  Bernd Baehring, a. a. O., S. 148. および Rainer Gömmel, a. a. O., S. 185.
62) ベーリングの著作を批評したフランツ・レーナーは，とくにこの点を強調している。
  Franz Lehner, a. a. O., S. 56.
63) なお，ハンブルク取引所の成立過程については，本書第7章および以下の文献を参考されたい。赤川元章「ドイツにおける商品定期取引の構造とその展開──ハンブルク取引所におけるコーヒーの定期取引の生成を中心にして」および「貿易・金融中心地，ハンブルクの成立過程と世界市場」『三田商学研究』第35巻1号，1992年4月，第35巻第4号，1992年10月。
64) Rainer Gömmel, a. a. O., S. 195ff.

第3章
中央資本市場，ベルリン証券取引所の展開

第1節　はじめに

　前章で触れたように，ここで取り扱う時代の証券市場は，基本的には自由主義経済に基づいた経済運営が行われたものの，証券取引法発効以降の国家規制を引き継いだ経済体制である。その意味ではそれ以前の19世紀の時代，ほぼ自由主義的で政府介入がほとんど存在しなかった時代とは異なる様相をとることとなった。ただし次の第4章で取り上げるナチス期に入ってからの経済体制，統制経済の時代とはこれまた一線を画している。ただその前のワイマール共和国時代の経済は，労働運動の高まりのなかですでに大きな変貌をみせはじめていた。統制経済による変化の前にすでに一大変革を体験したといわざるを得ない。ただし，カール・E. ボルン(Karl E. Born)のようにドイツ経済全体の歴史的経緯について次のような記述を行っている研究者もいる。「第一次世界大戦は，第二次世界大戦以上に近代世界における深い断絶と注目すべき転機を意味した」と[1]。

　このような転換は，信用制度と証券市場に一大変革をもたらした。第一には，信用銀行における株式発行業務が縮小したこと。第二に，証券売買業務，とりわけ先物取引業務が取引所外で行われるようになったこと。具体的には銀行間での内部市場において取引されるようになった。第三に，第一次世界大戦での国債販売を契機として，貯蓄銀行と信用協同組合も国債売買業務へ組み込まれた。この意味では，信用銀行についでユニバーサル・バンクへの道を進むこととなった。ただし，第一次世界大戦後の資本不足から，ユニバ

ーサル・バンクは全体として株式に関する機能を低下させていった。

 そしてこれらの変革過程は，第一次世界大戦遂行過程において財政支出を増加させ，ラインラントの連合国による占領，戦後の戦時賠償金の支払いなどに起因する天文学的なインフレをもたらした。またこの間，ロシアにおいて社会主義革命が成立しソビエト連邦が建国された。この影響も無視できない。このような戦争と革命という，特殊な社会・経済事情のなかでの経済体制の転換であり，まさに「根本的構造変化」[2]というべきものであった。ドイツの信用制度と証券市場をめぐる構造転換は，以上のドイツ経済・社会を取り巻く外枠に条件づけられて進行したのである。

 このような状況下で，中央資本市場としてのベルリン証券取引所は，紆余曲折と動揺を伴いながらも，次第にその地位を一歩一歩固めていった。本章では，このベルリン証券市場の中央資本市場としての機能と役割について，この時代を次の三つの時期に分けて取り上げていくこととしたい。第一には，第一次世界大戦の勃発により軍事財政支出が増加した時期，第二に戦争および戦後の賠償金支払いにより惹起されたインフレ，とくに戦後の天文学的インフレが発生し，これをなんとか克服されていく時期，第三にインフレが収められたあとの相対的安定期とよばれる時期である。なお前章に引き続き，この時期における，中央資本市場としてのベルリン証券取引所の地位および地域取引所の関連について，『ドイツ取引所史』に基づいて一定の整理をしておきたい。

第2節　第一次世界大戦以降の証券取引所

1．第一次世界大戦と証券取引所(1918年まで)
(1)　第一次世界大戦下の戦時経済

 第一次世界大戦を遂行するにあたって，ドイツはその戦争財政支出を主として税収と公債発行により準備した。ボルンによると以下のように整理されている。リーサーが1913年に18億マルクと軍事費を見積っていたこと，アドルフ・ワーグナー(Adolf Wagner)およびヨハン・プレンゲ(Johann

Plenge)が，世紀交代期前後の年に戦争遂行のための直接税を想定していたこと，さらにユリウス・ヴォルフ(Julius Wolf)が，個々の領邦での所得税と資産税のライヒの管轄強化および間接税の徴収を考えていたこと，またほかに，ハインリッヒ・ディーツル(Heinlich Dieztl)が，1912年の著作で戦争債による資金調達が税金よりも重大であるとの見解が当時出されていた[3]。

　実際には，当初ドイツ帝国の戦時課税は，戦時の国家支出の13.7%であり，英米の28%ないし29%よりも低いものであった。その分を各領邦への課税強化で補足していたが，戦争開始から3年目の1916年より所得税，資産税，消費税など本格的戦時課税を課すこととなった。このため，特別戦時課税は1916年から18年に73億マルクとなり，「第一次世界大戦の通常国家収入の1/3となった」という[4]。また，戦時財政収入を増加させたほかの重要な手段は，政府(財務省)手形(Reichsschatzwechsel)と国庫(財務省)証券(Schatzanweisung)の発行であった。1914年9月から戦争の終結した1918年9月までに，9種類の戦争債が発行され，合計992億6500万マルクの資金が調達された。また，このうち，512億マルクは負債を軽減するための借り換え目的をもった短期債であったという。また，これらの発行のために，各種法律が準備されていった[5]。

　ところで，第一次世界大戦が開始されたのは，1914年8月1日であった。証券取引所では，すでに同年6月28日のサラエボ事件勃発と7月20日以降，一銀行による売り推奨のため，相場は崩壊をみせはじめていた。このため7月30日にはベルリン取引所が閉鎖となり，公式の相場建てが，先物取引をも含め停止された。この停止が公式に解除されるのは，現物取引については1917年12月以降であり，このときから株式相場が再開された。しかし，先物取引の禁止は1925年10月1日まで継続した。

　この取引所閉鎖の目的は，ベーリングによると，以下の3点であった。第一に，公的資金需要を有利とするため民間発行者の資金需要を抑制すること，第二に，政府債が相場を形成することを妨害させないこと，第三に，相場を操縦してドイツの金融市場をパニックに陥れる目的をもって行う，敵国の投資目論見をつぶすこと，である[6]。

しかし，取引所が閉鎖されたからといって，証券取引のすべてが否定され売買が停止されたわけではないことを，ヘニングが『ドイツ取引所史』のなかで，以下のように詳細に紹介している。

「取引所の閉鎖のあとでも証券先物取引は，禁止処置にもかかわらず，すべてが否定されたわけではなかった。形式上は取引所の外部で，すなわち銀行間で行われた。当初は，『銀行口座』から『銀行口座』へという形で，それどころかそのあとでは，公式に意見交換が行われる取引所の空間でさえ行われた。もちろん当局はこのことを好ましいと考えていたわけではないが，少なくとも証券市場の一部を構成するという利点については，取引所機能を維持するのに有効な事態であると認めていた。大衆の一部は，所有している証券を戦時公債へ変換しようという希望をもっていた。そのほかに，このような疑似取引所(Quasibörse)は，銀行が保有する外国証券を中立国で販売するために，水門を開いておく仲介者としても必要とされた。それは，ライヒスバンクの外国為替ポジションを改善することにもなった」[7]

このように，戦争勃発に伴う取引所閉鎖により，証券および外国為替の取引が損失を被ったにもかかわらず，国家の取引所への介入は，決定的なものではなかったこと，そして取引所の市場性が取引所外取引という形態をもって維持され続けたことを，ヘニングは強調する。この点は，次章で取り上げる1930年代の戦時統制経済とは相違があることを，筆者としてもここであえて指摘しておきたい。たとえば，戦争前にすでに約定されていた先物契約の清算が，開戦とともに引き延ばされていたとはいえ，1915年の11月には，決済されるようになったことにもみてとることができる。

ただし，市場経済が維持されたとはいっても，それは変則的で，かつ制約を受けたものであったことも事実である。というのは，証券取引の場が取引所を離れたというのみならず，取引方法も変更を余儀なくされたからである。すなわち，それまで書面で行われていた相場報告書の交換が禁止され，口コミによる情報交換しか認められなくなったり，1916年まで外国為替取引が禁止され，敵国証券の売買が障害を被ったこと，また中立国の証券の売却が

困難となったこと(「外国証券を追い出せ」)[8]などにみられる。さらには，1917年末に取引所政策が変更され，取引所において再び証券取引が再開されたものの，12月以降認められた相場建ては株式取引のみであり，公社債，とくに国家証券は，このときも依然として停止状態に置かれていた。こちらは，かなりの程度戦時経済に拘束され，「半非公式に相場がまとめられ，銀行に伝えられた」ということであった[9]。

以上みたように，第一次世界大戦の準備過程から各種の経済政策手段を駆使した戦時経済が運営された。その結果としてインフレが発生することとなった。貨幣量の増加をみておくと，ライヒスバンクの銀行券は戦争開始年次の1914年には，29億マルクから42億4000万とただちに2倍に膨れ上がり，その後次第に増加を続け，終戦時の1919年には186億マルクとなった。また，市中銀行のそれも1億3400万マルクから1918年の2億8300万へと膨張した。ライヒスバンクは金準備を紙幣(Reichskassenschein)流通の1/3までとすることが義務づけられていて，1914年の段階では12億5000万マルクを用意していた。その後1918年までに22億6000万マルクの金を，中立国からの緊急輸入等で手当された。さらに紙幣流通に対する不足分は，金とならぶ第一級準備である貸付金庫銀行券(Darlehenskassenschein)で補足された。このことは，金兌換停止を決めた1914年の諸通貨立法ですでに認められていたことであった。このような通貨の膨張に伴い，マルクの対外相場は下落し，ベルリンの対ドル相場は，1914年7月の4.20ドルから，18年11月の7.43ドルとなった。また国内購買力の低下も著しく，1913年を100とすると18年には卸売物価で238，小売(家財・衣料品)で610という数値もボルンにより紹介されている[10]。

(2) 戦時経済が取引所へ与えた影響

そこで次に，戦時経済への移行とインフレ経済の進行に伴い，ドイツの銀行システムおよび銀行業務がいかなる変容を遂げてきたのか，という点に焦点をあてて記述を進めることにしたい。

ボルンの記述によると，戦争の影響は次のような点に表れたという。第一には，国際業務と不動産業務で銀行が制約を課せられたこと，とくに外国為

替業務は1916年の取引解除後もライヒスバンクと大銀行18行に限られたことである。第二に証券発行引受団(コンゾルチウム)業務で後退がみられたこと(表3-1)である。そして第三に，インフレに伴いバランス・シート中の「当座勘定売掛」項目に多大の損失を被ったことと政府手形購入により銀行の他人資産勘定が増加したことであった[11]。このうち，発行コンゾルチウム業務の後退と自己資本比率の低下につながる銀行の資本構成の変化は，次にとりあげるナチス期にさらに強められ，これによって第一次世界大戦前のドイツにおける銀行制度が大きな変貌を遂げていくという点で非常に重要な問題を内包している。これについては，あとで詳しく取り上げたい。

次にヘニングの記述を読んでいくと，別の視点も強調されている。それは，証券と取引所の閉鎖に伴う銀行側の対応，具体的には取引所外部での取引に関連する問題である。まずこの取引方法についてみると，二つの方法があるという。第一には，取引所マークラー(Börsenmakler)同士が非公式な集まりをもつという方法，第二には，マークラー事務所間で契約を締結するというものである。いずれにしろこれらの取引は，取引所取引を補足する自由市場というべきものであった。とくに後者は1914年以前から拡大する傾向にあって，そのなかでも重要な取引が，ベルリン大銀行が取り仕切った証券売買であった。「大銀行は，数多くの支店をもち，広範な地域にわたる顧客と資産力のある国民各階層に対し，広範囲に及ぶ業務分野をカバーしていた」[12]という。このため，第一次世界大戦開始前の10年前から展開した商習慣と結合して，取引所取引はますます証券市場の一部でしかなくなっていったのである。この問題は，前章でヒルファーディングの『金融資本論』中の記述に即してみておいたことであるが，この傾向が20世紀初頭からさらに拍車がかかっていったわけである。

というのはそもそも当時のドイツでは，証券取引の市場集中義務が明確とはなっていず，取引における商人のイニシアチブと権利が当然のものとして認められていた。また，ケルン取引所では第一次世界大戦の開戦に伴い，1915年のはじめから特定人物や特定企業による軍需産業会社の配当証券に焦点をあてた投機が行われていた，との報告もあるという。そして，取引所

マークラーや委員会に代わり，この取引所外取引の仲裁者として振る舞っていたのが銀行業者であった。彼らが相場建てを行い，結果として公正さが損なわれた可能性は高いと考えられる。とくに大銀行は，委託取次業者としてではなく，契約当事者として立ち現れ，益出し(Kursschnitt)目的でこのような相場の不透明性を利用したといわれている。ケルンの取引所などでは，このような事態に対し取引所規則への補足を加えて，規制を強化しようとした。すなわち，取引所理事会が戦時中の取引参加者の業務と価格および相場に対し，一定の原則を提示し，これを守らない者を取引所業務から締め出すというものであった[13]。ただし，このような戦時下でも国家の干渉によらず，取引所の責任において監督が行われ，証券業務については取引所外取引であっても一定の自由を保証されていたことは，注目に値することを付け加えておきたい。なお，1917年末ないし18年初頭から(ケルン)取引所が再開されたものの，ハノーバー取引所のごとく第一次世界大戦終結まで再開されなかった取引所もあった。1918年以降は，「ベルリンの主要相場がドイツ帝国の包括的取引所相場として認知され，ケルンその他の地域取引所は，ベルリンの相場価格を指向するようになり」[14]，地域間での裁定が働いていたということであった。

2．インフレの克服と株式取引の高揚(1924年まで)
(1) インフレの発生と克服

第一次世界大戦後から世界経済恐慌突入までの時代は，独特の性格と雰囲気をもつ時代であった。高度の戦時賠償支払い義務を負い，経済過程は高進するインフレのなかに置かれた。また，外国為替についてはドイツはその主権を完全には回復していなかった。また，政治的にはラインラントが占領下に置かれ，不安定な状況が続いていた。さらに社会的にも，失業者の増加という問題があった[15]。このようにすべてが混沌のなかに置かれたといってよいであろう。ベーリングによると，「インフレは1918年に武器の音が鳴り止んだときに，出現した」[16]という。この戦後インフレについては，ボルンが，次の五つの経済局面に分けて分析しているのがわかりやすいので紹介し

表 3-1 ベルリン大銀行の借方と貸方 1923-1944 年　　　(100万M/RM)

借方

年次	金融機関数 1)	貸借対照表総額	現金 総額	ライヒス・バンクと郵便局の小切手	手形	政府手形と政府債	有価証券 総額	ライヒと州の債券	株式	証券引受団への参加	債務者 総額	対金融 総額
1913	9	8,391	380	127	1,880	.	812	215	.	373	4,854	1,163
1923	7	1,750	107	.	45	.	307	.	.	246	1,103	496
1924	8	4,439	233	.	1,062	.	141	5	.	.	2,677	773
1925	8	6,141	290	.	1,492	.	147	1	.	.	3,880	897
1926	8	8,016	294	.	1,762	.	189	14	.	.	5,434	1,776
1927	8	9,825	361	.	2,044	.	256	16	.	.	6,824	1,798
1928	8	12,673	432	274	2,667	152	297	9	.	147	8,760	2,476
1929	6	13,765	426	257	2,595	442	379	16	.	168	9,595	2,325
1930	6	12,976	431	256	2,028	545	340	19	.	166	9,307	1,806
1931	5	9,618	365	233	1,186	348	641	356	.	165	6,590	838
1932	5	8,803	254	143	1,222	497	791	475	.	169	5,626	618
1933	5	7,917	254	135	1,200	548	692	386	.	171	4,860	503
1934	5	7,687	245	125	1,509	494	775	301	.	177	4,324	410
1935	5	7,590	322	149	1,524	613	881	401	98	114	3,856	318
1936	5	7,653	336	152	1,991	442	995	443	123	121	3,532	291
1937	5	8,071	335	.	2,541	107	998	437	179	.	3,442	311
1938	5	9,012	439	235	2,146	1,229	1,151	603	164	103	3,677	323
1939	5	10,144	502	278	2,040	2,628	867	347	184	83	3,734	255
1940	5	12,995	625	.	2,167	5,139	1,698	1,171	212	.	3,010	270
1941	6	18,581	786	.	2,286	8,787	2,534	2,050	208	.	3,803	321
1942	6	21,940	885	.	2,589	11,348	2,014	1,525	212	.	4,713	343
1943	6	25,959	1,122	.	2,560	13,774	2,144	1,716	207	...	5,953	489
1944 3)	6	31,063	542	.	1,519	21,109	1,980	1,566	.	.	5,510	419
1944 4)	6	32,125	1,409	.	3,105	19,873	1,894	1,515	.	.	5,507	424

貸方

年次	貸借対照表総額	総額	債権者 総額	預金 非金融機関並びに外国銀行 総額	要求払預金と定期預金	貯蓄預金 総額	解約告知期間付のもの	ドイツ金融機関	借入資金 銀行間信用債務(ノストロ債務)	第3者利用可能債務	引受済手形
1913	8,391	5,149	2,681	2,254	2,254	.	.	427	2,439	29	1,391
1923	1,750	1,102	.	.	.	.	.	.	.	.	.
1924	4,439	3,654	3,455	2,974	2,974	.	.	481	.	199	19
1925	6,141	5,122	4,740	4,196	4,196	.	.	544	.	382	234
1926	8,016	6,767	6,474	5,748	5,748	.	.	726	.	293	332
1927	9,825	8,323	7,691	6,928	6,928	.	.	763	.	632	412
1928	12,673	10,984	9,604	8,433	8,433	.	.	1,171	.	1,380	472
1929	13,765	12,038	10,161	9,219	9,219	.	.	942	.	1,877	513
1930	12,976	11,130	9,017	7,984	7,984	.	.	1,033	.	2,113	701
1931	9,618	7,823	6,531	5,555	5,555	.	.	976	.	1,292	947
1932	8,803	7,326	6,231	4,946	4,946	.	.	1,285	.	1,095	769
1933	7,917	6,506	5,869	4,580	4,580	.	.	1,289	.	637	766
1934	7,687	6,274	5,804	4,765	4,560	205	.	1,039	.	470	772
1935	7,590	6,160	5,499	4,677	4,202	475	55	822	244	417	720
1936	7,653	6,341	5,738	5,022	4,491	531	70	716	241	362	625
1937	8,071	6,781	6,290	5,531	4,870	661	.	759	176	315	603
1938	9,012	7,627	7,211	6,379	5,513	866	212	832	131	285	668
1939	10,144	8,804	8,501	7,596	6,513	1,083	220	905	102	201	601
1940	12,995	11,699	11,411	10,417	8,901	1,516	.	994	105	183	495
1941	18,581	17,220	16,950	15,705	13,346	2,359	.	1,245	97	173	451
1942	21,940	20,488	20,201	18,930	15,569	3,361	.	1,271	110	177	463
1943	55,959	24,480	24,184	22,679	18,236	4,443	.	1,505	118	178	384
1944 3)	31,063	29,393	29,088	27,622	22,272	5,350	.	1,466	127	178	344
1944 4)	32,125	30,605	30,301	28,767	23,087	5,680	.	1,534	124	178	312

1) 1913年以降は，ベルリン商事銀行を，また1924年以降は帝国信用銀行を含む。1931年にはドレスデン銀行がダルムシュタット国民銀行を合併。1941年以降は，ドイツ労働銀行を含む。
2) 主として6%利付きドル手形(ドル・ノート)で，1927年にドイツ銀行が2500万ドルの信用をベースに振り出し，1932年以降支払いをしていったものである。

借方

短期貸出		対非金融機関		長期貸出				資本参加		不動産(土地・建築物)	未払込資本金	その他の借方	年次
内訳									金融機関に関するもの				
金融機関への預金	ルポール・ロンバード信用	総額	輸送中・在庫中商品への信用	総額	抵当債権	地方自治体への貸出	その他の長期貸出	総額					
377	826	3,691	510	.	.	.	.	297	297	152	.	16	1913
478	18	607	74	.	.	.	.	.	.	.	.	188	1923
727	46	1,904	261	.	.	.	.	144	.	174	.	8	1924
748	149	2,983	479	.	.	.	.	138	.	177	.	17	1925
932	844	3,658	503	.	.	.	.	144	.	177	.	16	1926
1,178	620	5,026	868	.	.	.	.	120	.	174	.	46	1927
1,361	789	6,284	1,642	21	−	−	21	135	135	200	.	9	1928
1,209	562	7,270	1,972	−	−	−	−	111	111	213	.	4	1929
1,011	353	7,501	2,116	−	−	−	−	114	114	207	−	4	1930
396	132	5,752	1,228	−	−	−	−	133	133	215	128	12	1931
249	32	5,008	963	−	−	−	−	145	145	234	.	34	1932
189	24	4,357	583	−	−	−	−	121	121	215	.	27	1933
149	22	3,914	391	−	−	−	−	97	97	212	.	31	1934
123	13	3,538	282	77	37	−	40	91	79	215	.	11	1935
125	18	3,241	256	58	41	−	17	89	74	204	.	6	1936
135	14	3,131	281	61	44	−	17	80	.	200	.	7	1937
147	11	3,354	296	53	44	−	9	110	96	197	.	10	1938
101	17	3,479	199	58	40	−	18	111	100	192	.	12	1939
98	8	2,740	190	39	34	−	5	.	.	.	.	317	1940
162	8	3,482	171	41	37	−	4	.	.	.	.	344	1941
166	12	4,370	227	39	31	−	8	.	.	.	.	352	1942
289	17	5,464	183	49	25	−	24	.	.	.	.	357	1943
281	4	5,091	134	44	21	−	23	.	.	.	.	359	1944[3]
278	4	5,083	98	28	20	−	8	.	.	.	.	309	1944[4]

貸方

長期借入			流通中の債券	資本金	準備金	その他の留保金、積立金、簿価訂正金	その他の貸方	保証等目的の拘束金	独自の償還金	手形裏書人としての責任資金	年次
総額(2)	内訳										
	金融機関からの長期借入	交互計算信用									
.	.	.	.	1,250	385	.	216	461	.	.	1913
.	.	.	.	474	174	.	.	.	.	.	1923
.	.	.	.	684		.	82	.	.	.	1924
.	.	.	.	695		.	90	.	.	.	1925
.	.	.	.	789		.	120	.	.	.	1926
189	.	.	.	854		.	47	.	.	.	1927
192	−	.	.	595	302	.	128	516	.	1,025	1928
189	−	.	.	588	329	.	108	676	.	1,070	1929
189	−	.	.	553	330	.	73	642	.	1,251	1930
189	−	.	.	512	115	.	32	545	.	1,673	1931
129	−	.	.	442	100	.	37	448	.	843	1932
86	−	.	.	428	80	.	51	395	.	914	1933
58	−	.	.	428	80	.	75	373	.	672	1934
58	.	41	34	428	80	34	76	394	.	512	1935
20	.	17	30	428	77	76	56	494	3	803	1936
30	.	17	−	519		.	138	.	.	606	1937
10	.	9	−	428	96	118	65	672	2	389	1938
20	.	18	−	428	119	65	107	690	1	359	1939
6	.	5	−	617	.	.	178	.	.	242	1940
5	.	4	−	708	.	.	197	.	.	143	1941
9	.	8	−	748	.	.	230	.	.	55	1942
25	.	24	−	768	.	.	302	.	.	94	1943
24	.	23	−	768	.	.	532	.	.	82	1944[3]
9	.	8	−	773	.	.	422	.	.	79	1944[4]

) 1994年9月30日付けの中間報告。
) 1944年12月31日付けの中間報告。

所: Deutsche Bundesbank (Hrsg.): *Deutsches Geld- und Bankwesen in Zahlen 1876-1975*, Frankfurt am Main 1976, S. 78-79.

ておきたい[17]。

① 1918年11月-20年3月，インフレが出現し，通貨価値が下落する。
② 1920年3月-21年6月，相対的安定期を迎える(カップ一揆鎮圧，エルツベルガー財政改革)。
③ 1921年7月-22年6月，インフレが加速する。
④ 1922年7月-23年1月，インフレが急進する。
⑤ 1923年1月-23年11月，天文学的インフレが出現する(1月に行われたフランス，ベルギーによるルール地帯の占領に伴うもの)。

以上のインフレ局面を数量的にみておこう。まず現金流通量をみておこう。これについてはボルンの紹介もあるが，このボルン論文が書かれたあとに，ドイツ連邦銀行の金融統計資料が刊行されているためこちらを使う(表3-2a)。数字を整理すると，今日の累積債務問題を上回るような驚くべき数字である。このインフレについて，ボルンは今日のドイツにおける理論的，歴史・社会的研究成果を整理しているが，ここでは，このインフレがドイツの戦勝国に対する巨額の戦時賠償支払いをめぐる，極めて政治的な問題の結果であったことを指摘するにとどめたい。すなわち，17億金マルクの貨幣賠償と198億7600万マルクにのぼる物的賠償支払いは帝国政府の財政を圧迫した。当初ライヒスバンクは財政節約でインフレを除去することは可能とみていたものの，1921年夏の時点でこの見通しが甘いことを認識する。すなわち，賠償期間および債権償還期限の延長という，外国の支援がなければ不可能と悟ったわけである。しかし，1922年から23年にかけて，木材供給をドイツが履行しなかったことを理由にフランス，ベルギーがルール地帯の占領に乗り出した。ドイツ側は，これに対しジェネラル・ストライキという「消極的抵抗」を試み，鉱工業生産が落ち込んでいった(工業生産指数1913年＝100，20年＝61，21年＝73，22年＝80，23年＝52)。

結局，インフレの克服は，国内外の政治および経済にわたる四つの手段によって解決をみた。まず手始めとして1923年11月に，ドイツ国内において，レンテンバンク(Deutsche Rentenbank)が創設され，土地抵当権を担保とした(土地所有者の出資に基づいた)レンテンマルクが発行された。(1レン

表3-2a　両大戦間期の現金流通量　1915-1945年　　　　(100万M/RM)

年(年末)	現金流通量総額[1]	銀行券 ライヒスバンク・ノート	銀行券 市中銀行券	国家紙幣とレンテンバンク紙幣 ライヒ財務省証券	国家紙幣とレンテンバンク紙幣 貸付金庫証券	国家紙幣とレンテンバンク紙幣 レンテンB.紙幣	鋳貨[2] 金貨[3]	鋳貨[2] 補助通貨[4]
1910	6,011	2,061	138	68	–	–	2,939	805
1911	6,225	2,232	142	89	–	–	2,930	832
1912	6,617	2,496	142	104	–	–	2,984	891
1913	6,552	2,574	147	148	–	–	2,755	928
1914	8,703	5,045	134	238	446	–	.	2,841
1915	10,050	6,918	113	327	972	–	.	1,690
1916	12,315	8,055	158	352	2,873	–	.	877
1917	18,458	11,468	163	350	6,265	–	.	212
1918	33,106	22,188	283	356	10,109	–	.	170
1919	50,083	35,698	257	328	13,692	–	.	108
1920	81,570	68,805	233	316	11,975	–	.	241
1921	122,913	113,640	334	198	8,275	–	.	466
1922	1,294,748	1,280,095	1,470	213	12,970	–	.	.
1923 [5]		496,507,425	77,921					
1923 [6]	2,274 [7]	497 [6]	0	0	0	1,049	–	.
1924	4,274	1,942	114	–	–	1,835	–	383
1925	5,181	2,944	179	–	–	1,476	–	582
1930	6,379	4,756	182	–	–	439	.	1,002
1935	6,373	4,281	150	–	–	398	–	1,544
1936	6,964	4,980	9	–	–	373	–	1,602
1937	7,499	5,493	–	–	–	391	–	1,615
1938	10,404	8,223	–	–	–	382	–	1,799
1939	14,516	11,798	–	–	–	957	–	1,761
1940	16,770	14,033	–	–	–	1,102	–	1,635
1941	22,313	19,325	–	–	–	1,252	–	1,736
1942	27,343	24,375	–	–	–	1,264	–	1,704
1943	36,538	33,683	–	–	–	1,109	–	1,836
1944	53,119	50,102	–	–	–	1,108	–	1,909
28.2.1945	55,229	55,519	–	–	–	1,120	–	1,590
7.3.1945	59,149	58,425	–	–	–	1,134	–	1,590
終戦時	約73Mrd.[8]							

1) ライヒスバンクと民間発券銀行の保有額を含まない。
2) 償却分と発券銀行保有分を差し引いた1871年および1923年以降の刻印分。溶解などはライヒ統計局が評価した。
3) 第一次世界大戦中にライヒスバンクがほぼ回収。ただし1938年にはじめて流通から除外された。
4) 銀貨およびその他の鋳貨、1907年までは、ターラーを含む。
5) 下線付き数値は単位が10億マルク。
6) 通貨安定後に算出、10億マルク紙幣＝1レンテンマルク＝1ライヒスマルク。
7) 7億2800万RMの紙幣を含む。
8) 評価額。

出所：Deutsche Bundesbank (Hrsg.), *Deutsches Geld- und Bankwesen in Zahlen 1876-1975*, Frankfurt am Main 1976, S. 14 より必要箇所を抜粋。

表 3-2 b　1923 年第 4 四半期の流通貨幣量

a) マルク紙幣での支払手段

月末／決算日	通常マルク紙幣での支払い手段					マルク紙幣－緊急通貨			マルク紙幣での支払手段の流通総額2)
	マルク勘定	金マルクの卸売指数1)	金マルクのドル換算指数2)			総額	ライヒ鉄道緊急通貨	その他	
			総額	RB紙幣3)	その他3)				
	10 億マルク				100 万金マルク				
10 月 31 日	2,504,956	353.1	145.0	144.6	0.4	31.2	25.7	5.5	176.2
11 月 30 日	400,338,326	551.7	400.3	400.2	0.1	118.2	114.8	3.4	518.5
12 月 31 日	496,585,346	393.6	496.6	496.5	0.1	111.3	109.1	2.2	607.9

b) 価値が安定した支払手段とその総額(100 万金マルク)

決算日	価値が安定した支払手段					マルク紙幣支払手段2)	全体の総額
	総額	レンテンマルク	金貨払公債	ライヒ鉄道緊急通貨	金貨払公債緊急通貨		
10 月 31 日	124.1	－	78.0	－	46.1	176.2	300.3
11 月 30 日	216.5	501.3	216.4	35.4	216.2	518.5	1,487.8
12 月 31 日	1,665.7	1,049.1	240.0	141.9	234.7	607.9	2,273.6

1) 月平均。
2) 公定ベルリンドルで計算，月末決算日の平均価格。
3) 各月価値は表 3-2 a に表示。
出所：Ebenda, S. 15.

テンマルク＝1 兆マルク，4.2 レンテンマルク＝1 ドル)。そして第二に，1924 年 4 月 7 日に，ライヒスバンクはすべての信用を停止した。第三に，欧州諸国間のみでは解決のつかなかった賠償支払い問題についてはアメリカが仲介に乗り出すことになった。すなわち 1924 年 8 月にドーズ・プランの締結にいたった。そして最終的には，11 月にはライヒスマルクの導入により，経済過程は安定を取り戻した。

(2)　株式取引の高揚

　ここでこの時代の証券市場に目を転じてみよう。当時は空前絶後ともいえる貨幣価値の下落のなかにあって，インフレにより価値下落をしない商品が求められた。「このため，実質価値(Sachwelt)が注目を浴びた。投資家は，はっきりと目にみえる資産である株式や鉱業会社の鉱山株(Kux)に殺到した。価値を確認できる土地，石炭からカリ塩，銅，鉱石にいたる鉱物資源，実在する『物』である」[18]。

債権，とくに公社債は敗戦とインフレで実質価値が失われ，この結果1919年以降証券市場では株式へと資金が流入するようになっていた。大規模な株式投機が行われ，株価が上昇した。この株価上昇の数値については，ベーリングの記述中にフランクフルト証券取引所についての興味深いものがあり，この時代の取引所の様子をうかがうことができるため，以下に紹介しておきたい。

- 「株式相場の指標は平和であった戦前の最後の年の数値(1913年=100)と比較すると1919年には105となり，1920年には205とほぼ2倍となった。1921年には432へ飛躍した。そして1922年には熱狂相場となり，2059へと上昇した」[19]
- 「相場は1922-23年には際限がなくなり，1万から1兆のあいだを動揺した。商工会議所の立会場の入場者には，立会時間のあいだ，闇雲に大きな喧騒と叫び声が鳴り響いていた。びっしり満杯のホールでは，騒乱とひしめきが支配していた。銀行員とマークラーは，ホールと通路に設置された電話ボックスに辿り着こうともがいている。ほかにシェーペラー(Schepeler)とか黒楯の獅子(Schwarzschild-Ochs)などの多くのフランクフルトの老舗商品取引商会がその場で銀行に注文をつなごうとしている」(フランクフルト証券取引所での無名者の証言[20])

以上の状況で，株式市場を中心とした資本市場は，戦前の活気を取り戻すことになった。かつて外国証券をも含む国際的な債権市場であったフランクフルト証券取引所の統計では，株式の占める比重は1913年には上場証券の13%でしかなかったのに，21年には68%となっていたという。このような状況についてフランクフルト市の商工会議所の報告を引用しているベーリングの記述を拾うと以下のような表現が散見できる。「破局を伴う株価騰貴」(1919年)，「特定企業株の大量買い」(1920年)，「市場からの逃避」，「相場の崩壊」，「夕刻取引所の閉鎖」(1921年)など。

また，この騰貴と投機を引き起こした手段について，プリオン(Willi Prion)の記述をベーリングが紹介している。「プレミアムなしの新株引受権の提供」，「ボーナス株(Gratisaktie)の発行」，「プレミアムの利用」，「水増

表 3-3 a　株式会社数と資本金　1870-1922 年

年次	株式会社数	資本金(100 万 M)
1886	2,143	4,876
1891	3,124	5,771
1896	2,712	6,846
1902	5,186	11,968
1906	5,060	13,849
1909	5,222	14,737
1913	5,486	17,357
1919	5,345	20,284
1920	5,657	29,027
1921	6,636	49,352
1922	9,558	103,739

表 3-3 b　株式会社数と資本金　1922-1943 年

年次	株式会社数	上場会社数	資本金(100 万 RM)
1925	13,010	—	19,121
1926	12,343	917	20,655
1927	11,969	872	21,542
1928	11,690	883	22,885
1929	11,344	801	23,728
1930	10,970	767	24,189
1931	10,437	725	24,653
1932	9,634	659	22,264
1933	9,148	597	20,635
1934	8,618	561	19,791
1935	7,840	501	19,556
1936	7,204	489	19,225
1937	6,094	478	18,705
1938	5,518	469	18,745
1939	5,353	468	20,335
1940	5,397	456	21,494
1941	5,419	457	24,908
1942	5,401	452	29,061
1943	5,359	450	29,736

しされた株式資本」など[21]。これらの手段を，戦後インフレと株式投機のどさくさに紛れて企業合併を押し進めた諸企業が利用していた。すなわち，ヒューゴー・シュティンネス(Hugo Stinnes)やオットー・ヴォルフ(Otto Wolf)，フリードリッヒ・フリック(Friedlich Flick)などの個人企業である。また，それまでは株式会社ではなかった多くの個人企業が株式会社形態へ移行したり，戦後に株式会社が新設されたことも証券市場の活性化につながっ

表3-3c　株式会社数と資本金　1953-1974年

年次	株式会社数	上場会社数	資本金(100万DM)
1953	—	661	10,254
1954	—	677	10,578
1955	—	682	11,781
1956	2,824	686	12,885
1957	2,763	669	13,647
1958	2,720	657	14,275
1959	2,598	638	14,573
1960	2,558	628	16,387
1961	2,552	644	18,359
1962	2,560	643	19,064
1963	2,548	636	19,689
1964	2,541	631	20,685
1965	2,508	627	23,880
1966	2,420	614	25,425
1967	2,351	597	25,767
1968	2,328	589	26,917
1969	2,317	580	27,992
1970	2,304	550	29,698
1971	2,295	533	31,229
1972	2,271	505	32,755
1973	2,260	496	34,303
1974	2,218	479	35,429

以上の出所：Deutsche Bundesbank (Hrsg.), *Deutsches Geld- und Bank-wesen in Zahlen 1876-1975*, Frankfurt am Main 1976. S. 294, 306.

た(表3-3a, b, c, 図3-1)。

　次に銀行集中について簡単に触れておこう。この時代の銀行集中運動の経済的背景，産業資本の独自の金融との関係については，すでに生川栄治が当時の文献と最近のドイツ銀行集中史の文献を利用して，明快な整理をしている[22]。本章では，さまざまな社会的変革をもたらしたこの時代のインフレが，やはり銀行合併に対しても促進的作用をもたらしたことについてのみ言及しておきたい。

　その要因としては，ボルンの記述を整理すると以下のようなものが挙げられる。

　①貨幣減価に伴う銀行の保証自己資本の低下を補う必要性があった。

　②インフレにより預金口座数が増加し，それに要する事務作業量が激増

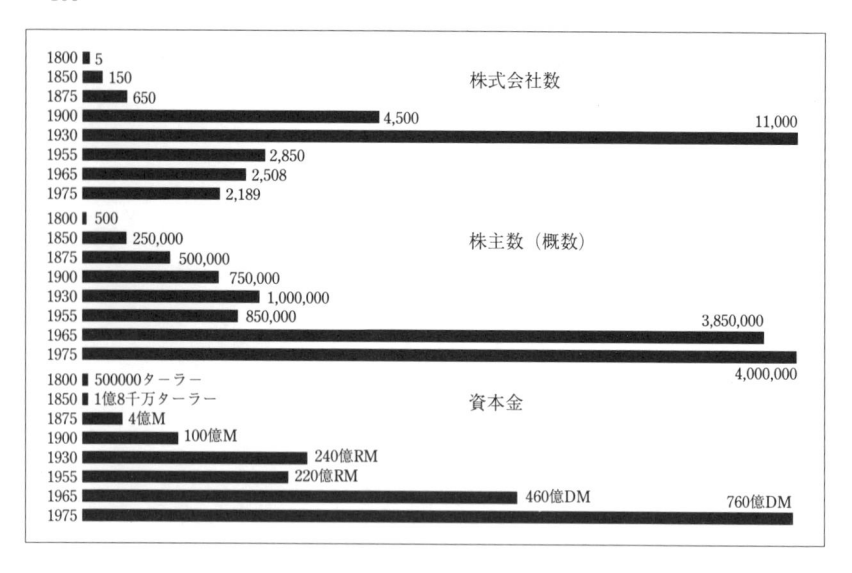

```
株式会社数
1800   5
1850   150
1875   650
1900   4,500
1930   11,000
1955   2,850
1965   2,508
1975   2,189

株主数（概数）
1800   500
1850   250,000
1875   500,000
1900   750,000
1930   1,000,000
1955   850,000
1965   3,850,000
1975   4,000,000

資本金
1800   500000ターラー
1850   1億8千万ターラー
1875   4億M
1900   100億M
1930   240億RM
1955   220億RM
1965   460億DM
1975   760億DM
```

図 3-1　株式会社数，株主数，資本金額　1800-1975 年
出所：同上書および Ulrich Fritsch, *Mehr Unternehmen an die Börse* — Bedeutung und Möglichkeiten der Publikums-Aktiengesellschaft, Köln 1978, S. 12-14.

した。

③銀行員の増員とその結果として労務・人件費が膨張した。

このため「銀行制度におけるインフレの最大の作用は集中プロセスの拡大であり，言い換えると大銀行の拡張であった。これは，とくに地方および地域諸銀行の買収によって進行していった。」[23] この結果それまでは英・仏と比べるとわずかの支店しかもっていなかったドイツの銀行が一挙に支店性銀行へと変身したという (1917 年に 182 の支店をもっていた 7 行がインフレ末には 1200 の支店をもつようになった)。ところで，銀行による株式発行業務は，先に触れたように，第一次世界大戦中にはそれまでと比べ低下をみせていた。この傾向は，第一次世界大戦後も引き継がれていて，ボルンは，この点に関して次のような断定をくだしている。「産業界はインフレ期間中には，資本市場に対する銀行の仲介機能を求めることが少なくなった。このため，多くの銀行において証券発行業務が，ほかの銀行業務と比べ後退した」と[24]。ただし，この判断は，あくまで銀行の預金・貸出業務との関係でみ

たものである(表3-1)。また，マンフレート・ポール(Manfred Pohl)の研究成果などを検討した結果，生川もこれが妥当するのは，1918年からインフレの収束する24年までのこととして限定していることには注意しなければならない[25]。

しかし以上みてきたような証券発行業務の低下にもかかわらず，この時代においても，株式大銀行が，証券取引所での地位を一段と高めていた事実があったこともまた，見逃すことはできない。それは以下のようなさまざまな経済，経営的要因に基づき，証券流通業務の分野では相変わらず大銀行が活躍の場を見出したためであった。しかも，銀行と証券業務を兼営するという，ドイツの銀行の特性がこの時代にも遺憾無く発揮されたことについては，以下のごときヘニングによる指摘がある。

それは，第一には，ドイツの銀行が証券業務を兼営することに基づいている。まず，証券の自己売買業務により，投機利潤の取得が可能であった。そしてこれは，証券発行体に対し発行支援をするためにも利用されうる。さらにインフレ時代には，所有株式の質と構成を改善するためポートフォリオ政策が銀行の証券業務に加わった。

第二に，銀行はブローカー業者としても取引所で売買するが，この時代「その主要任務は，裁定取引の遂行であり，この場合にはアービトラージャーとなり，相場の調整に参加する」[26]というものであった。これらを組み合わせることで相場操縦が行われる可能性は充分考えられることはいうまでもない。

第三に，第一次世界大戦末からは，銀行の証券取引所内の業務が，外国為替業務を含め場外取引業務へと拡張されていった。これらは，外国為替と証券先物取引が規制されたために，独自の銀行間市場が形成されたことに基づいていた。とくに，ケルン取引所では，第一次世界大戦後に，ラインラント地域がライヒの為替管理外に置かれたために，外国為替業務で独自の展開が行われた。

この場外証券取引は，戦後も店頭市場として取引が継続され，コントロールがなされないという問題をもっていた。具体的には，諸銀行の本店間での

調整(Ausgleich der Spitzen)が行われたため，取引所の取引量が狭められていた。さらには，戦後も取引所では禁止された，証券先物取引が，とくにベルリン大銀行を中心として，相変わらず同じように銀行間において継続されたという[27]。目的は，インフレによる貨幣減価を証券取引の利鞘で相殺することであった。これは，公正な価格形成という点では極めて問題が多かったのではないかと考えざるを得ない。ただし，先にみた証券業務の問題について，監督当局が手をこまねいていたのではなく，さまざまな規制が考案され，規制を強化しようという努力が払われていた。この点に関しては，ヘニングが次のような詳細な分析を加えている。それによると，諸規制と市場の整備は以下の諸点について行われた。

　①取引所への入場者の規制
　②取引所理事会の仕事の明確化
　③証券業務内容，とくに店頭取引と外国為替取引の規制
　④有価証券の保管・振替機関の創設

　まず第一に，取引所入場者規制についてみよう。ハンブルクでは1921年から，それまでは自由であった入場者に対して登録が義務付けられ，認可証が必要とされることになった。ベルリンでは，1896年の取引所法により，新規入場者については3人の保証人が必要，との認可条件が付されていた。女性は戦争末期まで閉め出されていたが，1922年以降の法律変更で条件付きで許可されるようになった。また，1932年2月にはプロイセン商工大臣の行政指令が出され，各取引所は，取引業者リストを2種類に分けて作成するように義務付けられることになった。第一種は，取引所へ入場し，取引所で業務を執行する，無限責任を負う全銀行業者。第二種は，取次業務のみを営む有限責任の業者であった[28]。

　さらに業務上の対立を避け，調整するためにベルリンなどで以前から設置されていた特命仲裁管理人または仲裁委員会の制度が，この時期に各取引所に普及していった。1921年にはケルンで，3人からなる専門委員会が仲裁機関となり，これが公式市場における相場確定および店頭市場規制の仕事を引き受けるようになった。

第二の取引所理事会の任務は，主として取引所規則が遵守されているかどうかを監視すること，また取引所全体を監督することとされた。またこれとならんで，取引所入場者と取引証券に対する認可も大事な仕事であった。しかも，これは専門的に確立された業務になっていなかった。このため，後者に関しては大きな取引所では独自の機関を設置し，理事会の仕事が軽減された。というのは，取引所はドイツでは取引業者の自己管理的組織，共同体というものであり，理事会は取引所参加者によって選ばれ，地域商工会議所と共同で運営されたためであると，ヘニングは説明している。なお以上述べてきたことは，証券のみならず，商品取引，外国為替についても同様に妥当し，それらの諸市場は，相互の関連性をもっていたという[29]。

　これと関連して第三に問題とされたのが，1919年以降にも継続していた，取引所を通さない場外取引(銀行間取引)である。この取引は小切手や短期一覧払い手形の相場を上下させるという弊害が指摘されていた。1919年の夏以降にこの欠陥が明確となり，とくにケルン取引所では，外国為替業務とも連動したために，取引所理事会により対応策がとられることとなった。それは，貨幣と外国為替に対しては，貨幣・証券相場からあらかじめはじき出された中間相場で，その価格を固定するというものであった。また取引所に上場されていない証券も，取引所での為替業務との関連で，公定値付けされている上場証券へ微妙な影響をもたらしていた。しかも店頭取引(freier Effektenverkehr)ではコントロールがなされていなかったために騒動が大きくなり，1921年以降はこれらの証券に対しても規制が導入されるようになった。このために，公式には値付けられない証券に対する特別委員会がつくられることになった。なお，1923年7月3日には，高進するインフレのために取引所の為替先物取引が，ライヒの指令に基づき禁止処置を受けている。

　第四点目として，ドイツにおける天文学的なインフレが，証券業務量を増加させ，取引決裁の方法にも変更をもたらすことになった。それまでの現金またはライヒスバンク小切手による決裁から，振替決裁への移行である。このため，ケルン取引所で1923年6月に有価証券保管・振替機関(Kassenverein)がつくられたのを皮切りに，この制度が全国へ普及することにな

った[30]。

　最後に，第4章を先取りすることになるが，この時期にはベルリン証券取引所の中央資本市場的性格が，一時的ではあるが，ほかの取引所との関係において弱められたという点に触れておきたい。この事実は，「第一次世界大戦後の，とくに1920年以降の時代の特殊条件」[31]に基づいていた。その特殊条件とは，軍事占領下のラインラントでは，フランクフルトとケルン取引所の外国為替市場が，ライヒ政府の管轄外に置かれたことである。いわゆる「西部の窪地(Lochs in Westen)」とよばれる事実上のタックス・ヘイブン地域の取引所へ，大量の外資が流入したのであった。ほかの取引所では，外国為替市場との直接の連動性を保つことができなかったために，ケルン取引所を中心に外国為替業務に関するアービトラージが遂行されるようになっていたのである。この結果，ケルン取引所で活動する銀行数が，1918年の30行から22年には114行へと約4倍に増加したことが報告されている[32]。

3．相対的安定期と証券取引所(1929年まで)
(1)　見せかけの安定

　ヘニングは，『ドイツ取引所史』の担当論文で，この時期については「見せかけの日常性への復帰」というタイトルをつけている。それは空前絶後のインフレを，レンテンマルクとライヒスマルクの導入で乗り切ったあとの時代である。ドイツは，戦時賠償の問題についてドーズ・プラン，ヤング・プランで戦勝国と妥協を見出し，その後一時的ではあるが，安定した経済に復帰した。このなかで金融制度と取引所に関するいくつかの制度改革が遂行された。ライヒスバンクは，金融政策の立案・実施機関として，自立的な立場を保障され，以前よりも大きな影響を及ぼすようになった。また金本位制への復帰に伴い，為替市場も統一され，取引所も先物取引を復活するなど，民間経済が再生の息吹を吹き込まれた。しかし，賠償支払いのつけは重くのしかかり，ライヒスバンク総裁シャハトの発言により引き起こされた，株価暴落(1927年5月13日の暗黒の金曜日)で取引所は大きな打撃を被ることになった。ドイツ経済は信用創造を外資の流入に頼らざるを得ない，脆弱な土台

の上に乗っていたことがさらけ出されることとなった。以上はこの時期の特徴の概略のスケッチであり，以下で詳しく述べていきたい。

　戦時賠償に関する国際条約であるドーズ・プランは，1924年8月16日に調印され，9月1日に発効した。ボルンの整理では，初年度からの支払いは年10億マルク，1927-28年には各年ごとに加算され，28年9月からは25億マルクとなったという。ドイツの工業界は，支払いのためドイツ工業負債会社(Deutsche Industrie Obligations AG)を設立し返済にあたった。また国鉄であるライヒス・バーン(Reichsbahn)も株式会社へ転換され，110億マルクの賠償債をもって負担の一部を担った。これで，1929年までにドイツは80億ライヒスマルク(RM)を支払ったことになる。

　少し先走ることになるのであるが，このドーズ・プランの変更を迫ったのは，フラン安定化を目指すフランスのポアンカレ(Poincaré)大統領であった。ドイツのラインラント・プァルツからの占領軍の早期撤退という目論見に加えてアメリカの賠償エージェントの仲介もあり，1930年6月20日にハーグにおいて国際条約として調印された(ヤング・プラン)。ドイツの支払いは345億RMで，期間は1988年までの59年間とされた。最初の年賦は22億RMであり，利払いを加えると最終額は1107億RMとなった。これに伴い，占領地からの撤退は，1930年6月30日までに行われた[33]。

　ともかくチャールズ・G・ドーズ(Charles G. Dawes)の立てたプランが軌道に乗ることで，経済は安定に向かった。ライヒは1924年にさまざまの金融立法を打ち立て，ドイツは金本位制へ復帰することができた[34]。また証券取引所においても，インフレ後の活動基盤を整備すべく，いくつかの制度改革が行われた。

　まず証券の上場条件を強化する規則が1924年11月5日に定められ，名目資本額，株式数，償還規則，優先規則等についての目論見書の提出が義務付けられた。次に1925年3月15日付け法令で，長らく禁止処置のとられていた証券先物取引に許可が出された。一定の取引量の実績のある有価証券に限定されていたとはいえ，外国資本の流入に対する条件が整えられ，「多くの取引所では，1925年10月に証券先物取引が再開された」[35]。これにより，

第一次世界大戦の開始以来，取引所外で行われていた先物取引は取引所内部で遂行できるようになり，場外取引の影響力は減少した。

　さらに，取引所の機構に関する規則が，ケルン，ベルリン等各証券取引所で改正された。その内容は，取引所取締役員数の増加（ケルンでは11人から20人へ），上場のさいの保証人の付与（ケルンでは2人，ベルリンでは3人），信頼性回復委員会（Vertrauensausschuß）の設置，業務報告書の提出，入場者の認可，取引所の管理，相場の確定方法等に関するものであった。また，各取引所では上場審査局が設置されたほか，複数の取引所へ証券を上場するさいには資産評価換えが必要とされ，その審査基準も，1924年にベルリン，ハンブルク，ケルン，ミュンヘン取引所の審査局間で統一されたという経緯もあった[36]。

　次に，証券先物取引についてみておこう。諸外国では，すでにこの取引が再開されており，ドイツでの再開は，外資の導入という点でも重要な意味をもっていた。このためベルリンとフランクフルトの証券取引所では，国際金融市場との調整をはかるため，月末決済と合わせて，ロンドン，パリと同様に15日決済を導入した。しかしケルン取引所では，主としてライン・ヴェストファーレンの炭鉄企業を対象とした先物取引が行われ，依然として月末決済のままにとどまった。

　ところで1925年の先物取引の再開に伴い，ルポール市場とロンバード市場が息を吹き返した（表3-1参照）。国際比較でみてもドイツの金利が高いため外資が流入し，証券取引所では貨幣の流動性が急速に高められた。「とくにロンバード割引率が7％と，他国に比べ明らかに高かったからである」とヘニングは述べている[37]。この背景として，1925年7月16日に発効した，レンテンマルクからライヒスマルクへの転換に伴う資産の再評価法が外国投資家に好感をもたれたことも作用した。

　この結果株式投機も加わり，1924年から27年にかけて株式相場は2倍に膨れ上がった。ここでインフレ後のライヒスバンクの近代的金融政策が，試練を迎えることになった。すなわち，ベーリングが「ライヒスバンクの袋小路」とよぶ，以下のような政策上のジレンマが露呈したのである。

「外国からの資本流入を避けようとするために，外資によって加熱される景気・相場状況がどうであれ，資本欠乏のさいにも金利は低く押さえておかなければならない。他方相場の上昇を抑制するはずの金利の引き上げは，外資の流入を刺激するので，反対の作用を引き起こしてしまう。」[38]

(2) 暗黒の金曜日

　以上の状況下で，証券取引所の相場は1925年1月には戦後の最初のピークを迎える。そして，インフレのなかで拡大したシュティンネス(Stinnes)・コンツェルンなど，いくつかの泡沫的な創業・拡張企業は，このピークのあとで破綻を迎えることとなった。銀行業界は，工業界のリストラクチュアリングを遂行すべく，支援シンジケート団を組織し，IGファルベン(I. G. Farbenindustrie A. G.)，合同製鋼株式会社(Vereinichte Stahlwerke A. G.)といった巨大なコンツェルン企業を創出した。その後，1926年半ばまで，景気は上昇し，27年に第2のピークを迎える。

　そして1927年5月13日の暗黒の金曜日を迎えた。これは，ライヒスバンク総裁シャハトによる，株式市場相場の異常な高さについての発言を契機としてもたらされた。じつはこの背景には，債権利回りが株式利回りを上回るという事態があった(図3-2)。株式相場の高騰は，債券発行を有利に進めて戦時賠償をスムーズに履行しようとするライヒスバンクの思惑にとって障害となると，考えられたためである。このあいだの事情について，ベーリングは以下の興味深い説明を与えている。

> 「話を1927年の1月に戻そう。資本市場は，第二次世界大戦後の最初の10年間によく似ている。多少の差はあれ名前だけのものになってしまい，貨幣市場で生じる影響，とくに外国人投資家が気にかけている市場利子率の影響を受けた。資本市場利子は貨幣市場での不安定な利子に左右されたために，外国投資家の多分に移り気な関心は，二重の意味で困難な問題であった。ライヒスバンクはこの問題に取り組んではいた。しかし，取引所を『パートナー』とはしていたものの，相手の反応や対応に精通していず，相手に関心を示さないだけではなく，不信感をもって

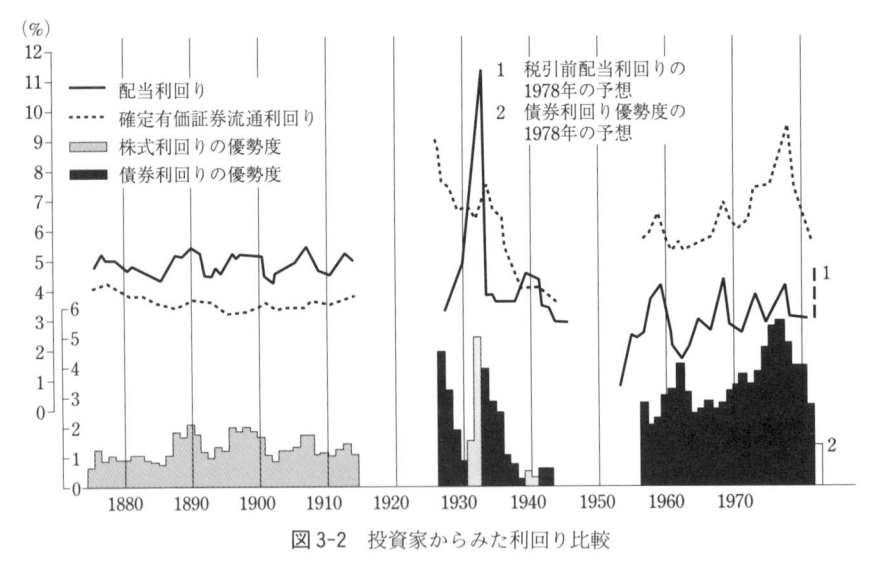

図3-2 投資家からみた利回り比較

資料：Deutsche Bank, *Anlagespiegel* 2/77.
出所：Ulrich Fritsch, *Mehr Unternehmen an die Börse* — Bedeutung und Möglichkeiten der Publikums-Aktiengesellschaft, Köln 1978, S. 55.

いた。また，同様のことが取引所のライヒスバンクに対する関係についてもいえた。結局どちらかが他方に合わせなければならなかったのであるが，この状況は必然的に摩擦をもたらすことになった」[39]

ともかく，この日を前後して，外国投機資金が引き上げられ，相場の1/4近くが崩壊してしまった。この結果，それまでは外国の長期投資資金を利用していた工業界は，短期借入に頼らざるを得ない状況に追い込まれたのである。資本市場は狭隘化し，リスキーな経済展開を余儀なくされるようになった。この日を境として，ドイツの株式市場は，再び歴史の表舞台から後景へ退くことを余儀なくされていった（その最初の歩みは，第一次世界大戦時の戦時金融）。それは，19世紀末から形成された，自由市場的な取引所の活動から，より規制され，統制された取引所活動へ移行する前触れであった。すなわち19世紀後半の金融方式から，紆余曲折はあれ2回の世界大戦を経て，20世紀後半の金融方式へと転換する，という一大変化の呼び水ともなっていったと考えられる。

そこで，以上のような変化を呼び起こした原因について究明しておきたい。まず，銀行の自己資本と業務内容について触れよう。これらについてはボルンの手際のよいまとめがあり，主としてそれを紹介する。まず，特徴的なことは，「ドイツ銀行システム内では地方銀行に対するベルリン大銀行の優位性が，戦中・戦後インフレ期間中に強められた」[40]ことである。これは，自己資本準備(株式資本と公定準備金)と他人資本の絶対額の関係で述べられている。ただし，大銀行といえども，インフレの犠牲を免れることはできず，絶対量では，大銀行も1914年の水準に回復していないとして，以下の説明を与えている(大銀行の資本金については表3-1を参照のこと)。

「大銀行の自己資本全体は，1924年末には1913年の5分の2でしかなく，株式資本と準備金を蓄積したあとの1929年にやっと1913年の時期の自己資本の56％に達したにすぎない。これとは逆に大銀行は，1929年には1913年と比べ2.5倍の他人資本を擁していた。このため他人資本に対する自己資本の比率は，極端に悪化した。1913年には3：1であったそれが1929年には29：1となった」[41]

このようなドイツの銀行本体の自己資本量の低下は，株式発行を媒介とする銀行の信用創造力の低下をもたらした。また，証券業務を通した企業金融に対する支援自体をも困難とした。先にみたように，ドイツ経済は，ライヒ，自治体，民間工業界を問わずインフレの前後には，外国による投機資金と融資に依存していた。ドイツの銀行自体も，国内での資本欠乏のなか，信用創造の原資を当初は資本市場をも利用していたが，やはり外資に頼らざるを得なかった。しかし，暗黒の金曜日以来，証券取引所での資金調達が困難となってからは，外国金融機関による融資のみに依存せざるを得なくなった(表3-1，外国銀行の預金増加を参照)。しかも，「1929年10月には，他人資本の95％が，解約告知期間3カ月であった」[42]。しかもこの短期の借入が，受信者である企業により長期投資目的で利用されたがために，銀行の流動性は危機的に低下していった(1913年には，ドイツ大銀行の現金流動性は，7.4％，1924年には7％，1929年末には3.6％)。

なお，増大した他人資本のおもな内容は，この相対的安定期に銀行が好ん

で利用したという商業手形と，交互計算信用中の債務および他行に置かれた自行口座の預金であったことをボルンが指摘している[43]。長期の信用を利用できなくなった企業と銀行の双方が，ともに短期の信用連鎖を緊密にせざるを得なかったことがうかがえる(表3-1，第三者利用可能債務の増加を参照)。

　一方，信用創造力を限定された銀行に対し，ドイツの工業界はどのように対応したのか，という点を考えてみたい。これについては，すでに生川栄治が最新の研究成果を上げている。すなわち，ヴィルヘルム・ハーゲマン(Wilhelm Hageman)の説とゼルマン・ドゥシュニツキー(Selmann Duschnitzky)の説を独自に検討し，インフレ後のドイツの金融方式の変化を指摘している。すなわち，前者は中小企業とは異なり，大企業が銀行依存から脱却したとする「二極分解」説であるのに対し，後者はインフレ後に銀行の産業支配が復活したとみる「銀行再現」説であると。そのうえで，生川は大企業が外国資本(アメリカ)に依存したうえで，さらに銀行の力が条件付きではあるが回復したことを強調している[44]。この点についての評価は微妙な難しい問題をはらんでいて，整理を加えることが困難であるが，まず確実にいえることを，再度確認しておきたい。

　まず第一には，インフレが収束したあとのドイツでは，資本が欠乏し，国内資金による信用創造が極端に限定されていたこと。借入，証券発行など，いずれにせよ外国市場に依存せざるを得なかったのである。

　第二には，証券市場の利用という点では，1924年から27年までは株式市場が，ライヒスバンクの金利規制を受けたものの機能していた。ベーリングの評価では，1924年から29年までの外国投資家によるドイツ株買注文は25億マルクであったという[45]。しかし1927年以降は，株式市場が沈滞し，その重要性を失ってしまったことはすでに述べた通りである。国内では，賠償金支払い手段の調達の場として，債券市場のみがある程度の機能を果たしていた。

　したがって，第三に長期資金の利用という点では，国外での証券(債券)発行と1927年以降は，外国からの短期借入金を工業界の設備投資に回転させ

て利用するという手段しか残されていなかったということである。

このため産業の銀行からの自立性という問題について，この外国証券市場での債券発行が問題とされた。ボルンは，ハーゲマンの記述を参考に次のように述べている。

> 「1913年比でみた(銀行の一山口)証券口座数の減少原因は，次の点にある。ドイツ工業界は1924年以降，長期の担保付き社債をドイツ諸銀行を排除して，外国で起債することを好んだ。彼らは，このようにしてドイツの銀行が介入した場合よりも，より安い値段で資金を獲得しえた。1924年から28年までに，ドイツ工業界には総額25億ライヒスマルク(RM)の外債(資金)が流入した。これに対し，同期間にベルリン大銀行の仲介による長期資金の導入はわずか8億5000万RMでしかなかった」[46]

この点だけをみると，大コンツェルン企業の銀行からの自立性に根拠が与えられるかに思われる。しかし，ドイツ大銀行は貸付では，1924年から28年にかけて，産業界へ198億5500万RMの信用を供与している(表3-1)。したがって，国外での債券発行が可能であったのは，ごく一部の大企業であり，すべての企業がドイツの銀行を排除しようとしたのではなかった。さらに，合同製鋼がアメリカで3000万ドルの債券を発行しようとしたさいに，ドイツの大銀行が同社に2年間の運転資金の供給条件として，この債券発行の半分を欧州で，しかもその3/4をドイツの資本市場で調達するようにさせた例もある。したがって，大企業の銀行資本からの自立性については，筆者は限定的にとらえたい。

またこの点に関連して旧東独の経済史家のクルト・ゴスヴァイラー(Kurt Gossweiler)の描く，当時のドイツ大銀行内の「アメリカ派(ダナート銀行＋ドレスデン銀行)」対「全ドイツ派(ドイツ銀行＋ディスコント銀行)」の対立というシェーマ[47]に触れておきたい。ボルンは，先の引用のすぐあとで，このシェーマが極端すぎるとして退けている。しかし，このドイツ国内における両銀行グループとこれに連なる産業企業グループ間の対立と闘争についてのゴスヴァイラーの記述は，筆者には非常に興味深い。それは，イ

ンフレ期と相対的安定期のなかで果たされた，銀行の産業調整的機能は，依然として衰えてはいなかったと読みとれるからである。両グループ間の対立についての評価はどうであるにせよ，ベルリン大銀行の産業との関係は，完全に消失したというわけにはいかない。

ただし，ゴスヴァイラーの著作のなかで2類型に分類されている銀行グループについては，むしろプロイセン派(ドイツ銀行＋ディスコント銀行)対非プロイセン派(ドレスデン銀行＋ダナート銀行)と分類できるのではないか，というのが筆者の意見である。しかしこのことは実証されているわけではなく，今後の検討を待たなければならない。

なお，ドイツ工業界の一部が銀行資本への依存から脱却した，という議論が，この時代に出てくることの根拠についても述べておく必要がある。それは，1927年以降のドイツでは，ユニバーサル・バンク・システムというドイツの金融制度の利点を利用できる経済・金融条件が，非常に制約されたものになってしまったからである。「大銀行と工業界の金融関係は，少なくとも形式的にはその90%以上が古典的な短期銀行信用であった」[48]というボルンの記述をみてもわかる。この時代以降，設備投資等の目的で企業へ貸し付けた融資資金を資本市場で，その企業株を発行することにより回収し，発行利得をも稼ぎ出すというドイツの銀行の産業金融方式は，重大な障害にぶつかったのである。このため，以前からの信用制度は残存したとはいえ，その機能がうまく稼働しなくなってしまったと考えざるを得ない。世紀転換期に典型的に表出したドイツの銀行・産業間の緊密な関係は，この時代以降人的関係を除くと潜在化していかざるを得ない，というが筆者の結論である。

しかし，この障害はまだ次に来る時代に比べるとまだ，それほど重大なものではなかった。この点については，次章で述べていきたい。

第3節　ま　と　め
——両大戦間期の中央資本市場と諸地域取引所の役割

すでに2でも述べたように，この時代のこの問題を考えるうえでは，外国

為替取引が，証券取引所業務へ多大の影響を与えている。そこで，資本市場地域性を検討する前に外国為替取引の地域性をみておくこととしたい。

ヘニングによると，1924年末にはドイツ帝国全域で外国為替取引が通常の業務にもどってきたという。それは，「ベルリンで決められる外国為替の統一相場が，ラインラントにおける実際の関係に合致するようになった」[49]からである。それでも，外国為替取引をめぐるアービトラージ業務は続けられるが，それは各地域の外国為替取引所が，相変わらずそれぞれ独自の性格をもっていたためである。同氏の説明では以下のようになる。

「ベルリンは最も重要な取引所としてとどまり，これに対しハンブルクは英国向けの輸出入向けであり，ケルンは為替をめぐる取引所業務でライン・ヴェストファーレン工業界の中心的地位を固持していた。南ドイツ及び西南部ドイツでは，フランクフルトが為替取引所として支配的であった」[50]

なお，このアービトラージ業務は証券取引業務でも遂行されていた。しかも，電話・電信という通信手段の進歩と先物取引の清算機関(Liquidationsverein, Liquidationskasse)の設立がこの業務に拍車をかけたという。

そこで次にいよいよ証券取引所の中央性と地域性の問題に入るが，まずこの時代の取引所入場者数についての記述を紹介しておきたい。この点については，論者によって若干の違いがある。まず，フランクフルト取引所について，ベーリングは以下のように述べている。

「マークラーは，良質な業者と悪質な業者に分かれている。1923年末には，フランクフルトには，1690人の取引所入場者がいた。1913年の2倍以上であった。1924年末には，1735人へと増加した。そして12カ月後には1321人へと減少した。自由マークラー数は1923年には1913年と比べると約3分の1多く，また24年には，13年より約70％多かったが，1925には，23年の水準に戻っている。この浮沈はフランクフルトのほうが，ベルリンよりも大きかった。そこでは，1924年には，5231人の入場者がいて，ここより3500人多かった」[51]

ベルリン取引所入場者数については，ヘニングがケルンでの取引参加銀行

表3-4 ドイツ諸地域取引所の入場者数（概数を含む）

		ベルリン証券取引所				
A	一次大戦前	インフレ末期	1924年	1929年	1933年	1938年
	2,300	5,200	6,051	4,611	3,000	1,350
B	1913年	1922年	───	───		1938年
	3,400	6,082				455

		フランクフルト証券取引所				
C	1912年	1923年	1924年	1930年	1934年	1939年
	460	1,690	1,735	613	404	251

		ケルン証券取引所				
A	1918年	1922年	1924年	1930年	1934年	1939年
	30	114	───	───	───	───

出所A：Hans Pohl (Hrsg.), *Deutsche Börsengeschichte*, Frankfurt am Main 1992. S. 230, 244, 277.
　　 B：Berliner Wertpapierbörse (Hrsg.), *Berliner Börse 1685-1985*, Berlin 1992, S. 16, 18.
　　 C：Bernd Baehring, *Börsen-Zeiten*, Frankfurt am Main 1985, S. 198.

の増加との関連等で次の2点を指摘をしている。

1．「ケルンの事情が一つの特例でしかないことがわかる。ベルリンにおいても取引所入場者は，1914年から23年に少なくとも2倍となったことが示されている」[52]

2．「ベルリン取引所入場者数は，1924年から29年までに6051人から4611人へと減少した。なかんずく，自営業者はほとんど減ってはいなかったが，被雇用業者がほぼ1/3減った……それにもかかわらず，1929年には，14年と比べほぼ40％は増加している」[53]

以上の記述とベルリン証券取引所の400周年記念論文集のなかでの数字を加えると，ドイツ取引所入場者数に関する数字は，次の統制経済時代を含め以下のごとく整理される（表3-4）。

先にみたように，ドイツの取引所は，為替・証券とも地域間のアービトラージ取引が重要性をもっていたが，その頂点に立つのが，ベルリン取引所であったという評価をヘニングはくだしている。「ベルリン取引所は，ほかの取引所との密接な関係，とくに裁定取引による調整（Arbitrageausgleich）によってその重要性を保持し，強化することができた」[54]と。また，ベーリン

グの理解では，ベルリン取引所がほかの取引所と比べ優位性をもっているのは，外国証券の上場がまず，ベルリンで行われ，かなり遅れてほかの取引所に上場されるという点である[55]。1920年代にドイツ経済が一定の復活を遂げるなかで，ベルリンが一応国際都市としての面目を保っていたことがその背景にある。

次にフランクフルト取引所は，ヘニングによると，中央取引所としての機能と地域取引所の機能の両方の性格をもっていたという。IGファルベンなどの工業企業の本社もあり，伝統を保っていた債券業務が没落したのち，新株上場に力が入れられていた。また，1926年には，この地では，夕刻取引所が再開されていて，その意義についてはベーリングが次のごとく述べている。「以前同様，ドイツで唯一のこの制度は，毎日5時から6時までの業務時間をもち，20年代に再び重要となったニューヨーク取引所との結合に役立っていた」と[56]。

そして第三グループとしてヘニングが取り上げたのは，各地域の独自の産業立地に応じた特色のある地域取引所であった。ハンブルクは，エルベ周辺を後背地とし，船舶輸送会社，植民地会社の銘柄を上場していた。ケルンは，いわゆる「西部の窪地」を通した為替取引により取引量，取引銀行数でみても，一定の飛躍を遂げた。保険会社がこの地の特色であった。ライプツィヒは見本市と繊維産業がその伝統であった。ミュンヘンは醸造業会社をもち，ベルリンからの遠隔地として，バイエルン地域に特別の課題を負っていた。

さらに第四グループとしては，鉱山会社を背景とする取引所があった。デュッセルドルフ，エッセン，ハノーバーの取引所であり，ほかにドレスデンを加えて，これらの取引所は形式上からも，取引内容からみても組織された取引所ではなかったという。

そのほかの取引所は，あまり重要ではなく小領域の範囲内に収まる業務にとどまった。ヘニングがあえて取り上げているのは，ハレの取引所であり，ザクセン，アンハルト，チューリンゲン地域およびザクセン自由都市の60種の証券が取引されていた典型的地域取引所であった。

なおこれらの取引所間の諸関係についてもヘニングは整理を加えてい

る57)。これを要約すると次のようになる。まず第一に，各取引所では取引される証券は，地域に応じた産業上の重点をもっていたことである。すなわち地域特性をもった証券を取引していたのである。第二に，地域を越えた情報交換は充分ではなかったが，証券決済銀行(Kassenverein)の設立と6取引所間での協力関係であるドイツ証券振替銀行連合(Arbeitsgemeinschaft für deutsche Effekten-Girobanken)の設置により，一定の前進がみられた。これは統一市場へ向かうための，一つの努力の結果であった。

最後に全体としてみると，この時代は特殊な政治・社会状況下に置かれていたために，地域ごとの分散化傾向も生じていた。ただしその例外は，プロイセン地域であり，ここでは，ベルリン大銀行が次第に支店網を広げ，結果としてベルリン取引所への強力な集中が生じた。

注
1) Karl Erich Born, Vom Beginn des ersten Weltkrieges bis zum Ende der Weimarer Republik (1914-1933), in: Gunther Aschhoft et al. (Hrsg.) *Deutsche Bankengeschichte*, Band 3, Frankfurt am Main 1983, S. 17.
2) 生川栄治『ドイツ金融史論』有斐閣，1995年，137ページ。
3) Karl Erich Born, a. a. O., S. 22.
4) Ebenda, S. 23.
5) Ebenda, S. 23ff.
6) Bernd Baehring, *Börsen-Zeiten* — Frankfurt in vier Jahrhundert zwischen Antwerpen, Wien, New York und Berlin, Frankfurt am Main 1985, S. 166.
7) Friedrich-Wilhelm Henning, Börsenkrise und Börsengesetzgebung von 1914 bis 1945 in Deutschland, in: Hans Pohl (Hrsg.), *Deutsche Börsengeschichte*, Frankfurt am Main 1992, (以下，Börsenkrise とする) S. 219.
8) Ebenda, S. 221, Bernd Baehring, a. a. O., S. 167.
9) Friedrich-Wilhelm Henning, Börsenkrise, S. 223ff.
10) Karl Erich Born, a. a. O., S. 25-28.
11) Ebenda, S. 31.
12) Friedrich-Wilhelm Henning, Börsenkrise, S. 221.
13) Ebenda, S. 223-225.
14) Ebenda, S. 225.
15) Karl Erich Born, a. a. O., S. 36.
16) Bernd Baehring, a. a. O., S. 170.

第3章　中央資本市場，ベルリン証券取引所の展開　123

17)　Karl Erich Born, a. a. O., S. 39ff.
18)　Bernd Baehring, a. a. O., S. 172.
19)　Ebenda, S. 174.
20)　Ebenda, S. 176, ヘニングも同様のことを以下のように述べている。「1923年半ばからインフレ率が高進し，取引所の清算には新しい習慣が持ち込まれた。9月24日以降，ケルン取引所では1株につき1000マルクごとの値付けがなされるだけとなり，10月26日からはこれが100万％，11月5日からは10億％，12月17日からは1兆％へと膨れ上がった。……相場は暴力的に吊り上げられた」。Friedrich-Wilhelm Henning, Börsenkrise, S. 237.
21)　Bernd Baehring, a. a. O., S. 172-174.
22)　生川栄治，前掲書，第5・6章。
23)　Karl Erich Born, a. a. O., S. 54.
24)　Ebenda, s. 51.
25)　生川栄治，前掲書，142ページ。
26)　Friedrich-Wilhelm Henning, Börsenkrise, S. 231ff.
27)　Ebenda, S. 233.
28)　Ebenda, S. 230ff.
29)　Ebenda, S. 233.
30)　Ebenda, S. 237, ベーリングも同様のことを以下のように述べている。「ベルリンの有価証券保管・振替機関をモデルとして，多くのドイツの取引所でもこの機関が設立されるか，既存の銀行機関内に証券振替部門が新設されたりした。フランクフルトでは，この仕事についてはそれまでの習慣と設備を考慮して，フランクフルト銀行が1925年12月1日に，フランクフルト証券取引所の有価証券保管・振替機関の仕事を引き受けた」。Bernd Baehring, a. a. O., S. 184.
31)　Friedrich-Wilhelm Henning, Börsenkrise, S. 236.
32)　Ebenda, S. 234.
33)　以上，Karl Erich Born, a. a. O., S. 64ff.
34)　銀行法(Bankengesetz)，民間発券銀行法(Privatnotenbankgesetz)，鋳貨法(Münzgesetz)，レンテンバンク紙幣流動性付与法(das Gesetz über die Liquidierung des Umlaufs an Rentenbankscheinen)など。以上，Karl Erich Born, a. a. O., S. 69.
35)　Friedrich-Wilhelm Henning, Börsenkrise, S. 243.
36)　Ebenda, S. 243-245.
37)　Ebenda, S. 246.
38)　Bernd Baehring, a. a. O., S. 179.
39)　Ebenda, S. 183.
40)　Karl Erich Born, a. a. O., S. 75.
41)　Ebenda, S. 76.
42)　Ebenda, S. 76.

43) Ebenda, S. 84.
44) 生川栄治，前掲書，第5章。
45) Bernd Baehring, a. a. O., S. 183.
46) Karl Erich Born, a. a. O., S. 85.
47) Kurt Gossweiler, *Großbanken, Industriemonopol, Staat* — Ökonomie und Politik des Staatsmonopolistischen Kapitalismus in Deutschland 1914-1932, Berlin 1971, クルト・ゴスヴァイラー(川鍋正敏・熊谷一男・松本洋子訳)『大銀行　工業独占　国家——ヴァイマル期ドイツ国家独占資本主義論』中央大学出版部，1979年，第6章-第8章。このシェーマについては，すでに次の著作において考察がなされている。加藤栄一『ワイマール体制の経済構造』東京大学出版会，1973年。
48) Karl Erich Born, a. a. O., S. 86.
49) Friedrich-Wilhelm Henning, Börsenkrise, S. 251.
50) Ebenda, S. 251.
51) Bernd Baehring, a. a. O., S. 180.
52) Friedrich-Wilhelm Henning, Börsenkrise, S. 234.
53) Ebenda, S. 244.
54) Ebenda, S. 253.
55) Bernd Baehring, a. a. O., S. 185.
56) Ebenda, S. 184.
57) Friedrich-Wilhelm Henning, Börsenkrise, S. 256f.

第4章
中央資本市場，ベルリン証券取引所の崩壊

第1節　はじめに

　前章までは，第一次世界大戦後のドイツの証券取引所をめぐる政治・経済状況とその渦中における金融制度改革，およびベルリン証券取引所のこの時代における中央資本市場としての役割についてみてきた。ベルリン証券取引所については最後となる本章では，世界経済恐慌の欧州への波及，そしてA．ヒトラー(A. Hitler)政権下での雇用創出と軍事経済・軍事融資の整備・展開という，非常事態体制における金融・証券市場の問題を取り上げていく。

　その前に，ベルリン証券取引所のあまり知られていない事実について触れておきたい。同証券取引所の市場建築物は，連合軍の空爆により半壊の憂き目にあい，敗戦後には，ソ連侵攻軍により撤去されるという事態を迎えた。戦前の絢爛を誇った取引所は文字通り崩壊し，戦後は西ベルリンの商工会議所の建物へ場所を移し，再開せざるを得なかったのである[1]。そして，第二次世界大戦後のドイツ(西ドイツ)の金融・証券経済は20世紀初頭までのそれとまったく異なった性格のものへと転換した。この第二次世界大戦後の西ドイツにおける金融・証券体制については，第5章で取り上げていく。

　ところで前章でも触れたように，この転換は突然生じたのではなく，いくつかの段階を経て行われた。まずその第一段階は，第一次世界大戦における公債発行を中心とした軍事融資であった。次の段階は，敗戦に伴う戦時賠償支払いを捻出するための諸政策の展開および金融制度改革であった。これは

当初天文学的な高度のインフレを伴うものであったが，その克服後には一定の安定(経済回復)をみせた。しかし，それも長続きのするものではなく，アメリカではじまった株価暴落が欧州へ波及するなかで，ドイツでは長期資本の不足という問題が最終的に銀行危機として表出することになった。この時点からはじまった銀行危機への対応，軍事経済と軍事融資へ向けた体制の構築が，転換の第三段階(完成段階)であり，同時に第二次世界大戦後の経済活動の基本構造を規定するものとなったと考えられる。

そこで本章では，以上の銀行危機から崩壊にいたる過程を，前章までと同様にやはり三つの時期に区分し，整理・分析する。まず第一期(1933年まで)には，1930年に銀行危機が発生し，失業対策を含むそれへの対応策が実施された。また賠償支払いが停止された。その次の第二期以降には，民族社会主義(Nationalsozialisumus，略称ナチスまたはナチズム)の国家による軍事経済体制が形成され，その過程において金融・証券市場も制度的変更を強制された。1933年から1938年までがその準備・基礎固めの時期であった。そして，第三期の1939年から敗戦までは，その遂行・完成を目指したが，1945年の敗戦の結果，ベルリン証券取引所は崩壊を迎えた。

したがってこの1933年から38年にいたる期間が極めて重要であり，本章ではここを中心として記述せざるを得ないことをあらかじめお断りしておきたい。具体的には，①銀行調査(アンケート)委員会の諮問答申に基づく1934年信用制度法の制定，②中央銀行・証券取引所の準国家機関化にいたる過程，③民間金融・市中銀行・公企業・公法銀行の戦争遂行目的への組み込み，④軍事・軍備融資の遂行(「音無しの金融」を導いた特殊手形の発行，企業の自己金融化)，⑤アンティゼミティスムスによるユダヤ系商人・銀行業者の追放，その資産のアーリア化などの問題である。

以上の過程は政治・経済・社会生活全般にわたる統制の進行であるために，読者はすぐにこれらが同時にベルリン証券取引所の中央集権化の過程であると理解できよう。中央資本市場としてのベルリン証券取引所の特殊な形態での完成である。本章の最後では，これまで取り上げた全期間を通した中央資本市場としてのベルリン証券取引所というテーマについて再度整理を加えて

みたい。

　なお，使用する資料・文献は前章までのものに加え，主として次の文献を付け加えることをお断りしておきたい。一冊はこの論文を書いていた時期に出版された加藤國彦著『1931年ドイツ金融恐慌』(1996年2月刊行[2])である。もう一冊は，同年同月に刊行された大島通義著『総力戦時代のドイツ再軍備――軍事財政の制度論的考察』およびこの著作のベースとなっている資料「第三帝国の財政統計・増補改訂版(1933-1944年度)」(1)-(3)である[3]。それと日本では未翻訳のウィリー・ベルケ(Willi A. Boelke)著『ヒットラー戦争のコスト――ドイツにおける軍事融資と金融上の遺産 1933年-1948年』[4]がある。ベルケの著作は，ドイツの戦時経済史と軍備金融および貨幣政策等の課題を追求してきた著者が1985年に刊行した著作である。やや難解な文章であり，大島によると史料考証上の問題があるとのことであるが，この時代の企業金融と第二次世界大戦後の経済・金融問題とそれに関するドイツでの最近の議論の特徴を取り上げている点で筆者には，非常に興味深い。さらにフランツ・ノイマン(Franz Neumann)の翻訳済の著作『ビヒモス』[5]と合わせ読むと，工業全体にわたる動向について一定の見通しをもつことができる。以上の著作・資料を含めて，1933年の強制カルテルの導入からはじまる産業と軍備のための企業金融の統制等の問題について考察していきたい。

第2節　銀行危機以降の証券取引所

1．銀行危機の発生と対応策(1933年まで)
(1)　世界経済恐慌と銀行危機

　1929年秋，ニューヨークの株価暴落に端を発した世界経済恐慌のドイツへの波及とドイツにおける銀行危機の発生については，すでに多くの研究成果が上げられている。1930年末からの農業恐慌と工業恐慌の併存についてのルドルフ・シュトゥッケン(Rudolf Stücken)の論文「ライヒスマルクの創出，賠償金支払いの調整，外債，景気動向(1924-1930)」および巨額の外

貨流出・資本逃避・銀行取り付けについてのハインリッヒ・イルムラー (Heinrich Irmler)の論文「金融恐慌と完全雇用政策(1931-1936)」の二つは，ドイツ・ブンデスバンク編『ドイツの通貨と経済』に載せられたものである[6]。次に，工業生産力の減少，投資の削減についてまとめたカール・E. ボルンの論文「第一次世界大戦からワイマール共和国の終焉まで 1914-1933)」(『ドイツ銀行史』第3巻)がある[7]。そして日本における最新の研究成果として刊行された加藤の著作では，以下のようなドイツにおける世界経済恐慌の特徴が取りまとめられている。すなわち，それは産業恐慌の進展に続く銀行恐慌と金本位制の崩壊をもたらす金融恐慌の発生であると。そして銀行恐慌の原因としては，時代順に①産業恐慌の進化，②外資(とくに英米)の引き上げ，③ライヒスバンクの引き締め政策，④ドイツ資本の逃避が挙げられている[8]。

なお工業恐慌の原因としては，『ドイツ取引所史』におけるヘニングの記述と加藤國彦の記述では，3点が挙げられている[9]。このうち，①輸出の急減と過剰輸入，②景気を刺激すべき公的部門(自治体)の投資の減少による内需の減少(インフレの懸念によるもの)という2点については，共通している。しかし，最後の③労賃，給与等の賃金問題では，見解がやや分かれている。すなわち，加藤は加藤栄一説を引き継いで「賃金の下方硬直性」を強調しているが，ヘニングの論述はこれと異なっている。こちらでは，国民所得に占める労働所得は1925年から29年までの平均を取ってみると，87.3%であるものの，26年の90.7%から27年の84.3%に低下していること，また実質賃金が，25年から29年まで毎年5%ずつ上昇したものの，1914年の水準に達していないことを指摘している。すなわち，経済成長比での労賃上昇の低さが強調されている。以上の両見解を筆者なりに整理すると，実質賃金は上昇し続けたものの，景気に作用を与える高さほどには達しなかったと考えている。

以上の経済状況のなかで，失業者数は1920年代末から急上昇をみせた。1930年代中盤の展開を含め，その数値についてはあらかじめここで整理しておきたい[10](表4-1)。

表4-1 ドイツの失業者数 1927-1939年

年次	1927年	1929年	1930年	1931年	1932年	1933年
失業者数	100万人強	190万人	308万人	450万人	560万人	480万人
年次	1934年	1935年	1936年	1937年	1938年	1939年
失業者数	240万人	170万人	110万人	51万人	18万人	3.4万人

出所：Karl Erich Born, Vom Beginn des ersten Weltkrieges bis zum Ende der Weimarer Republik (1914-1933), in: Gunther Aschhoff et al., (Hrsg.), Deutsche Bankengeschichte, Band 3, Frankfurt am Main 1983, S. 101, 158.

　さて，銀行危機から金融恐慌にいたる過程については，ほかの文献に譲ることとし，ここでは証券市場の動向に焦点を絞り触れておこう。そしてそのあとで恐慌対策について述べることにする。

　まず株価の動向をアメリカとドイツの株価のベーシス・トレンドの比較をした図4-1a, bでみてみよう。前者は，1929年末から30年代の初頭にかけて大暴落を示している。他方，ドイツにおけるそれは，それまでの時代との比較では一大下落であるものの，アメリカでみられたほど激しい下落であったわけではない。また，アメリカの場合には株価の上昇過程からの急速な下げであったのに対し，ドイツの場合にはそれとは異なっていた。すなわち，1927年5月から29年7月までの18カ月を越える株価低落傾向に続く，30年代の下げという状況であった。

　この間のドイツにおける株価下落について，ヘニングは以下の説明を与えている。1927年から29年までの株価低落と30年から32年にかけてのそれには原因の相違があり，まず前者の原因は，ドイツの資本市場が外国からの支援から見放され，買い意欲のある株式需要が減退したためであると。ただし，この間諸株式会社はそれまでの配当額を維持し，楽観主義を取り続けた。それに対し後者の期間では，企業の収益見込みおよび収益機会が低下し，さらにはドイツからの資本逃避が生じたためであるとみている[11]。

　ところでドイツの金融恐慌は，証券取引所への打撃を伴ったものの，アメリカのように取引所危機から発したわけではなく，銀行危機として出現した点に特徴があるといえよう。ヘニングは，端的に「取引所に対する決定的打撃は，1931年夏の銀行危機で生じた」[12]としている。それは以下の株式相場

130

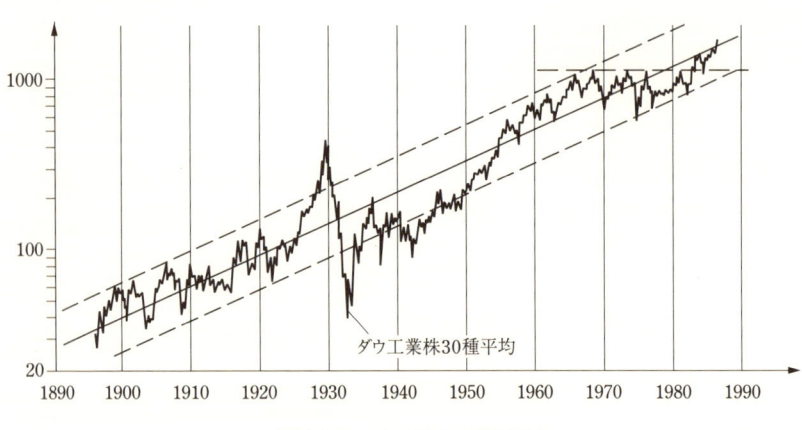

図4-1a　アメリカの株価動向

出典：Datenbank der Finanzierung der TH Darmstadt.
出所：Norbert Kloten und Johann Heinrich von Stein (Hrsg.), *Obst/Hintner, Geld-, Bank- und Börsenwesen* — Ein Handbuch, 38 Auflage, Stuttgart 1991, S. 1044.

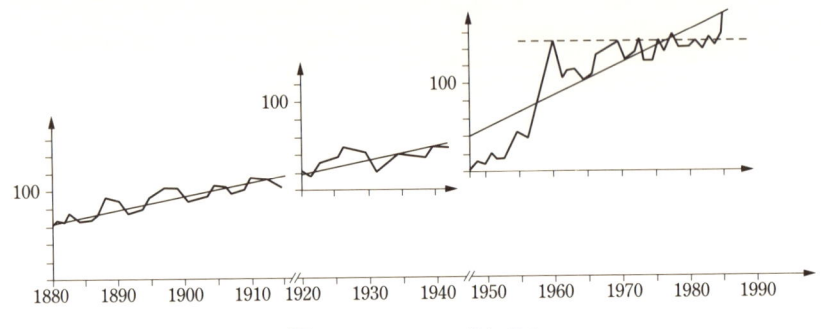

図4-1b　ドイツの株価動向

出典：Statistisches Reichsamt, Statistisches Bundesamt.
出所：Ebenda.

　全体の指標，1924年から26年までの平均株価を100とした場合の数値を基準とした，それ以後の数値に現れている。1927年4月＝177，29年8月＝134，30年9月＝102，31年7月＝77，32年4月-7月＝50。そして先走るが，同年末には62へ回復し，ヒトラーの政権獲得後には，1933年5月＝73，34年9月・10月には83へと上昇している。

　一方，債券相場をみると，株式相場ほどの変動はなく，1932年8月と9

月の 70 を底として，30 年から 34 年まで 80 から 90 のあいだの変動にとどまっている[13]。さらに，取引所業務上でも 1924 年から 29 年までの時期と，29 年から 33 年までの 2 つの期間に内容上の相違があったことをヘニングは強調する。すなわち前者の期間では大銀行における流動性の欠如や銀行アパラート（システム）の問題はありつつも，取引は清算され，また証券の需給関係も公式に表示されて市場として機能しえていた。それに対して後者の期間では，1931 年 7 月 13 日のダナート銀行（Danat Bank）の倒産と 14 日・15 日の銀行休日を目前にして，7 月 11 日に取引所取引が中断のやむなきにいたっている。そして同年 9 月 3 日に再開されたものの，通常の取引所活動はできず，1931 年 9 月 21 日から再び中断し，再再開は 32 年 4 月 12 日を待たなければならなかったのであった[14]。

なおこのあいだ，ヘニングが触れている注意すべき点がいくつかある。それは第一に，第一次世界大戦中と同様に，銀行間市場においては取引所が閉鎖されているあいだに，証券取引が制約を受けながらも継続されたことである。有価証券の所有者交代と発行活動は完全ではないにせよ，「大銀行は取引所から独立して，必要な有価証券の売買の穴を埋めるべく配慮していた」[15]のであった。

第二の点は，1931 年の危機の時点より証券先物取引が禁止され，3 日以内の証券引渡と清算を必要とする現物取引のみが残されたことである。

しかも第三点として，その現物取引においては，2 つの約定方式がとられたことである。それは第一には，変動する市場状況に応じて，時間的に変動する相場建て，ザラバ形式のものであった。第二には，取引所終了時点まで，すべての需要と供給を累積させて，一つの統一した相場を建てる方式の 2 方式である。こちらは需給の最大可能部分，ほぼ 90% が決済されたという。さらに，株式発行は厳格に管理され，さまざまな公共機関に貨幣が仕向けられるようにされた。

(2) 銀行危機への対応策

以上，銀行危機を迎える前後の証券取引所をめぐる諸問題を整理した。ここからは，このドイツの危機を前にした経済・景気対策の問題に移る。この

時期のそれは，ヒトラーの政権奪取(1933年1月30日)以降にとられたほどラディカルな改革ではないにしろ，それに連続していく政策対応というべき諸手段が行使されている。この意味において，ワイマール共和国時代の臨時的な恐慌対策ないしは1930年代経済改革の萌芽と筆者は捉えたい。

　まず1930年3月27日に，H. ミューラー(Hermann Müller)首相が失業保険問題で辞任に追い込まれ，共和国の議員内閣制が終焉を迎えた。これに代わり登場したH. ブリューニング(Heinrich Brüning)は，大統領内閣制に基づく大統領であり，ワイマール憲法第48条により緊急時執政の全権を付与されていた。この新政府がとった1931年までの緊急処置は，財政赤字の削減と農業支援を中心とした「小財政改革」であり，新税の導入，農業関税の引き上げ，カルテル価格の10％引き下げ，公務員給与および協約賃金の10％以上のカットというデフレ政策であった。予算の均衡を目指したものであるが，失業保険のカットが成功せず，対外債務支払，原料不足などにより，成功しなかった[16]。

　そして1930年9月の選挙結果で，左右両政党の進出に驚いた外国債権者が短期資金の大量引き上げを開始し，政治・経済は一挙に不安定に向かった。ライヒスバンクは為替資金を投入したものの，銀行の株価はこれ以降崩壊に向かいはじめた。翌年，オーストリアの銀行取り付けがドイツへ波及するなかで，1931年5月には，公務員給与と失業手当ての引き下げが，新緊急指令(Notverordnung)の発令により断行された。また，緊急指令により流動性危機に陥ったダナート銀行に対して，保証シンジケート(Garantiesyndikat)を成立させたものの，同行の救済にはいたらず，ついに破局を迎えることとなった。

　この銀行危機の結果に対する緊急対策は，以下のようであった。第一には，ライヒスバンクが行いえなくなっていた市中銀行に対する流動性付与手段として，引受け・保証銀行(Akzepte- und Garantiebank)を設立したこと。そしてこの銀行が，ダナート銀行およびほかの公法上の銀行等の手形引受け，信用供与，ライヒスバンクへの媒介を行った。第二に，為替のコントロールに関しては，諸州財務省とライヒスバンク諸支店とが共同で外国為替管理局

(Devisenbewirtschaftungsstelle)を設立し，外国業務に必要な為替に介入させるようにしたこと。第三には，9月19日に株式会社法の改正を行い，銀行危機を先鋭化させたと考えられた諸問題点の解決を図ったことであった。具体的には，株式会社と株式合資会社による自己株式取得を制限し，また子会社に対する親会社の株式取得の全面的禁止処置をとったことであった。これは不況時に株式の相場下落を支えるために，株式会社の多くが自己株式を買い入れ，保証自己資本形成を怠っていたことに対する対応策であった。同時に第四点目として，銀行監督機関を設置したことであった。これは，合議制の監督局であり，ライヒスバンク総裁および理事，ライヒ経済省・財務省の行政長官(Staatssekretär)，ライヒ銀行委員(Reichskommissar für Bankgewerbe)が所属することとなった[17]。

なお，貯蓄銀行・州立振替銀行に対しては，1931年8月5日と11月6日付けの緊急指令により対策が講じられた。前者は，自治体の債券発行と貸付の禁止という臨時的処置，後者は制度改革であった。すなわち，貯蓄銀行を一定の資産をもった公法上の機関とし，自治体の介入を，信用保証以外には排除することを目的にしたものである。さらに，貯蓄銀行の上部機関である州立振替銀行，とくに1931年7月11日にダナート銀行とならんで破産通告を出していたライン領域の機関に対しては，ライヒとプロイセン州が信用供与と政府債券(Schatzanweisung)による支援をしたほか，この州立振替銀行の清算のためにドイツ・ジロッツェントラーレ(諸州立銀行の中央振替機関)がケルンに支店を出すことで解決が図られた。さらに，1931年12月8日には，第四次緊急指令が出され，外国向けに高くなっていた資本市場利子の引き下げのため，強制カルテルの一種である条件カルテル(Konditionenkartell)の機関として中央信用委員会が設置された[18]。

一方，市中銀行の救済策として銀行の公有化が断行されたことは，周知の通りである。1932年の緊急指令により，危機に陥っていたダナート銀行とドレスデン銀行は，合併を受け入れざるを得なくなり，新株の発行，既存株の整理統合により，ライヒ政府が，2億2000万ライヒスマルク(RM)の資本金のほぼ2/3，金割引銀行(Golddiskontobank)の持ち分を加えると，新銀

行資本金の90%は，公共当局の手中に渡った。またコメルツ・プリバート銀行(Commerz- und Privatbank)も1932年にバーマー銀行(Barmer Bankverein)と合併し，増資，株式整理により資本金は増加したものの，その70%を公共当局が掌握した。同様な処置は，ドイツ・ディスコント銀行(Deutsch-Diskonto Bank＝DeDi-Bank)に対しても行われたが，こちらはその比率は30%にとどまった。いわゆる銀行の「社会化」が銀行危機を契機として導入されたのであるが，あとでみるように1933年以降に，再民営化するためのあくまで一時的な処置でしかなかったことを，ボルンが強調している。大銀行のなかではこのような処置を受けずにすんだ銀行もあった。たとえばライヒ信用銀行(Reichs Kredit Gesellschaft)，ベルリン商事銀行(Berliner Handels-Gesellschaft)など[19]である。そのほか，この銀行危機の帰結として，合併により，市中銀行数が減少し，また第一次世界大戦のドイツ戦時賠償金支払いが1932年7月9日のローザンヌ会議の決定をもって終決の方向へ向かった[20]。

　最後にこの項を終える前に，ヒトラーの政権奪取以前に開始されていたドイツの雇用創出，失業対策政策とその遂行機関について触れておこう。その第一は，公共事業計画向けにブリューニングがはじめたライヒスバンクの信用創造である。さらにライヒは1930年に付加価値的失業給付を行う一つの金融機関を創出した。ドイツ公共事業会社(Deutsche Gesellschaft für Öffentlichen Arbeitslosenfürsorge＝エッファ(Öffa))である。この事業(道路建設，農地開拓，土地改良，ライヒ鉄道・郵便事業への投資)に参加する企業は，この会社からエッファ手形(雇用創出手形)を受け取り，市中銀行が単独ないしシンジケートを組んでこれを割引き，最終的にはライヒスバンクが再割引を行うというシステムであった(直接的雇用創出)。この手形は最初からライヒが保証を与えたものであった。第二は，1932年7月にはじめた租税証券である(間接的雇用創出)。これはライヒが売上税，固定資産税，営業税を納入した企業に対し発行した証券である。これを受け取った企業は，将来の一定期間に各税支払いの1/5までをこれで振り替えることが認められる。ただしプレミアムがついていて，その部分がライヒに対する貸付となる

というシステムである。これらはいずれも，ヒトラーの成果となるとボルンは位置付けている[21]。すなわちナチス政権下で継続され，軍備・戦時金融（音無しの金融）へと展開していくことになる。

2. 統制経済の開始と証券市場の国家管理(1939年まで)
(1) 統制経済の開始

　ナチス時代の政治・経済は，一言では統制経済と特徴付けられるが，統制それ自体が目的ではなく，軍備・戦時経済体制を構築し，その金融(軍事融資)制度を確立するためのものであったと，筆者はとらえたい。この体制は，賃金・商品価格・軍備企業への投資から，市中銀行・中央銀行制度改革，ハウスバンク制度，特殊な証券市場制度，外国為替などの金融の統制にいたるあらゆる経済分野に及んでいた。また，この体制は一挙に確立されたものではない。諸立法処置および具体的には機関責任者をナチスの幹部に置き換えることにより，浸透していった。このなかには企業の自己金融体制，銀行法のように第二次世界大戦以降も多大の影響を残していく制度もあった。したがってたんなる戦時の一過性のものではなく，周到な準備のうえに組織されたものであり，ドイツ経済に根本的変化を与えたことになる。筆者はこれまでのドイツの信用制度研究において，第二次世界大戦後の企業の自己金融と銀行監督制度の根拠が，この時代にそのルーツをもっていると考えてきた[22]。このことをここで再確認し，さらに債券市場を中心にすえた証券市場という，第二次世界大戦後の形態もやはり同様であることを証明してみたい。もっともこの作業は，次章の第二次世界大戦後の政治・経済改革におけるフランクフルト証券取引所の復活過程の分析で完結する予定である。

　そこでまず，ナチス時代の軍備の遂行および戦時経済体制確立を目指した経済・金融統制への歩みをみていくこととする。この政治と密着した経済体制への移行は，経済の全分野に及び，かつ多岐にわたる。この章では，経済・金融統制過程を，次の諸点を中心にして整理したい。第一には，銀行アンケート委員会(銀行調査委員会)の諮問答申に基礎を置いたライヒ信用制度法の制定，および発券銀行の集中問題である。第二には，ライヒスバンク総

裁兼ライヒ経済大臣シャハトによる，雇用創出および軍備のための特殊手形を用いた金融方式が確立されていったことである。第三に，企業金融および証券市場の動向とアンティゼミティスムスに基づくユダヤ人金融業者の排斥，追放の問題である。

　第一のライヒ信用制度法の制定は，銀行危機に対する応急的対応から出発し，信用制度の安定化を目指す抜本的改革であった。これを準備した銀行調査委員会の設立から，諮問答申および信用制度法の内容については，『ドイツ銀行史』第三巻のなかの「第三帝国におけるドイツの銀行制度」という論文において，エックハルト・ヴァンデル(Eckhard Wandel)が詳述している。以下でその要点のみをまとめておく[23]。

　①銀行調査委員会は，1933年6月30日の公布に基づき，ライヒ首相が設立し，7月6日に初会合を開催した。この委員会は，ライヒスバンクの総裁，副総裁のほかライヒの諸大臣，学者，銀行業界人で構成された123人の専門家への諮問を経て，同年12月20日に調査報告を公表した。

　②この報告書では以下の点が必要であるとみなされた。それは，信用制度全体に対する監督，信用全体に対する追加義務，流動性の充分な確保，貨幣市場と資本市場の分離，貯蓄業務の安定などである。

　③新しい信用制度法は同年12月にこの委員会が提案し，1934年12月5日に発効した。そのおもな内容は，最少自己資本規定，現金準備規定，長期投資制限規定，大口信用規制の設定と銀行監督局へ支店開設に関する認可義務を付与することなどであった。

　じつは上記の諮問答申および実際に施行された新信用制度法には，経済学的にみた政策面での妥当性という面と，金融統制手段としての実用面では，性格上相当の距離があったことに注意をする必要がある。前者の点では，戦後の西ドイツにおける信用制度法に連結する政策的合理性を含んでいたことが指摘されている。「1933年銀行調査委員会は，ナチス政府によって委託されたが，ナチス権力者のイデオロギーに影響されず，ドイツにおける銀行統計に基礎を与え1934年信用制度法に資料を提供した」と[24]。しかし後者の

点に関しては立法者の意図により別の目的が混入されたとみられている。すなわち銀行監督,信用制度機能の維持という政策課題を,第三帝国による銀行アパラートに対する統制手段とするものである。それは「国民の貯蓄を貨幣・資本市場を通して国家に流入させる」という,政策目標の「倒錯的利用」となったのである[25]。

さて,このような統制経済確立を目指すナチスの経済政策は,以下の諸立法の策定へと連続していく。まず1934年に資本市場を管理する諸法案が制定され,また1935年に導入されたライヒスバンク以外の民間銀行による銀行券の発券を廃止することであった。

前者に関しては資本投資法(Kapitalanlagegesetz,3月29日)と公債基金法(Anleihestockgesetz,12月4日)などがある。これにより6%を超える企業利潤の配当については,金割引銀行を通して国債投資へ回すことが義務付けられた。また信用制度法では銀行金利の最高限度規制も行われた。このため,民間の投資家は低金利を甘んじて受け入れるか,転売のできない債券投資かのいずれかの選択を迫られることとなった[26]。

また後者に関しては,それまで認められていたバイエルン発券銀行(Bayerische Notenbank,本店所在地ミュンヘン),ヴュルテンベルク発券銀行(Würtembrgisher Notenbank,同シュツットガルト),バーデン銀行(Badische Bank,同カールスルーへ),ザクセン銀行(Sachsische Bank,同ドレスデン)の「民間発券銀行」の発行特権が廃止され,これらの銀行は市中銀行へ転換させられた(12月31日)。ライヒスバンク創設後はじめて,プロイセン・ドイツにおける発券集中がここに完成をみたのである[27]。

以上の諸立法により,経済統制は次第に進展をみせた。次に第二点目として,雇用創出と軍備を目指した金融体制の整備状況に焦点をあてよう。この両者の関係についてヴァンデルが,次のようにまとめている点が興味深い。

「ドイツの経済学でなされた1933年から1939年に関する分析は,以下のような印象を与える。1933年は雇用創出が支配的であったが,1934年と35年には雇用創出と軍備が並走し,1936年から37年にかけてはじめて軍備と自給化政策が圧倒した。実際,雇用創出と軍備ははじめか

らナチスの経済政策の中心点であり，相互に緊密な関係をもっていた。」[28]

そして，この雇用創出と軍備を押し進めるための金融・財政政策は，シャハトがライヒスバンク総裁を解任された1939年はじめまでは，ライヒスバンクとその関連諸機関による信用創造に基づいて遂行されていた。この点において，ほかの経済分野での経済統制が進行したにもかかわらず，中央銀行がとっていた金融手段は市場機能(性)を名目上，かろうじて保っていた。シャハトの解任後は，それさえ剝奪された強制的金融システムへと転化されるが，その基本方法はシャハト時代に確立された，とみてよい。

それは，パーペン時代に創出された，エッファ(Öffa)手形を含む1934年からの雇用創出等特殊手形と1935年から発行されたメフォ(Mefo)手形であった。後者は前者を模倣してつくられた特別手形であった。前者の発行機関は，①ドイツ公共事業会社，②ドイツ建物土地銀行，③ドイツ農業貸付・拓殖銀行，④ドイツ交通信用銀行であり，後者のそれは再軍備手形の引受け金融機関としての冶金研究所有限会社(Metallforschung GmbH，略称メフォ(Mefo))である。これは，クルップ(Krupp)，ジーメンス(Siemens)，ラインメタル(Rheinmetal)，ドイチェ・ヴェルケ(Deutsche Werke)の4社が25万RMずつ出資をしてつくられた会社であった[29]。この会社が振り出した手形をライヒスバンクが引き受けることについては，ライヒが保証を与えていた。またメフォ手形は，「秘密保持のために，直接貨幣市場に持ち込まれることなく，金割引銀行の一括手形と単名手形(der Blockwehcsel und der Solawechsel)という形で投資されていた」[30]ことがこれまでのドイツでの調査で明らかにされている。それによると，メフォは「偽装会社(Scheingesellschaft)」であった。すなわち軍需企業への支払いをこの会社が約束しているようにみせてはいるが，実質的にはライヒスバンクとその関連金融機関である金割引銀行が支払い，最終的にはライヒ政府が公債発行などで帳尻を合わせるというシステムであった。

ところで，このメフォ手形の内容は戦後のニュルンベルク裁判ではじめて明らかにされた。発行額については，これまでの研究では，これを考案した

表4-2 1933年から1938年までのドイツ帝国の軍備支出　　　（10億RM）

年次	1933	1934	1935	1936	1937	1938	合計
軍備支出額	0.7	4.2	5.5	10.3	11.0	17.2	48.9
メフォ手形発行額	-	2.1	2.7	4.5	2.6		
メフォ手形流通残高		2.2	4.9	9.3	12.0		12.0
軍備支出／帝国財政	-	50%	49%	43%	24%	-	24%
軍備支出／GNP	1.2%	5.0%	7.1%	11.2%	12.0%	15.7%	9.5%
軍備支出／国民所得	1.6%	6.5%	9.2%	14.3%	15.1%	19.7%	12.2%

出所：Gunther Aschhoff et al., (Hrsg.), *Deutsche Bankengeschichte*, Bd. 3, Frankfurt am Main 1983, S. 163, Willi A. Boelcke, *Die Kosten von Hitlers Krieg*—Kriegsfinanzierung und finanzielles Kriegserbe in Deutschland 1933-1948, Paderborn 1985, S. 22.

シャハト以外では，帝国軍事大臣のみが知るところであり，帝国財務大臣は関知していなかったという。しかもシャハトは，これを一時的な財政手段としか考えていなかった。それは，偽装された形をとってはいたが，市場での受容を念頭に置いていたこと，手形の上限として一定の大口額を与えていたこと，5年間での発行打ち切りと償還・長期債務への転換を予定していた点にみられる[31]。以上の処置は，インフレ懸念を減少させるためのものであった。その発行額と帝国財政支出に占める比重は表4-2にみられる通りである。このようにして，1938年までに120億RM発行されたメフォ手形のうち一部は，ライヒスバンクにより割り引かれ，残りは流通過程にとどまった。その額は1938年で60億RM，44年3月31日には88億RMであったとされている。

　しかし，最新の研究成果を出した大島によると，従来の研究には以下のような不備があり，より多額のメフォ手形が利用されたという。

　「戦後の研究がもっぱら関心を寄せてきたのは，この間の国防支出の動向そのものというよりも，むしろその資金調達，とりわけこの中に占める手形金融の比重である。戦後の研究では，この比率は2割程度だった（表4-2参照―山口）として，手形金融をもって再軍備の資金調達の核心とすることはできないとする説が定着しつつあるが，これは正鵠を射たものとはいいがたい。筆者の試算によれば，ヒットラー政権初期の雇用創出計画と1933年から実施され38年3月まで存続したメフォ手形金融

制度によって，この間の軍事費総額323億マルクの約64%，208億マルク(うち2億マルクは雇用創出等特殊手形—山口)が調達された」[32]

以上のように，従来のドイツでの研究と大島のそれとのあいだで数値上の相違があるが，その原因については大島が資料「第三帝国の財政統計・増補改訂版(1)」で述べている。それによると前者では，メフォ手形償還支出の費用が，国防軍関係支出に含まれてしまっていて，その結果軍事支出総額が大島の評価を上回り，逆にメフォ手形金融支出額からそれが除かれているため，メフォ手形の軍事融資に占める比重が過少評価されていたという。すなわち，従来はメフォ手形の発行額は，償還分が考慮されないまま，流通残高として計算されていた，というのが大島の研究成果である[33]。

また，大島の視点では，この特殊手形の軍事融資に占める意義と1936年2月の時点でのこの手形金融の制度変更の意味についての評価が出されていて，それをまとめると以下のようになる。

① メフォ手形を商業手形とみなす偽装自体に，この実施者自身が躊躇をしていて，1936年2月以降は，一括手形での振替を廃止していた。

② この時点までは，メフォ手形の大半が発行直後にライヒスバンク割引きを実施されていて，市場性をもつといわれたことは形式的なものに過ぎなかった。

③ ライヒスバンク自身が再割引きしたこの手形勘定は，ライヒ国庫資金，未支出確定利付公債，未送金の償還金，配当金，年金などの余裕資金部分を構成する他勘定へ振り替られていた。

④ シャハト自身はこの制度の停止と早期償還を希望したのに対し，ヒトラーがこれを許さず，1936年2月にこの手形の満期を3カ月から6カ月へ延長し，償還に備えていた[34]。

以上の大島の調査から判断すると，メフォ手形を多用した金融は，敗戦国のドイツが再軍備を秘密裏に遂行するために考え出された，多面的にカムフラージュされた軍事融資であった。その性格は，ドイツでの研究でも指摘されている通り，「手形に基礎を置く立替え金融(Vorfinanzierung auf Wechselgrundlage)」[35]であった。そしてこの特殊手形とならんで1933年から導

入された貯蓄銀行,保険会社向けの特別債券である流動性公債(Liquidutäts-anleihen＝Li-Anleihen)の発行により「ライヒ支出の『事前金融(Vorfinanzierung)』」[36]の基本構造が形成されたのであった。また大島が強調しているように,メフォ手形は雇用拡大と軍備のために,短期国家債務の急速な増加に合わせて発行された。まさに「軍事費の立て替え金融」[37]であった。さらに1938年以降の政府引渡債券(Lieferschatzanweisung)や通常の中長期国債,政府債が加わり,資本市場は,公債中心の色合いを深くしていくことになる。

そこでこの点とも関連する第三の問題として,企業金融と証券市場の動向に移ろう。産業界の金融に関しては,ベルケが以下の4点にわたる金融手段を挙げて,端的にその性格を指摘している。「ナチス国家は経済過程を資本の分配・再分配という統制・管理システムに組み込み,市場経済メカニズムを国家投資規制で置き換えた」と[38]。

①国家の投資目標を優先する投資管理(投資の禁止・規制)
②緊急を要する軍需産業金融を可能とし,不採算投資を優先させるための信用供与,財政側からの利子優遇,補助金・寄附金・保証金の付与
③民間では手が出せない軍需・資源会社を創業するための,直接資本参加
④経済性を確保し,投資調整を行い,自己金融力をつけさせるため,企業収益を有利とする税務・価格政策の導入

具体的には,1933年7月15日の「強制カルテル令」が以上の企業自己金融を中心とした財務政策を可能とさせる先駆けとなっていた。これにより消費財部門の投資は禁止処置を受け,戦争に必要のない企業の設立は禁止され,これ以降株式会社数も減少の一途をたどることになった(表3-3b参照)。また先にも述べたごとく,1934年の資本投資法,公債基金法で配当制限が開始され,1937年の株式法改正で秘密積立金の形成と実現された利潤の内部留保が認められた。また,軍需品の商品価格については,1938年にライヒ価格監視委員会の公布した2つのガイドラインが原則とされた(「公共発注価格のガイドライン(Richtlinien für die Preisbildung öffentlicher Auftraggeber＝RPÖ)」と「公共発注業務の原価原則に基づく価格ガイドライン (Leitsätze für die Preisermittlungauf Grund der Selbstkosten bei Leistungen für öffentliche Auftraggeber＝LSÖ)」)[39]。証券市場が公債中心となったこともあり，企業は次第に自己金融を半ば強制されていった。

ただし，1936年の「4カ年計画」のなかでは，軍需企業の設立の必要性と既存企業の拡張のための自己金融が不充分なことが判明し，多少の修正処置が加えられてもいる。また，軍需部門を中心として急速に拡大した投資に対しては，減価償却と利潤留保では不足したため，証券，銀行借入などの流動性準備も動員された。しかしこのようなことがあっても，1937年を境として，ドイツ資源・原材料局管轄部門の企業金融の性格は，資本市場依存から自己金融中心のものへと性格を一変させてしまっている（1934年の59％対26％から，37年の21％対56％）。以上の結果，これらの部門の企業の資金源泉順位は，次のような順番となった。①自己金融（利潤の内部留保），②証券発行による他人資本，③国家保証された銀行信用，④資本援助(Kapitalschnitt)による公的補助と援助，⑤5％利付ライヒ投資信用[40]。

なお，これらは，企業の一般的な傾向であり，個々の企業では違いが生じていることはいうまでもない。ベルケはその一例として，合同工業株式会社 (VIAG)のように，コンツェルン子会社を含め自己蓄積をした会社と，逆に増資とライヒ借入に依存した合同アルミニウム(Vereinichte Aluminium)の例を対比している[41]。前者は，ベルケによると，コンツェルン参加会社による融資を受けていた。また，この会社が，ハウスバンク（コンツェルンバンク）であるライヒ信用会社(Reichskredit Gesellschaft)を，1923年以降100％子会社として抱えていたことについては，ボルンも『ドイツ銀行史』の叙述のなかで触れている[42]。

(2) 証券取引所の統制と統合

以上，軍事融資と企業金融制度の推進と並行する形で，証券市場の制度改革——市場統制が進展していった。しかし，証券市場の統制に関しては，ほかの経済統制よりも厳しい意味合いが存在した。

そもそも証券市場の存在自体に対して，ナチスは嫌悪感をいだいていた。

というのは「投機活動」,「金融資本」,「ユダヤ人業者」は唾棄すべき対象であったからである。このような姿勢は,4カ年計画の推進者ゲーリングに顕著にみられたが,取引所をただちに廃止することはできず,その活用と統制のあいだで揺れ動いていた。この点に関しては,改革の道を探るペーター・グラーフ・チェルニーン(Peter Graf Czernin)やプリオンなどが興味深い議論をしていたことを,ヘニングが紹介している。

　すなわち前者は,資本主義経済組織の無計画性を廃し,個別分野ごとに組織し直し,活動領域を狭めることで取引所の地位を低下させ,ほかの経済組織では遂行できない課題を振り分けるべし,と主張した。一方,後者は雇用創出と軍事融資上,国家の短期債務を長期債務へ切り替えることが必要であり,ナチス国家は経済の独自活動をも国家管理しようとしているが,将来はどうなるかについては不明であると懐疑的にみていたというのである[43]。いずれにしろ,証券取引所は廃止はさせられなかったものの,その経済的意義が次第に低下させられたことは,その後の歴史が示す通りである。具体的にその経過を拾うと以下のような直接的契機がある[44]。

　①地方自治体債務の国家管理の開始(1933年以降)
　②取引所人事の指導者原理への追従(ライヒ経済大臣による任命制)
　③マークラー規制(年齢制限,ユダヤ人業者の締め出し,業務規制)
　④マークラー会議所の設立(商工会議所および取引所理事会の権限剥奪,すなわちマークラーによる,見せかけの自治管理制の導入)
　⑤相場建ての人為化(マークラーによる政治的相場建て,それに対する理事会への協力要請)
　⑥取引所業務からの女性の締め出し
　⑦先物取引の無期延期(実質上の廃止)
　⑧ドイツの証券取引所での外国証券相場建ての廃止(1937年)
　⑨新株発行の許可制への移行(1938年)
　⑩取引所入場者の許可制——1人3000マルクの保証金を積んだ保証人3人が揃い,かつ本人が手数料を払い込み,取引所帳面(Börsenbuch)を付与されて,はじめて取引に参加できる。

なお，取引所については，すでに表0-1で整理しておいたように，1935年1月1日に12の地域取引所が閉鎖され，9カ所の取引所へ統合された。このねらいは，有価証券の取引をそれぞれのハイマート(郷土)取引所で行わせることであった。すなわち，ナチスの帝国労働者管理地域(Reichstreuhänderbezirk)と同様に，全証券を個々の地域へ振り分けたのである。ここでは，地域に関するヘニングの以下の説明を加えておくこととしたい。

「ベルリン，ブレスラウ，ハノーバー，シュツットガルトの各取引所はその名を襲名した。そのほかの取引所は，地域ごとに意義付けを与えられた。ハンブルクのハンザ取引所は，ブレーメン，リューベックの取引所を取り込んだ。ライプツィヒのザクセン(中部ドイツ)取引所は，ハレ，ドレスデン，ケムニッツ，ツヴィッカウを組み込んだ。ライン・ヴェストファーレン取引所(デュッセルドルフ)は，ケルン，エッセン取引所の業務を引き受けた。フランクフルトのライン・マイン取引所は，マンハイム取引所の責任を負った。バイエルン取引所(ミュンヘン)はアウグスブルクの活動を引き継いだ。」[45]

このような処置については，フランクフルト取引所史を書き綴ったベーリングは，非常に奇妙な事態であったと受け止めている。氏はこの事態については，以下のような不満と皮肉を交えた叙述をしている。

「伝統と国際性を備えた一流のフランクフルト取引所を『ライン・マイン取引所』と名付けたことは，地方的，郷土的狭隘さ(Provinz und Heimatenge)を印象付けることになった。この名称には，ベルリン以外の全取引所を郷土取引所とよばせたように，ある目論見があった。それは，ベルリン取引所が地に落ちた1945年以降，諸要求を噴出させたことにみられるように，今日多くの大株式会社が，本店所在地を地域経済圏(Regional Einzugsbereich)に置くことを誇りとするような観念を産むことであった。フランクフルト以外における，地方ごとの取引所集中，ライプツィヒ，デュッセルドルフ，ハンブルク，ミュンヘンへのその集中には，地方分散的経済システムを維持する目的があった。すなわち，同郷人的国家感情に最大限合致させるような，資本市場装置を維持

することが，その目的であった。」[46]

　要はフランクフルト取引所が，国際的で一種の中央資本市場的機能をもっていたのに，ナチスの政策でそれがないがしろにされたものの，一方では，諸地域取引所の経済的意義については無視できない国民感情があり，この制度が戦後の分権的な取引所制度の復活への萌芽となったというのである。それは，国民にはみえにくい，取引所組織のほかの分野，取引清算所については中央集権化を図ったことにみられるように，非常に巧妙に考え出されたものであった。こちらの場合には，1937年の有価証券保管・振替機関への証券混蔵管理法で規制を与えられ，43年にベルリンのライヒスバンクへ有価証券混蔵寄託銀行の全機能が委譲される，という事態につながっていったのであった。

　以上，1930年代の半ばでドイツの金融・証券市場は一大変革を迫られることとなった。さらにこれに追い打ちをかけるように，証券取引業者に対する直接的な圧力がかけられた。すなわちユダヤ人業者の金融業務および証券取引所からの追放であった。この問題については，本書ではすでに部分的に触れてきているが，最終的にはユダヤ人業者の資産の没収，アーリア化によって最終的に完成されていく。これらの過程は，銀行危機の時代に資産の一部が国有化されていた市中銀行が再び民営化されたこととは非常に対照的であり，その悲劇性が一層倍加された。

　まずその資本持ち分の一部が国有化されていた銀行の，再民営化についてヴァンデルの記述から拾ってみよう。ドイツ・ディスコント銀行(DD-Bank)は，1933年11月にライヒへ銀行建築を売却し，金割引銀行から自行株式10％分を買い戻していた。残りの金割引銀行の保有分24％は次第に取引所で民間へ売却され，完全民営化を果たしたあと，1937年10月の特別株主総会で将来銀行名をドイツ銀行とすることが決定された。また，コメルツ・プリバート銀行の資本金は，ほぼ80％が金割引銀行とライヒの所有下にあったが，1936年に民間の銀行4行がコンゾルチウム(Konsortium＝引受団)を形成し，ライヒ持ち分のほぼ大半の委譲を受け，残部は取引所で民間人へはめ込まれた。金割引銀行の持ち分に関しても，1937年までに取引

所で売却され，40年3月の総会でコメルツ銀行と行名変更が行われた。国有化が最大規模で行われたドレスデン銀行の民営化も紆余曲折を経て，1937年10月に終了した[47]。

他方ユダヤ系銀行商会のアーリア化については以下の局面をたどった。

①ユダヤ人業者のボイコット(1933年4月〜)

②ニュルンベルク法によりユダヤ系住民が孤立化(1935年〜)

③ユダヤ人資産のアーリア化の開始(1938年4月に緊急指令によって，ユダヤ人資産を7月30日までに報告することが義務付けられ，同年1月から11月までに，22行の銀行商会とほぼ4000件の経営体がアーリア化された)

④ユダヤ人経営者(事業持ち主，無限責任社員，支配人，取締役員，監査役員)の追放(1938年6月14日のライヒ市民法についての第3次緊急指令)

⑤ユダヤ系商店への襲撃事件(1938年11月10-11日の「水晶の夜」事件)

⑥ユダヤ人の社会・経済・法律・人間上の隔離(1938年11月12日の贖罪のための10億RMの献金の決定──同日の第5次，および12月3日の第6次緊急指令)

以上の処置によって，ドイツの個人銀行業者は，1932年の1350行から39年の520行へとほぼ半減してしまった。この背後には，政治・経済的圧力と「自由意志」に基づく(freiwillig)アーリア化の進展もあった。それらを含む例としてA. Levy以下12行の個人銀行家・商会の名がツァーンによって挙げられている[48]（表4-3）。

本章では，すでにドイツの証券取引所の歴史，とくにフランクフルトおよびベルリンの取引所について触れてきた。そして，ドイツのこの業界，とくに個人銀行業者の圧倒的多数が，ユダヤ系業者に占められていることをみた。これらの業者が信用銀行とならんで，金融・証券取引の重要な一角を担ってきていたことを，読者は理解しているものと考える。したがって，これらの専門的業者が追放されたことは，たんなる市場規制にとどまらない，重要な

表4-3 個人銀行(家)商会のアーリア化

年次	非合併銀行(所有者,所在地)	合併銀行・取得者
1936年	[A. Levy(ケルン)はSal Oppenheim jr. & Co. と合併]	
1937年	Bankhaus J. Dreyfus(ベルリン)	Merck, Finck & Co.
	Bankhaus S. M. Rothschild(ウィーン)	Merck, Finck & Co.
1938年	Sal Oppenheim jr. & Co.(ケルン)	Pferdemenges & Co.(名義変更)
	H. Aufhäuser(ミュンヘン)	Seiler & Co.(名義変更)
	S. Bleichröder(ベルリン)	Dresdner Bank/Hardy & Co.
	Gebr. Arnold(ドレスデン)	
	Alfons Frank & Co.(リューベック)	Commerz- und Privatbank
	M.M. Warburg & Co.(ハンブルク)	Dr. R. Brinkmann und Paul Wirz
1939年	Bankhaus Simon Hirschland(エッセン)	Kommanditgesellschaft Burkhardt & Co.
	Bankhaus Mendelsohn & Co.(ベルリン)	Deutsche Bank
	Bankhaus Elimeyer(ドレスデン)	Deutsche Bank

出所: Johannes C. D. Zahn, *Der Privatbankier*, 3. Auflage, Frankfurt am Main 1972, S. 37. 金原実・小湊繁訳「個人銀行家」日本証券経済研究所編『証券研究』第46巻, 1975年11月, 148-149ページ。Gunther Ashhoff et al. (Hrsg.), *Deutsche Bankengeschichte*, Band 3, Frankfurt am Main 1983, S. 180.

問題を生むことになることが, 予想されて当然である。

3. 第二次世界大戦と証券取引所の崩壊(1945年まで)
(1) 第二次世界大戦下の軍事融資

　これまで, やや長い記述となったが, ナチス幹部と経済・金融専門家集団による軍事融資体制の創出過程を追いかけてきた。次第に明らかとなってきたのは, その中心に, 資本市場の国家的規模での利用と管理(規制)をめぐるライヒスバンクと国防軍との軋轢・葛藤・攻防が存在したことであった。1939年第二次世界大戦に突入すると, 両者の緊張関係は一挙に政治的に解決され, 国家主導の軍事融資体制へ転換した。そして敗戦にいたる時点まで, 1933年以降の経済の統制という基本路線に新たな規制が付け加えられていき, 6年後に敗戦を迎え, 金融制度と取引所システムは崩壊していった。

　また, この金融体制は1939年までは, すでに触れたごとく国際的圧力により再軍備が禁止されていたため, 連合国に対しては巧妙に秘密裏に遂行されていた。しかし, 開戦とともに対外的にはもはや隠しだての必要はなくな

ったものの，国内的にはさらに一層市場機構をないがしろにしたがために，国民に対しては秘密のベールを厚くしなければならなくなった。

なお，この時代については資料が散逸し，調査研究がドイツにおいても困難を極めている。この点については，先にも触れたように大島により指摘されていた。そこで，言及可能な点に絞り，ここでの記述を以下の順に進めていくこととする。

第一には，ナチスによるライヒスバンクの掌握である。シャハトをはじめとするライヒスバンクの重役人は総入れ替えが行われ，中央銀行は国家の管理下に置かれ国債に全面依存をした軍事融資体制が形成された。

第二には，それに対応した企業金融体制がとられた。そして，ナチスにより証券取引所の市場機構は骨抜きにされていった。そのうえで国家目的に沿って利用された。以上が，中央資本市場としてのベルリン取引所の最終的崩壊への道筋である。

最初に，ライヒスバンクに対する政府の干渉は，1936年の4カ年計画遂行をめぐるゲーリングとシャハトとの対立を契機として，ますます強化された。これはすでに述べたごとく，メフォ手形の発行と償還をめぐる両者の対立として表面化していたことではあった。一方のライヒスバンクの側では，インフレの発生を回避するために，短期信用の拡大を抑えて，財政資金と資本市場で調達される長期資金の枠内に制限しようとした。これに対し，他方では軍備拡張にこの軍事融資を利用し，信用拡大を画策する勢力があった。1937年2月10日には，ライヒスバンクとライヒ国鉄の諸関係規制についての新立法により，ライヒに対する独立性は剥奪され，その役員は「総統兼ライヒ首相」の指揮下に置かれるようになった[49]。

この年にライヒスバンク総裁のシャハトは兼任していたライヒ経済大臣を辞任し，ゲーリンクとの対立を強めていた。ヒトラーとは，微妙な関係を保ってはいたものの，最終的には，1939年1月7日付けのヒトラー宛のライヒスバンク理事会名での書簡により，両者の関係は破局を迎えることとなった。この事件を契機に全役員の総入れ替えが行われ，ライヒスバンクはライヒ政府への軍門にくだった。そして，ライヒスバンクに対する国家統制は，

1939年6月15日付けのドイツライヒスバンク法で表現された。この法律はルドルフ・シュトゥケンのいう「あらゆる事態に備えた金融上の軍事体制」というものであった。すなわち，ライヒスバンクが購入する政府手形の最終額を決めるのは，総統兼首相であるという規定によって，ドイツの通貨が紙幣化された，とヴァンデルは解釈している[50]。また，『ドイツの通貨と経済1876-1975』の著作のなかで，「戦争経済とインフレーション(1936-1948)」を執筆したカール・ハインリッヒ・ハンスマイヤー(Karl Heinrich Hansmeyer)とロルフ・ツェーザー(Rolf Caesar)は次のように述べている。

「決定的な意味をもったのは，財務省証券(Schatzwechsel)の買い入れとライヒに対する運転資金信用の法律的な制限が排除され(第13条および第16条)，買い入れた財務省証券が発行準備に参入されるようになった。……発券銀行による直接，しかも無制限の資金調達の道が開けたのである。」[51]

具体的には，1939年9月1日の開戦以来，税収入を補ったものは次のような証券であった。政府手形，無利子のライヒ国庫証券，割引き国庫証券(unverzinsliche Reichsschatzanweisungen＝U-Schätzen)。これに加えて，すでにみた流動性公債(Li-Anleihen)による融資が追加された。これは，貯蓄銀行と信用共同組合および生命保険会社と社会保障の遂行機関が投資家となって取得された。すなわち，これらの貯蓄機関に集められた貯蓄者の資金が，貯蓄者の了解を得ないまま，直接さまざまな公債へ投下されたのであった。戦争終結時までのライヒ証券によるライヒの負債の所有者について，ヴァンデルとベルケがそれぞれ次のような数値を挙げている(表4-4)。両者に若干の違いがみられるものの，これが，国民の耳と目を欺いた――「音無し(lautlos)」とか，「物音の少ない(geräuscharm)」または，「なめらかな(rollend)」という形容詞のつけられた――軍事融資の実態であった。これにより生ずるインフレに対しては価格統制で対応したものの，戦争末期(1944年)には抑えようがなくなり，闇市場が出現し，割引国庫証券と政府手形は，ライヒスバンクの直接引受けにまでいたった。また，これは，第二次世界大戦後の復興過程での金融に多大の影響を及ぼした，と予想される。

表4-4　国内におけるライヒ負債の内訳
(10億RM, 1944年9月30日)

	金額	ベルケの数値	ヴァンデルの数値
1. 貯蓄銀行	85.6	30.3%	
2. 郵便貯蓄局	10.0	3.5%	51.3%
3. 信用銀行	51.8	18.2%	
4. 保険会社	25.0	8.8%	6.4%
5. ライヒスバンク・金割引銀行	45.0	15.9%	25.1%
6. 信用協同組合	19.1	6.7%	17.2%
7. 大衆・企業	47.1	16.6%	
計	283.6	100.0%	100.0%

出所：W. A. Boelcke, *Die Kosten von Hitlers Krieg*—Kriegsfinanzierung und finanzielles Kriegserbe in Deutschland 1933-1948, Paderborn 1985, S. 104, Gunther Aschhoff et al., (Hrsg.), *Deutsche Bankengeschichte* Bd. 3, Frankfurt am Main 1983, S. 186.

　一方，企業の動向についてはベルケがこの時期についても紹介している[52]。まず企業金融については，この時期のヘッセン州14大企業でみると，1937年に定着した構成がほぼそのまま継続している。すなわち，資金調達源泉は，全体の約50％が自己金融であった。そして残りの他人資本調達中，長期のものが全体の34％，短期のものが16％である。企業全体の動向としては，5400社前後の株式会社と2万3000社前後の有限会社が資本金総額をほぼ1.5倍に増加している。

　しかもそれらのなかで，5000万RM以上の資本金をもつ100社ほどの株式会社と100万RM以上の1000社程度の有限会社の両者全体に占める資本金の比重が増加し，明らかに資本集中がこの時期にも進行したことを示している(株式会社では，1943年10月に108社で資本金総額の49.3％，有限会社では1942年に5410社でその73.9％)。そのなかでもとくに軍需企業では粗利益の伸長が著しく，ベルケは次の2つの事例を紹介している。ドイツ武器弾薬製造所(Deutsche Waffen- und Munitionsfabriken AG，クヴァント(Quandt)・グループ)の場合，1937年から41年に158％の伸び，ドイツ合同金属株式会社(Vereinigten Deutschen Metallwerke)の場合98％の伸びを示した。

このように，急激な利益上昇を可能としたのは，一貫生産によるコストダウンが追求され，製品価格が横ばいないし低下するなかでも利益を出しえた場合であった。このことが可能であったのは，第一に，配当制限指令により，企業外部への利益流出が抑えられていたためである。また第二に，利潤計上自体が先にみた商品価格統制を目指したLSÖなどにより，操作されていたためでもあった。この点についてベルケは以下のように述べている。

「戦争時代の価格統制によって，産業界は貸借対照表の公正原則から離れて，問題の多い利潤概念を用い，これを水増ししていった。……企業の理性的な確実性原則と自己金融の方法は，実際には過剰な積立金と準備金の形成を仕向けられ，適正規模での利潤表示を剥奪されてしまった。実際には高い利潤は過剰な減価償却を可能とし，貸借対照表上では，投資家向け利潤に対応すべき資本の増加となっている場合が多かった」[53]

これらの利潤は，ベルケは触れていないが，その一部はライヒの発行したさまざまな種類の債券購入にあてられていたであろうと考えられる。それは，表4-4にみられるごとく，企業自体もライヒの負債を消化するという意味では，重要な一角を担っていたからである。すなわち諸指令により，投資家の投下資金も全体としては，軍事融資の資金循環の一環として組み込まれていたと考えるのが妥当であろう。

次に他人資本調達についてみると，まず第一に目指したことは，銀行信用の利用を最大限避けることであった。このため，中期の支払い信用には，ライヒスバンクの割引を前提とした，3カ月延長可能な手形が利用された。また，中期の投資金融を行う特殊銀行も利用された。これには，ベルリンのドイツ工業銀行(Deutsche Industriebank)，航空機産業分野でのドイツ航空銀行(Bank der deutschen Luftfahrt AG)——1939年10月に有限会社(Luftfahrtkonto GmbHから改組されたもの)——および陸軍軍備金融会社(Heersrüstungs kredit AG)などが入る。「軍事融資における自己責任原則」が徹底され，工業界全体として基本的にハウスバンク(コンツェルンバンク)に依存する傾向が生じた，という[54]。

(2) 証券市場の機能麻痺

　一方，民間企業による長期金融の利用，とくに証券市場を通した証券発行は，1940年代以降ますます狭隘化していった。工業債の新規発行と借入金の借り換えは，1940年に，8億8600万RM，41年に3億5200万RM，43年にやや持ち直すものの，1940年規模には戻ることはなかった。また，株式市場のほうも，完璧に統制経済システムへ組み込まれた。この過程は以下のように，相場自体の統制という経過をたどった[55]。

　①オーストリア取引所のドイツ化(1940年5月24日付指令)
　②取引所入場の簡素化，証券上場を非公開とする処置の導入(1941年3月13日付指令)
　③全株式に対する取引所一般強制処置の導入(銀行の場外取引すなわち銀行間における内部市場での注文付け合わせの禁止，全有価証券保有の報告義務の付与，1941年10月15日付指令)
　④証券相場建ての停止(継続的取引，とくに債券取引の停止，および1943年1月23日の株式相場を越えることの禁止，すなわち時価での株式取引所取引の禁止処置，同年2月13日付指令)
　⑤ライヒ経済大臣による取引所相場価格および場外取引証券の価格の固定化処置の発動(1943年3月30日付指令)
　⑥取引所上場手続きの簡素化(1943年12月7日付指令)
　⑦取引所税の廃止(税簡素に関する1944年9月14日付指令)

　なお，株式の発行量は，1935年の1億5600万RMから38年の8億2200万RMへと増加したものの，これらはヘルマン・ゲーリング工場(Hermann-Göring-Werke)などにおける軍需工業の投資であり，大部分が国家により引き受けられていた[56]。

　このような証券取引所は，市場機能を剥奪された，疑似的な市場に成り下がってしまったのである。この点は，ヘニングおよびベーリングの以下の記述に表現されている。

　　・「ドイツの基本的傾向として明らかとなったことは，取引所は活動しうるかぎりは，主として国家による資本の流れの管理手段となっ

た。」[57]

- 「ナチス経済政策の基本は，資金と貨幣の創出にあった。このなかで，取引所は，ほかの金融機関とならんで，一つの指導的システム，重要なシステムであった。しかし，市場機能が重要な役割を演じる場ではなかったし，その必要もなかった。ナチスは取引所業務を破壊したものの，取引所装置は利用した。もはや相場など存在しない市場であり，取引所の相場建ての質が取り去られた――値付け自体がなされない――機関であった」[58]

そして，戦争が末期に近づくと，取引所の開場すら危うい事態を迎えることとなった。1943年2月9日からは週のうち3日間のみ，44年9月1日からは，月曜日と金曜日のみの開場となってしまったのである。そして，フランクフルト証券取引所は，1944年3月22・23日の空襲で建物が消失し，取引は地下へ移動して行われた。1945年2月23日に最後の相場表が出された。一方，ベルリン証券取引所の建物は，1945年2月3日の空襲とその後の戦闘でほぼ完璧に崩壊させられ，4月18日に全取引が戦闘により中止のやむなきにいたった。その後ライヒスバンクとベルリン所在銀行の金庫にあった有価証券の混蔵寄託残高は，ソ連軍の戦利品となる運命をたどった。

一方，大銀行のほうは早々とベルリンからの撤退を完了していた。すなわち，ソ連軍の侵攻の前に保有株式を西側占領地区へ移動し，その保全を図った。1945年2月コメルツ銀行は本部をベルリンから，その創業地であったハンブルクへ移転，ドイツ銀行は，1945年にハンブルク，ヴィースバーデン，エアフルトの3支店を退避店舗として整理し，4月以降は，ベルリンで行っていた本店機能をハンブルクに置いた。また，ベルリンのライヒスバンクの建物も空襲の犠牲となり，1945年5月2日にベルリン支店はソ連兵により占拠された。この点について，ヴァンデルは以下のように記述している。

「1945年4月のドイツには，もはや統一的で中央集中的な経済秩序が存在しなくなった。このことは全ドイツの銀行制度について妥当した。……ドイツの経済・貨幣秩序の崩壊は，軍事的崩壊と並行して進行した。」[59]

以上にみられたように，ドイツが一世紀をかけて築き上げてきた近代的銀行・証券の両面にわたる信用制度は，国内でのさまざまな改革のなかで変貌を遂げ，最終的には，連合軍の空爆を受けて停止に追い込まれ，崩壊させられた。銀行は本・支店の移し替えが可能であったが，証券取引所の場合には建物をすぐに移転するわけにはいかず，プロイセンの建国以来，華々しい経済活動の舞台を提供してきたベルリン証券取引所は，この時点で一応の歴史的幕切れを迎えたのであった。

第3節　ま　と　め
——中央資本市場としてのベルリン証券取引所の意義と限界

　これまで，3章にわたって中央資本市場としてのベルリン証券取引所の歴史分析を試みた。プロイセンを中心としたドイツにおける近代的な取引所制度の整備過程についての叙述を終えるにあたり，ここで簡単なまとめをしておきたい。簡単な，というのは，この次の章では，西ドイツ時代のフランクフルト証券取引所をはじめとして，いくつかの主要なドイツ地域取引所の分析を試み，そのうえで，ドイツの取引所全体を概括していこうと考えているためである。

　1685年に設立されたベルリン取引所は，すでに設立されていたフランクフルト取引所からみると100年遅れた出発であった。株式取引は，1772年の王立海上貿易会社の株式からはじめられた。1832年の鉄道会社の設立，そして34年の関税同盟成立ころから投機的取引が活発となり，19世紀半ばの時点では，公共債取引を中心としたフランクフルト証券取引所と，取引量，取引証券種類でほぼ拮抗するにいたっている。これは，プロイセン王国のフランスおよびハプスブルク帝国に対する軍事上の優位性に負っているところが大きかった。また，このプロイセンの軍事力を支えたのは，ドイツ東部地域での穀物生産と輸出，北部地域での鉱・工業生産の伸長であった。なお，これらの工業活動にあわせ，それまでの個人銀行家とは異なる，近代的な信用銀行の設立もこの時代に行われた。そして，ベルリンがフランクフルトに

対して，決定的な優位性を保つようになるのは，1866年にオーストリアとの，また1870-71年にフランスとの戦争に勝利を収めてからであった。

このように1871年のドイツ帝国の建国以降，ベルリン証券取引所は，中央資本市場としての道を歩みはじめるが，これは一気に行われなかった。創業時代，大不況期，2回の世界大戦をくぐり抜けるなかで，徐々にほかの取引所の取引量を削ぎ，業務集中を進めてきたのであった。また，この過程は，ヘニングの分類したように，経済体制上三つの時代をたどってきた。すなわち，1896年の帝国証券取引所法が施行されるまでの自由主義的経済体制の時代，諸経済規制が加えられながらも，自由主義的経済システムが維持された時代，そして1933年からの統制経済の時代であった。このような時代的背景は，中央資本市場としてのベルリン証券取引所の成立過程に微妙な影を落としてきた。そこで，以下において，その意義と限界について考察してみたい。

1．中央資本市場としてのベルリン証券取引所の意義

ベルリン証券市場が，第二および第三帝政下のドイツで中央資本市場として機能しえたといえるのは，次の二つの面においてであると筆者は考える。それはまず第一に，取引所取引の業務量上の集中である。次に，取引所制度の面において果たしていた，先進性と模範性である。

まず第一の面については，この章の第2節1において触れておいたが，再度確認のため数量を挙げておきたい。19世紀末(1882-93年)ドイツの証券取引所税から判断された業務シェアは，ベルリン取引所が全体の2/3，フランクフルト取引所が1割強，ハンブルク取引所が1割弱，ブレスラウ，ドレスデン，ライプツィヒ，ブレーメン，シュツットガルトの各取引所が1％台，残りがそのほかの取引所であった(ただし，ミュンヘン取引所は統計外)。

この数字は，1860年代には，フランクフルト取引所と業務量上で拮抗していたベルリン取引所がドイツ帝国が建国された1871年以降，約10年から20年で，前者の取引量を5倍以上も凌駕した事実を示している。フランスからの賠償金と創業時代のブームのなかで，証券の現物および先物取引がい

かに伸長したかをも合わせて物語っている。

次に，ベルリン取引所への業務量の集中状況は，第2節2で取り上げた取引所の入場者数においても明白に現れていた。すなわち第一次世界大戦の前(1910年代)および戦後の1920年代のインフレと一時的な株式ブーム(1920-24年)のなかでの数値である。ベルリン取引所は，フランクフルト取引所のそれを常時3-4倍は上回っていた。

ただしフランクフルト証券取引所は，オーストリア，アメリカ，スイスとの関係をナチス台頭の時期まで維持し続けた国際的資本市場であった。また，帝国内においても西南部ドイツ地域内では「中央資本市場」的機能を果たしていた。しかし，1866年の普奥戦争直後のプロイセンによるフランクフルト市の占領，グルデン通貨圏へのプロイセン・ターラー通貨の浸食，1901年のフランクフルト銀行の発券特権の廃止処置により，次第にプロイセン経済の影響力が増加していった。

逆に，ベルリンはプロイセン領内では，大銀行の支店網整備に合わせて，その地にあった証券取引所の業務をもベルリンへ集中していった。ベルリンという都市が1920年代に国際的性格を保持したこともあり，外国証券はいち早くこの地で上場され，そのあとでドイツのほかの取引所へ波及していった。また裁定取引を行いやすいなどの条件を備えていた。

第二の取引所諸制度上の問題はここで多くを述べる必要はないであろう。第2章から第4章までにおいて，ドイツの取引所法をはじめ，証券制度の展開について網羅的に叙述してきたからである。

ただし，再度ここで振り返ってみると，資本市場の業務集中との関係で決定的に重要と考えられるのは以下の諸点である。まず，1896年のドイツ帝国証券取引所法の制定とこれによる証券先物取引の禁止処置である。これにより，先物取引は玄人筋の金融業者間市場，銀行間市場での業務へと特化してしまう。この処置が，大銀行による銀行集中を一層進める原因となり，その結果をもたらしたことも明らかとなった。また，取引の決済システム(振替決済)の制度化(有価証券保管・振替機関の設立)もドイツ市場全体を統合するという面では非常に重要であった。

次に，ナチス期の経済政策は，それまでのドイツの証券制度のみならず，金融制度，信用機構全体を一大変革させてしまった。証券市場は，市場から一国家機構(ドイツ語の表現でアパラート(Apparat))へおとしめられてしまった。そして，1935年には，ドイツの証券市場は9カ所に統合された。すなわち中央資本市場としてのベルリン取引所と残りのハイマート(郷土)取引所へというように。この時点でベルリン以外の取引所は，国民感情を高揚するための地域的意義付けのみが強調された。合わせて中央銀行制度(通貨制度)は，ライヒスバンクの一元的発券制度の完成等により，一段と強力なものとなった。国家権力による，軍事経済を推進するための効率的，中央集中経済システムが基礎付けられたといえよう。

2．中央資本市場としてのベルリン証券取引所の限界

　以上みたように，ベルリン証券市場が実質的な中央市場的意味合いを色濃くもったのは，プロイセン領域においてであった。ナチス統制経済までは，まがりなりにもドイツの地域取引所は，それなりの地域特性と対外経済・社会関係をもち続けていた。すなわち，すでに述べたフランクフルト取引所以外では，ハンブルク取引所がイギリス，スウェーデンなどの北欧諸国との関係，ケルン取引所はライン・ヴェストファーレン地域の鉱・工業企業との関係，ドレスデンはザクセン地域の軽工業との関係において，重要な市場であった。また，ミュンヘン取引所はドイツ帝国加盟後もしばらくのあいだ，統計数値に入ってこないという歴史的背景もあり，その独自性が垣間みられる。このミュンヘン取引所の特性について，この章では充分取り上げられなかったため，今後とも調査を続けていきたい。

　最後に，ベルリンが中央資本市場としてドイツで君臨した第三帝国(1933-45年)は，いまだその資料の不備により，個々の経済問題が不明にとどまっている。大島が，長年にわたり新資料にあたり興味深い視点を提供している。これらの点を含め，個別企業・銀行の歴史資料の解明が待たれる。この時期についてはさらに掘り下げるべき諸点を抱えていると述べるにとどめておく。

　以上，不充分性をもちつつも，本章を終えるにあたり，結論を述べておこ

う。ドイツの中央資本市場としてのベルリン証券取引所は，ドイツ第二帝政下で展開し，第三帝国の統制経済という特殊な状況下で完成し，同時に第二次世界大戦の終決とともに崩壊した。

注
1） 拙稿「〔紹介〕Berliner Börse, *Berliner Börse—1685-1985*, Berlin 1985.」北星学園大学経済学部『北星論集』第30号，1993年3月。
2） 加藤國彦『1931年ドイツ金融恐慌』御茶の水書房，1996年。
3） 大島通義『総力戦時代のドイツ再軍備——軍事財政の制度論的考察』同文舘，1996年，同「第三帝国の財政統計・増補改訂版(1933-1944年度)」(1)-(3)，『三田学会雑誌』84巻2-4号，1991年7月／10月，1992年1月。
4） Willi A. Boelcke: *Die Kosten von Hitlers Krieg*—Kriegsfinanzierung und finanzielles Kriegserbe in Deutschland 1933-1948, Paderborn 1985.
5） Franz L. Neumann, *Behemoth*—The Structure and Practice of National Socialism, 1933-1944, Oxford 1944, フランツ・ノイマン(岡本友孝・小野英祐・加藤栄一訳)『ビヒモス——ナチズムの構造と実際』みすず書房，1963年。この初版は1942年にニューヨークで刊行されている。日本語訳は1944年に増訂された第2版からの翻訳である。ドイツ語版はケルン・フランクフルトで1977年に刊行された。第2編の「全体主義的独占経済」の部分のドイツ語は以下を参照。Franz L. Neumann, Die Wirtschaftsstruktur des Nationalsozialismus, in: Helmut Dubiel und Alfons Söllner (Hrsg.), *Wirtschaft, Recht und Staat im Nationalsozialismu*s — Analysen des Instituts für Sozialforschung, Frankfurt am Main 1984.
6） Rudolf Stücken, Schaffung der Reichsmark, Reparationsregelung und Auslandsanleihen, Konjunkturen 1924-1930, in: Deutsche Bundesbank (Hrsg.), *Währung und Wirtschaft in Deutschland 1876-1975*, Frankfurt am Main 1976, S. 249-281, ルドルフ・シュトゥッケン「ライヒスマルクの創設，賠償規則と外債，景気情勢(1924-1930年)」ドイツ・ブンデスバンク編(呉文二・由良玄太郎監訳)『ドイツの通貨と経済』(上)東洋経済新報社，1984年，338ページ以下。Heinrich Irmler, Bankenkrise und Vollbeschäftigungspolitik 1931-1936,: in *Währung und Wirtschaft in Deutschland 1876-1975*, S. 283-329, ハインリッヒ・イルムラー「金融恐慌と完全雇用政策(1931-1936)」同上訳書(上)，343ページ以下。
7） Karl Erich Born, Vom Beginn des ersten Weltkrieges bis zum Ende der Weimarer Republik (1914-1933), in: Gunther Aschhoff et al. (Hrsg.), *Deutsche Bankensgeschichte*, Bd. 3, Frankfurt am Main 1983, S. 261.
8） 加藤國彦，前掲書，347，358ページ。
9） 加藤國彦，前掲書，356ページ，Friedrich-Wilhelm Henning, Börsenkrise und Börsengesetzgebung von 1914 bis 1945 in Deutschland in: Hans Poul (Hrsg.),

第4章　中央資本市場，ベルリン証券取引所の崩壊　159

　　　Deutsche Börsengeschichte, Frankfurt am Main 1992, (以下 Börsenkrise とする), S. 262-263.
10) Karl Erich Born, a. a. O., S. 101, 158.
11) Friedrich-Wilhelm Henning, Börsenkrise, S. 263-264.
12) Ebenda, S. 265.
13) Ebenda, S. 267-268, Tabelle 8, 9.
14) Ebenda, S. 265.
15) Ebenda, S. 265.
16) Karl Erich Born, a. a. O., S. 102-103. この時期のインフレ対策については，イルムラーによる詳しい説明がある。Heinrich Irmler, a. a. O., S. 313-319, ハインリッヒ・イルムラー，前掲論文, 383-391 ページ。
17) Karl Erich Born, a. a. O., S. 129-132.
18) Ebenda, S. 133, 134.
19) Ebenda, S. 135-137.
20) Ebenda, S. 138-139.
21) Ebenda, S. 139-140. パーペン時代の租税証券の説明は以下にもある。Heinrich Irmler, a. a. O., S. 319-320, ハインリッヒ・イルムラー，前掲論文, 390-391 ページ。
22) 拙著『西ドイツの巨大企業と銀行——ユニバーサル・バンク・システム』文眞堂 1988 年，第 5 章。
23) Eckhard Wandel, Das deutsche Bankwesen im Dritten Reich (1933-1945), in : Gunther Aschhoff et al. (Hrsg.), *Deutsche Bankengeschichte*, Bd. 3, Frankfurt am Main 1983, S. 150-153. なお，ドイツ銀行制度調査委員会の報告書『銀行制度研究 1933 年』の目次のみ以下に挙げておく。序言，銀行制度調査委員会開設挨拶，報告 I・ドイツ銀行制度の当面する危機的状態とその原因(以上第 1 巻)，報告 II・これまでの再建策，報告 III・銀行制度に対するライヒスバンクの政策，報告 IV 付録。Untersuchungsausschuß für das Bankwesen 1933, *Untersuchung des Bankwesens 1933*, Bd. 1, 2, Berlin 1933.
24) Karl Erich Born, a. a. O., S. 151. なおベーリングは，このときに考案された銀行監督制度が，第二次世界大戦後も影響をもたらし，1961 年の西ドイツの信用制度法に引き継がれていることを指摘している。Bernd Baehring, a. a. O., S. 193.
25) Karl Erich Born, a. a. O., S. 154.
26) Eckhard Wandel, a. a. O., S. 155, および Heinrich Irmler, a. a. O., S. 323-324, イルムラー，前掲論文, 393 ページ。
27) Heinrich Irmler, a. a. O., S. 327, イルムラー，前掲論文, 400 ページ。
28) Karl Erich Born, a. a. O., S. 157.
29) Willi Albers, Finanzpolitik in der Depression und in der Vollbeschäftigung, in : Deutsche Bundesbank (Hrsg.), *Währung und Wirtschaft in Deutschland 1876-1879*, S. 362. ヴィリ・アルバース「不況と完全雇用下における財政政策」ド

イツ・ブンデスバンク編,前掲書(上),443ページ。しかし同じ著作のカール・ハインリッヒ・ハンスマイヤーとロルフ・ツェーザーの論文では,クルップとジーメンスのほかにグーテホフヌングスヒュッテ(Gutehoffnungshütte)とラインシュタール(Rheinstahl)が挙げられている。これはドイッチェ・ヴェルケがグーテホフヌングスヒュッテの,またラインメタルがラインシュタールの子会社であるため,と考えられる。Karl-Heinrich Hansmeyer und Rolf Caeser, Kriegswirtschaft und Inflation (1936-1948), in: Deutsche Bundesbank (Hrsg.), *Währung und Wirtschaft in Deutschland 1876-1975*, S. 392, Anmerkung 3, カール・ハインリッヒ・ハンスマイヤー／ロルフ・ツェーザー「戦争経済とインフレーション(1936-1948)」同上訳書,517ページ,脚注111。なお以上の4社が当時どのような会社であり,ほかの軍需工場とならんでどのような軍備品生産をしていたかについては次の拙稿を参照されたい。「ナチス期の戦時金融体制についての覚え書き」『ブレーメン館』編集部編,同人誌『ブレーメン館』No. 3, 2005年6月, 133-134ページ。

30) Karl-Heinrich Hansmeyer und Rolf Caesar, a. a. O. S. 393, カール・ハインリッヒ・ハンスマイヤー／ロルフ・ツェーザー,前掲論文, 479ページ。
31) Karl Erich Born, a. a. O., S. 164-166.
32) 大島通義,前掲書, 70ページ。
33) 大島通義,前掲論文(1), 262-264ページ。なお,大島が依拠した資料については,この論稿の最初の2ページで,詳細に紹介されている。
34) 大島通義,前掲書, 271-286ページ,第6章2「手形金融」を参照。
35) Karl Erich Born, a. a. O., S. 158.
36) Karl-Heinrich Hansmeyer und Rolf Caesar, a. a. O., S. 392, カール・ハインリッヒ・ハンスマイヤー／ロルフ・ツェーザー,前掲論文, 478ページ。なおVorfinanzierungについては「立替金融」,「つなぎ融資」という意味もある。これについては,後藤紀一, Matthias Voth『ドイツ金融法辞典』信山社, 1993年を参照。
37) 大島通義,前掲論文(1), 254ページ。
38) Willi A. Boelcke, a. a. O., S. 37.
39) Ebenda, S. 45. 大島通義,前掲書, 192ページ。
40) Willi A. Boelcke, a. a. O., S. 38, 大島通義,前掲書, 226-230ページ。
41) Willi A. Boelcke, a. a. O., S. 39.
42) Karl Erich Born, a. a. O., S. 88. なお,ハウスバンクには①メインバンク(主力取引銀行),②コンツェルン銀行(機関銀行)の2つの意味があり,ここでは後者を指している。この点については,後藤紀一・Matthias Voth,前掲書を参照。
43) Friedrich-Wilhelm Henning, Börsenkrise, S. 271-272
44) Ebenda, S. 273-280
45) Ebenda, S. 276-277
46) Bernd Baehring, a. a. O., S. 196.
47) Eckhard Wandel, a. a. O., S. 176.

48) Ebenda, S. 178-179, Johannes C. D. Zahn, *Der Privatbankier*, Frankfurt am Main, 1972, S. 37, 金原実・小湊繁訳「個人銀行家」日本証券経済研究所『証券研究』第 46 巻，1975 年 11 月，178-179 ページ。
49) Heinrich Irmler, a. a. O., S. 326-327, ハインリッヒ・イルムラー，前掲論文，399 ページ。
50) Eckhard Wandel, a. a. O., S. 174.
51) Karl-Heinrich Hansmeyer und Rolf Caesar, a. a. O., S. 398, カール・ハインリッヒ・ハンスマイヤー/ロルフ・ツェーザー，前掲論文，481 ページ。
52) Willi A. Boelcke, a. a. O., S. 122-124.
53) Ebenda, S. 128.
54) Ebenda, S. 130.
55) Bernd Baehring, a. a. O., S. 195-196, Friedrich-W. Henning, a. a. O., S. 282.
56) Bernd Baehring, a. a. O., S. 197.
57) Friedlich-W. Henning, Börsenkrise, S. 280.
58) Bernd Baehring, a. a. O., S. 195.
59) Eckhard Wandel, a. a. O., S. 199

第5章
西ドイツの連邦制資本市場
—— 4カ国占領とフランクフルト金融市場の復活

第1節　はじめに

　本章は，敗戦から東西ドイツ統合までのドイツ連邦共和国(西ドイツ)における資本市場を取り扱う。またこれとの関連で，西ドイツ成立以前の4カ国占領時代の諸占領政策，とくに金融政策に触れていく。ただし以下では，ドイツ連邦共和国成立以前の連合国占領下の西側ドイツを含め，便宜上西ドイツと表示することを断っておきたい。本書の前章まですでにドイツのいくつかの証券取引所小史とその歴史特性について触れてきた[1]。本章ではこれらを踏まえて，第二次世界大戦以降のドイツ証取所の諸問題を取り上げる。

　本章の表題を連邦制資本市場としたのは，筆者のこれまでの研究結果に基づく。このようなドイツ語表記はないわけではないが，それほど一般化してはいない。詳しいことは本章第4節で触れるが，戦後西ドイツ時代の取引所の特性を適切に表していると考えたため表題として用いた。

　ところでこのような連邦制のシステムは，4カ国占領という複雑な政治・社会情勢下でアメリカの意向が強く働いた結果もたらされたものである。この点で，日本における占領がアメリカ軍政府(連合国代表でもあった)により単独で行われたこととは相違がある。またドイツ帝国成立以前には，ドイツは領邦国家の集合体であったとみるならば，戦後西ドイツの政治，社会体制がその時代に戻されたとみることもできる。さらにそのなかでフランクフルト・アム・マイン(以下，フランクフルトと省略)が，戦後西ドイツにおいて中心的役割を果たす金融市場として，位置付けられた。歴史的にみると約

120年ぶりの復活であるが，復活の経過は連合4カ国間の占領政策の相違と確執の結果であったことが最近のドイツの研究により明らかにされている。

筆者は当初，単純にドイツ連邦共和国時代(1949-90年)における西ドイツ時代の取引所問題に取り組む予定であったが，占領時代を避けてはこの問題を解明できないことに気がついた。このため予想以上の調査と分析を占領期間の問題に費やさざるを得なくなった。そしてこれが可能となったのは，占領時代を含めた金融市場と証券取引所をめぐる研究が1980年代中盤からドイツで進んできたことによる。

そこで，まずドイツと日本におけるこの分野での研究史を跡付けておくことからはじめていきたい。そののち，西ドイツの資本市場の復興と戦後の特性について三点に分けて述べていくこととする。第一には，第二次世界大戦中の戦時経済が戦後もたらしたものは何かをまず明らかとする。そして第二に，4カ国占領体制下で連合諸国占領政策の相違を明らかにして，同時にそれが西側陣営内で克服された過程となぜフランクフルトが戦後のドイツ金融市場として選ばれたのかについて触れていく。そして第三に，戦後の復興過程でほぼ構造が確定された戦後金融体制とそのなかにおける証券取引所の戦後の性格付けを行いたい。

ただし占領軍による金融政策中，銀行の集中排除(大銀行の解体)の問題についてはあまり触れることができないことをあらかじめ断っておく。

第2節　これまでの研究成果

1．ドイツにおける主要な研究

まず，戦時経済と戦争直後の経済と社会についての記述では，ウィリー・ベルケ(Willi A. Boelcke)の『ヒトラー戦争のコスト──ドイツにおける軍事融資と金融上の遺産1933-1948年』(*Die Kosten von Hitlers Krieg—Kriegsfinanzierung und finanzielles Kriegserbe in Deutschland 1933-1948*")(1985年)がある[2]。文章がやや難解であるが，1．開戦にいたる軍事融資，2．1939-1945年の軍事融資，3．1945-1948年，軍事融資の遺産，以

上の3章に分かれ，第3章はほかの章と比べ短いものの，戦中，戦後を通して概観した数少ない研究書である。

また，占領時代から現代につながる西ドイツの経済史を概観した著作として，ヴェルナー・アーベルスハウザー(Werner Abelshauser，酒井昌美訳)の『現代ドイツ経済論——1945-80年代にいたる経済史的構造分析』(1983年)を挙げたい。本章との関係ではとくに，占領下の連合各国地区の経済状況について興味深い分析がみられる[3]。

次に金融市場に関しては，ドイツ連邦銀行が1976年に刊行した『ドイツの通貨と経済1876-1975』のなかのこの時代を扱った2論文がある。カール・H.ハンスマイヤー／ロルフ・ツェーザーの「戦争経済とインフレーション(1936-1948)」と，ハンス・メラー(Hans Möller)の「1948年の西ドイツ通貨改革」である[4]。とくに後者の著者は，フランクフルト大学とミュンヘン大学の教授，そしてEC委員会常任顧問を務めた研究者であり，かつ実際にコンクラーベとよばれた秘密会議場で通貨改革の準備作業にあたった一人である。この点で当時のドイツ側からみた貨幣市場分野での数少ない記述であり，大変興味深い。

またこの間の通史としてエックハルト・ヴァンデル(Eckhard Wandel)の著作『ドイツ・レンダーバンクの成立とドイツ通貨改革1948年——アメリカ占領政策からみた1945年から49年にかけての西ドイツでの貨幣・通貨制度の再編』("Die Entstehung der Bank deutscher Länder und die deutsche Währungsreform 1948—Die Rekonstruktion des westdeutschen Geld- und Währungssystems 1945-1949 unter Berücksichtigung der amerikanischen Besatzungspolitik")(1980年)がある[5]。この著作はテュービンゲン大学へ提出した教授資格論文で，目次は以下の通りである。Ⅰ．問題設定と資料紹介，Ⅱ．アメリカのドイツに対する政策，Ⅲ．ドイツ・レンダーバンクの成立，Ⅳ．大銀行の解体，Ⅴ．1948年通貨改革の成立と遂行，Ⅵ．ドイツマルクとライヒスマルクの交換比率，Ⅶ．結論。

ここにみられるごとく，この著作では戦後改革に関連する問題を網羅的に取り上げていて，その後のドイツでの研究の基礎となっている。とくに，ド

イツ・レンダーバンクの成立過程と通貨改革を占領諸国の政策と関連付けて説明した数少ない貴重な研究書である。

このヴァンデルの著作以降，占領政策の相違を重視して占領軍文書を調査した研究が進められてきた。まずテオ・ホルストマン(Theo Horstmann)が1980年代中盤から以下の論文を発表してきた。1.「金融瓦解の恐れ——1945年から1948年までのブリテン占領ゾーン(地区)における銀行・金融政策」(1984年)，2.「"世界最悪の発券銀行システム"をめぐって——アメリカのドイツ銀行制度改革プランに対する連合国内での確執」(1985年)，3.「ドイツの発券銀行システム——第二次世界大戦後における連合国占領政策の成果としてのドイツ・レンダーバンク」(1989年)，4.「西ドイツ通貨政策指導機関としてのドイツ・レンダーバンクの成立」(1990年)[6]。

その後1991年に，ホルストマンはボーフム大学へ提出した学位論文をまとめた著作を刊行している。それは『占領諸国とドイツの大銀行——第二次世界大戦後の西ドイツにおける金融政策』("*Die Allierten und die deutschen Grossbanken—Bankenpolitik nachdem Zweiten Weltkrieg in Westdeutschland*")という表題がつけられた。この著作は，ヴァンデルの著作で出されていた占領国の金融政策の相違をさらに明確にしたが，それは目次からもみてとれる。序，1. 対立するコンセプト——アングロ・アメリカの戦後プラン枠内におけるドイツの銀行制度，2. 初期の相違——アメリカとブリテンの占領領域での最初の銀行政策，3. 1945年から1947年までのアメリカの集中排除政策，4. ブリテン占領政府と銀行集中排除政策の問題，5. 集中排除過程における大銀行，6. 集中排除問題についての連合国の解決方策，7. 再集中と再建——西ドイツにおける大銀行の新秩序，1949-1952年，8. 結——復活した大銀行，9. まとめ[7]。

次に，これらの成果を土台として連合国軍政府の占領軍文書をさらに読み込んだベルリン自由大学のカール゠ルードヴィヒ・ホルトフレーリッヒ(Carl-Ludwig Holtfrerich)が二つの成果を上げた。その一つは，5人の研究者によるドイツ銀行史『ドイツ銀行1980年-1995年』("*Die Deutsche Bank 1870-1995*")のなかの担当箇所「第二次世界大戦，占領軍支配，復興にい

たるドイツ銀行——1945年から1957年まで」(1995年)である。そしてほかの一つは『フランクフルト金融センター——中世の見本市都市から欧州金融センターへ』("*Finanzplatz Frankfurt*—Von der mittelalterlichen Messestadt zum europäischen Bankenzentrum")(1999年)である[8]。前者は，個別銀行の復興史を扱っているが，その前半で1. 終戦から占領軍支配，2. 西側連合国の銀行政策，問題に焦点をあてている。後者の第6章では「フランクフルトの復活」という表題となっている。このなかで注目すべきは，ドイツ・レンダーバンクの本店所在地をめぐり，ハンブルクを主張するブリテンとフランクフルトに固執するアメリカの対立をはじめて鮮明にし，アメリカによる「政治決着」仮説を提示したことである。

なお第二次世界大戦後の証券市場史に関するものでは，フランクフルトの銀行史研究所の委託を受けハンス・ポールが編集にあたった『ドイツ取引所史』と，フランクフルト証券取引所が400周年を記念して編集し，ベルント・ベーリングに執筆を委託した『取引所とその時代——フランクフルト証券取引所1585-1985』が重要資料である。前者ではベルント・ルドルフ(Bernd Rudolf)が第5章「1945年以降の有価証券・金融先物・外国為替取引所」を執筆している[9]。そのほかには，フランクフルト市にあるゲーテ大学附属の資本市場研究所(Institut für Kapitalmarktforschung)が逐次テーマごとに小冊子，各種著作を刊行している[10]。

さらに1987年からは，ドイツ証券取引所連合会がドイツ証券取引所全体をまとめた年次報告書の刊行を開始した。また最近は，若手研究者を含めた西ドイツ経済史およびドイツの証券取引所の歴史的変貌についてまとめた研究成果やベルリン金融センターの通史を扱った著作も刊行されている。これらおよび筆者が収集したドイツの各取引所が刊行している記念誌などについては必要に応じて取り上げていきたい。ほかにも通貨ユーロの導入に伴い，ドイツマルクが消失し，これを記念してドイツマルクの50年史にかかわる文献が多数出版されていることを付け加えておく。

なお，筆者は2001年8月にコブレンツの国立文書館において米国ドイツ占領軍政府(Office of the Military Government of the United States for Germany=OMGUS)の文書の一部を，2003年4月から5月にかけてロンドン，キューガーデンの公文書館とイングランド銀行附属の文書館でブリテン政府の占領軍文書の一部を閲覧した。できうるかぎり，一次資料から紹介していきたい。

2．日本における主要な研究

本章と関連する日本における研究で，占領政策および経済・金融改革について，また西ドイツの証券市場についての主要な著作(訳書を含む)を示しておく。前者については次の3点が重要と思われる[11]。

まずはじめに，戸原四郎著「西ドイツにおける戦後改革」(1974年)である。これは東京大学社会科学研究所が編集した『戦後改革』全8巻の第2巻「国際環境」に掲載された論文の一つであり，戦後改革について網羅的な説明を行っている。

次に真鍋俊二著『アメリカのドイツ占領政策——1940年代国際政治の流れのなかで』(1989年)である。アメリカ以外の連合国の政策分析とアメリカの政策との相違については充分深められてはいないが，アメリカの占領政策の概略を見渡すうえで役に立つ文献である。

第三に渡辺尚著「ラントとブント——西ドイツ政治・経済空間の形成過程」が重要である。これは同氏が執筆者を代表してまえがきを書いている，日独ドイツ経済史研究者6名による共著『ドイツ経済の歴史空間——関税同盟・ライヒ・ブント』(1994年)の第4章を構成している。このなかで西ドイツにおけるブントの成立過程が，占領4カ国の占領政策をめぐる確執とドイツのラントとの関連で詳細に分析されている。

次に西ドイツの証券取引所，資本市場関係では，日本証券経済研究所に設置された西ドイツ資本市場研究会と，日本興業銀行の特別調査室および興銀データサービスが刊行した文献と調査資料などが1980年代はじめまでに刊行されている。

前者では，まず『証券研究』第10巻に掲載された塚本健の論文「西ドイツの証券税制」(1964年)がある。次に同誌第21巻には玉野井昌夫の論文

「戦後におけるドイツ証券市場の特色」(1967年)が収められている。さらに同誌第37巻では「戦後ドイツの経済と金融」というテーマでの特集が組まれ以下の5名による論文が掲載された(1973年)。戸原四郎「西ドイツにおける占領政策と企業再編成」,土谷貞雄「西ドイツの金融制度と産業金融」,塚本健「西ドイツの景気調整的財政金融政策と資本市場」,小湊繁「西ドイツの戦後企業金融(1)」[12]。

後者は,特別資料34-9「西ドイツ証券市場の概観」(1960年)と海外金融制度シリーズ『西ドイツ証券市場30年の歩み』である。これはドイツの研究のところで取りあげたゲーテ大学附属資本市場研究所が刊行した『西ドイツ資本市場の30年』("*30 Jahre Kapitalmarkt in der Bundesrepublik Deutschland*")のなかに収められた2本の論文と附属資料を土台とし,土谷貞雄が翻訳している(資料のみ原著が1980年までであるのを1982年まで付け足している)[13]。

その後,1987年に西ドイツ資本市場研究会はヨーロッパ資本市場研究会と名前を変え,引き続きドイツ関係の論文を刊行した。またメンバーはやや重複するが,東京大学社会科学研究所のドイツ経済文献研究会もこの分野での研究成果を刊行してきている。前者では,『証券研究』第88巻掲載(1989年)の塚本健「1980年代西ドイツ財政と資本市場」,飯野由美子「西ドイツ貯蓄奨励・財形政策の転換と個人貯蓄構造の変化――西ドイツの金融自由化の一側面」が重要である。後者では,戸原四郎・加藤栄一編『現代のドイツ経済――統一への経済過程』(1992年)に掲載された小湊繁・飯野由美子の「通貨と金融」,および戸原四郎・加藤栄一・工藤章編『ドイツ経済――統一後の10年』(2003年)に掲載された工藤章「序章――経済統合・ヨーロッパ統合・グローバル化」,同「産業と企業」,飯野由美子「金融――競争・再編下の金融市場」[14]。である。

以上すべての研究書を網羅したわけではないが,これら主要な研究成果を踏まえて,第二次世界大戦終結以降のフランクフルト金融市場を中心とする西ドイツの資本市場についてこれから詳しく考察していきたい。

第3節　戦時経済の遺産と敗戦前後の証券取引

　ナチス支配時代の統制経済は，その最終局面では経済活動全体を国家機構に組み入れていた。労賃を含めた商品価格を統制し，資金の大部分を軍事産業へ向ける体制であった。そのために，企業は資金決済を戦時経済で形成されたハウスバンク（コンツェルンバンク）に依存する以外には自己金融を中心にすえ，内部留保した資金は国債購入に強制的に振り向けられた。銀行も国債購入を強制され，膨大な額の戦時国債を保有した。中央銀行であったライヒスバンクは，ほぼ無制限の信用創造を繰り返していた。

　敗戦の結果この国家は破壊され，代わりに連合軍4カ国の占領によりドイツ国家は分割された。そして再び西側ドイツの国家体制が再生されるには，1949年のボン基本法成立を待たなければならなかった。その前年の1948年には経済活動の基礎となる通貨改革が断行された。アメリカ軍（連合国軍）の単独占領により旧円と新円の切り換えが1946年に行われ，翌年新憲法が施行された日本の場合と比べると2年間の遅れをきたしたのである。

　この2年間の遅れは，占領4カ国間の占領政策をめぐる角逐と対立，妥協と政策のすり合わせ，最終的な1948-49年にかけての東西ドイツの分裂へとつながる国際情勢によるものだった。この間ドイツ国民はほぼ政治と経済の政策形成においては蚊帳の外に置かれた。また基本的な経済活動は各国占領軍政府により，当面は戦時統制経済の延長に添った形で行われた。このため本章のテーマとの関係でとくに金融市場面での戦中，戦後の連続性と断続性についてまず考察しておきたいと考える。これを株式，債券，貨幣市場の各金融市場の面に分けてみていくこととしたい。戦後とくに重要であった，連合国軍の空爆で大破壊を受けた家屋，建築物に対する住宅金融市場も含めていきたい。

1. 戦時経済の遺産と金融・証券市場
(1) 株式市場の機能麻痺

　金融市場のなかでいちばん市場機能を奪われ，国家機能へと換骨奪胎されたのが株式市場であった。それはナチスのアンティゼミティスムスの標的とされたためであった。価格形成機能が剥奪され，配当に対しても種々の制約が加えられていった。また個人銀行を中心とした証券業者のうちでユダヤ系業者は資産没収か他銀行への資産の委託のあとに，迫害され国外へ追放された。

　最初に市場機能の剥奪についてのベーリングの記述を読むと次のような政策が順次とられていったことがわかる[15]。まず1941年に配当支払いが停止され，新規発行を妨げる税制上の一連の処置が続いた。また同年10月には銀行内部での売買契約執行が禁止されるにいたった。そして開戦以降に購入された有価証券の報告が義務付けられ，1942年春には価格管理制，さらに43年には相場停止制度(Kursstopp-System)が導入された。この結果，私的な株式市場「ブラック・マーケット」が形成され，相場は上昇を続け1932年の3倍となり1927年の水準に達した。

　次には取引所の営業日が制約された。1943年2月9日には週3日間のみ営業が許可となり，13日以降継続的な値付けはできなくなってしまった。戦争末期の1944年9月1日には株式市場は月曜日と金曜日のみ，債券市場は水曜日のみの開場となってしまった。そして最終的には1945年の2月から3月にかけての連合軍の空爆で，ドイツの多くの取引所はその建物を破壊され，引き続く占領軍の侵攻により取引自体を停止せざるを得なくなった。

　また，このあいだにユダヤ系の証券取引業者は追放されていった。彼らの資産がどうなっていったかについては，ドイツでも研究が進められてきている。筆者はそれらに関する文献を収集中であるが，これらについての紹介は今後別稿で整理していきたい。

　なお1937年に有価証券混蔵寄託機関に関する法律が出されていた。これはその後有価証券混蔵寄託銀行(Wertpapiersammelbank)となったが，

1943年初頭にはベルリンのライヒスバンクへその全機能を譲渡した。このように有価証券保有と管理をベルリンへ集中したことは，敗戦後同行がベルリンのソ連占領地区に置かれていため，経済復興との関係では大きな問題をもたらす原因となった。この点についてはのちほど触れる。

(2) 国家による債券市場の徹底的利用

以上みた株式市場の危機的状況に比べると，債券市場のほうは国家によって徹底的に利用しつくされたといえる。それは軍需を目的とした資金調達において，ライヒの果たす役割が巨大化したためであった。この点については「戦時中のライヒ財政と資金調達」についてまとめたハンスマイヤーとツェーザーの記述のなかからライヒ財政についての以下の数字をおっていくとよくわかる。

「(狭義の)軍備費は，既述のように，すでに1938/39年度に320億ライヒスマルクと総財政支出の61％を占め，国民総生産のほとんど41％にまで達していたが，1943/44年度までには1180億ライヒスマルクと財政支出の81％にまで増加し，この結果，国民総生産の70％を占めるにいたった」。ただし，この2人は租税収入という「経常」収入の果たした役割にも言及しているが，戦争が末期を迎えるに従い，国家信用の果たした役割がそれを上回ったことを次のように証明している。「1939年から1945年までのライヒの総支出のうち，およそ3分の1が国内の『普通収入』から，その12％が外国からの収入によってそれぞれ調達され，55％が国内における短期，中期，及び長期の債務によって賄われた」と[16]。

このような財政運営が可能であったのは，為替管理の導入以降外国の目を気にすることなく，ドイツ国内経済を国際経済から遮断したためであった。「音無しの金融」とか「物音のしない静かな」金融とかよばれた独自の金融体系を構築できたからであった。要は国民に公債を購入させることなく，国家機関化したライヒスバンクを中心とする国債引き受け構造を形成しえたためであった。ハンスマイヤーとツェーザーはこれをライヒスバンクの「三重の意味での静かな戦費調達」としてまとめている。第一には，国庫債券を引き受けた銀行，保険会社などの市中金融機関に対する流動性の支援(ライヒ

債務証書の買い取りによる），第二にライヒが発行する国債，国庫債券を市中金融機関に消化させる仲介役を果たしたこと，第三にライヒスバンク自体がライヒの財務省証券と市中未消化短期債務証書を引き受ける，という手段である。これは外国と国民に目隠しをし，市中金融機関に集められたドイツ国民の銀行預金と貯蓄預金を根こそぎ軍事融資へ振り向けることを可能にした。その結果ライヒの対市中金融機関に対する負債は終戦時に，「市中銀行に1100億ライヒスマルク，貯蓄金庫に540億ライヒスマルク，保険会社に250億ライヒスマルク」になっていた[17]。

このような国家側の巧みな金融操作によって，民間側の債券市場の利用は制約を受けざるを得なくなった。とくに1941年以降は民間起債が減少に向かったことをベルケは以下のように述べている。「工業債と債務証書の新規発行は1941年には3億5200万ライヒスマルクで，前年第1期の8億8600万ライヒスマルクを下回った。1943年には新たに比較的大規模な工業債発行が行われたが，1940年ほどではなかった」と[18]。このように，1940年代に入って機能が麻痺させられた株式市場と比べると債券市場は民間部門を含め，まだその機能を果たしていたといえる。なお，以上述べたような株式市場と債券市場の戦時中の変容と規模の相違は戦後西ドイツの証券市場の特色にもつながる重要な問題となっていく。

(3) 経済統制下の貨幣市場

以上みたように戦時金融は，最終的にはライヒスバンクによる対国家信用創造を軸とした形で遂行された。この結果ライヒスバンクの負債総額は，アメリカ地区の諸州議会が編纂した1949年の統計調査に基づき1938/39年度に307億ライヒスマルク(RM)，1941/42年度には1377億RM，1944/45年度に3798億RMという数字となっていることを，ハンスマイヤーとツェーザーが紹介している[19]。これらの巨額のライヒスバンクおよび先に述べたライヒ自体の負債額はすべて占領下のドイツへ引き継がれ膨大な量の貨幣過剰を発生させることとなった。これらは最終的には1948年の通貨改革で切り捨てられていくことになるが，ここでは貨幣市場の状況についてみておきたい。

ドイツ連邦銀行の統計では，終戦時の流通貨幣は，総額で約 730 億 RM であった。この額は，終戦後のドイツに戦時経済の遺産としてそのまま持ち越された。さらに旧ライヒ領では「約 1250 億ライヒスマルクの貯蓄性預金およびおよそ 1000 億ライヒスマルクのその他の銀行預金を加えると，結局総額 3000 億ライヒスマルクに近い流動性資金となる」とハンスマイヤーとツェーザーは結論付けている[20]（表 3-2 a 参照）。

ところでドイツが連合国に無条件降伏したのは，1945 年 5 月 7 日の午前 2 時 41 分であった。ドイツを占領した連合軍はナチス時代の「物価統制を含めすべての統制経済制度を保持し……西側地区の物価は，アイゼンハワーの布告第 1 号によって，1945 年 5 月 8 日の水準に固定され」た[21]。このため，商品価格はすでに 1944 年から統制価格と乖離しはじめていたが，ますます経済実勢と合わなくなっていった。その結果市中では闇市場，灰色市場，物々交換，煙草貨幣が出現し，通貨改革の断行にいたるまで貨幣経済の混乱が続いていった。しかしこの通貨改革にいたるまでには，占領 4 カ国のあいだでの占領方針の基本的相違に基づく政策の相違から，各国の思惑に基づくヘゲモニー闘争にいたるまで，さまざまな確執があった。したがって日本における米軍と国連軍極東司令部の占領のようにスムーズにことが運ばなかった。

2．証券取引所の再開と旧所有権の清算

戦後の取引所の再開とその活動状況については，全体をまとめたものとして『ドイツ取引所史』のなかのルドルフの記述がある。また各証券取引所が取引所設立以来の記録を節目となる年にまとめ刊行したり，最近はホームページに歴史などの概略を掲載している。

戦後の再開は，各占領軍の許可を必要としたが，比較的早い段階から各地域ごとに再開が認められた。もっとも最初に取引が開始されたのは，規制下の店頭取引であった。公定取引が多くの取引所で開始されるのは，通貨改革断行後 1948 年半ば以降，本格的には 49 年 10 月 1 日に発効した証券清算法を待たなければならなかった。というのは，戦時中に有価証券を保管（混蔵

寄託)していたライヒスバンクはソ連占領地区にあり，保管中の証券は戦後封鎖され，取引が不可能であったからである。しかも価格統制は占領下でも継続し，証券取引価格についてもそのもとに置かれていた。ハンスマイヤーとツェーザーの記述では，「有価証券についても物々交換がかなりの規模で一般的に行われていた」のであった[22]。以下では各占領地区ごとの地域取引所についてみていくこととする。

(1) アメリカ占領地区以外の証券取引所

まずソ連占領地区についてみてみよう。ここにはベルリン取引所とライプツィヒのザクセン(中部ドイツ)取引所(以下ライプツィヒ取引所とする)があった。後者には，1935年の統合でハレ，ドレスデン，ケムニッツ，ツヴィッカウの各取引所が含まれていた。しかしライプツィヒ取引所をはじめとしていずれもソ連政府の政策により再開されることはなかった。とくにベルリン証券取引所は旧東ドイツにあり，ドイツ帝国時代に繁栄した取引所は建物自体が王宮と合わせて破壊されてしまったため，その姿を再びみせることはなかった。唯一存続にこぎつけることができたのは，西ベルリンで再興された取引所である。しかしそのスタートは，ほかの取引所に比べ5年遅れの1950年であった。第二次世界大戦後を含めたこの取引所の小史と年次記録については，すでに別稿で紹介しているため省略する[23]。

次にブリテン占領地区であるが，ここには，1935年にハンブルクのハンザ取引所に統合されたブレーメン取引所，リューベック取引所があった。またデュッセルドルフにあるライン・ヴェストファーレン取引所(以下デュッセルドルフ取引所とする)は，同年にケルンとエッセンの取引所を統合したものだった。ほかにハノーバーのニーダーザクセン取引所(以下ハノーバー取引所とする)がある。このうち，リューベックとケルンおよびエッセンの各取引所は戦後復興がならなかった。ハンザ取引所から独立し唯一復興されたのは，ブレーメン取引所であった。それは最終的にブレーメンを占領したのがアメリカ軍であったからである[24]。そもそもブレーメンにはアメリカとの関係が商業上密であったという歴史的伝統があった。また海への出口を欲したアメリカ軍とブリテン軍政府間での妥協の結果でもあった。のちに通

貨改革のさいにこの都市は重要な役割を果たすことになる。したがってこの地区では，ハンブルク・ハンザ取引所(以下ハンブルク取引所とする)とデュッセルドルフ取引所，それにハノーバー取引所が再開された。

　まずハンブルク取引所である。ここは1945年7月9日に規制された店頭取引が開始され，公定取引の再開は49年の7月1日であった。この取引所の歴史と最近の動向については，本書第7章でまとめているため省略する[25]。

　次にハノーバー取引所について，1999年にハンブルク証券取引所とハノーバー取引所が合併してできたハンブルク・ハノーバー取引所株式会社のインターネットの記事からみておく[26]。それによると1943年10月9日の夜，取引所はハノーバー空襲によって打撃を受け，ランドシャフト通りにあるブラウンシュヴァイヒ・ハノーバー抵当銀行で業務が続けられていた。敗戦後1945年6月にハノーバーの銀行家たちはベルリンへの従属を断ち切り，独自の取引所を復興させる可能性を探り，これを占領軍政府が要請した連邦主義のなかに見出し，復興の準備をした。この結果1946年4月1日に，さまざまな制約のなかで再開にこぎつけたが，ライヒと各ラントおよび自治体の債券と混蔵寄託中の証券は取引できなかった。また当初は「管理された店頭取引」でしかも相場停止のなかでの開始を余儀なくされた。しかし1948年からは相場表も出され，通貨改革後にはドイツマルク(DM)での相場付けが可能となった。1949年8月からは21社の株式が上場され，9月からは上場自体が容易になったことなどがうかがえる。

　最後にデュッセルドルフ取引所については，同取引所が1951年に編集した『ライン・ヴェストファーレン取引所』と2000年8月24日，同取引所建築物新築に向けた，取引所ホール惜別会での同取引所史をまとめたパンフレットを紹介する[27]。ここでは1943年7月12日の空襲でウィルヘルム・マックス‐ハウスの取引所が破壊されたものの，一時ドイツ銀行の建物内でそして最後にはコメルツ銀行の建物内で45年4月16日のデュッセルドルフ占領の前日まで取引が続けられていた。ただし1944年2月以降は株式は月曜・金曜のみ，公社債がそれ以外の曜日に取引された。連合国は1945年3月2日以来ライン左岸を占領し，最後の取引はデュッセルドルフ占領の1日

前の4月16日に行われた。敗戦時の相場表には，ライヒと各ラントの債権を除く391種の証券が表示されていて，うち確定有価証券244種，株式134種，鉱山株(Kux)13種があった。占領軍は1946年4月15日に，コメルツ銀行のクラブハウスでの取引所取引の再開を許可した。組織的にもさまざまな困難があったが，証券所有の適法性を審査し，銀行が振り出した供給証明書を交付した。そして1947年10月に適切と判断された証券の取引がやっとのことで開始された。その後1948年7月17日に取引所規則を発効させ，49年2月に移転先のケーニヒス通り2-4で公定取引を復活させた。さらに1951年4月17日のウィルヘルム・マックス-ハウスへ取引所を移転，さらに57年に商工会議所が併設されている現在のエルンスト・シュナイダープラッツの建物へ移転した。1946年末には，ライヒ債，混蔵寄託中の証券，IGファルベンの株式と社債は取引から除外されたが，合計155証券，うち確定有価証券55種，株式88種，鉱山株15種が取引された。

(2) アメリカ占領地区の証券取引所

このなかには，先ほど触れたようにハンブルクのハンザ取引所から独立したブレーメン取引所，シュツットガルトのヴュルテンベルク取引所(以下シュツットガルト取引所とする)，1935年にアウグスブルク取引所を併合したミュンヘンのバイエルン取引所，そして同じくマンハイム取引所を統合したフランクフルトのライン／マイン取引所がある(以下フランクフルト取引所とする)。

まずブレーメン取引所については，同取引所が1982年に創立300周年を記念して刊行した『ブレーメン取引所制度の300年1682-1982』がある[28]。それによると，1943年12月20日の昼ごろ，122回目となったブレーメン空襲の焼夷弾と爆裂弾により取引所の主要建築物は破壊された。そして1944年10月6日に取引所附属建築も瓦礫と化した。しかし終戦から3週間後には，商業会議所が市参事会に商品・証券取引所再開の認可申請をした。その結果1945年11月13日に市長が市参事会でアメリカ軍政府がその許可を出したことを報告している。また事前の準備が進められ1930年代から登録を抹消されていた「証券業者協会」も再組織された。1946年11月18日に取

引所理事会が成立し，48年12月には取引所組織は「有価証券取引所会員協会」という旧名で登録された。そして1949年2月16日にブレーメンの証券取引所はやっと復興され，ブリルにある貯蓄銀行の部屋で店頭取引から開始した。1949年8月19日の有価証券清算法以後本格的となり，公定取引は同年10月12日に再開された。

シュツットガルト取引所については，同取引所からメールで送られた年代記があり，それを紹介する[29]。1945年4月20日に最後の取引を終了していたが，11月5日に軍政府の許可によって再開され，同時に相場表が出された。取引所は，1945年2月から49年9月までヴュルテンベルク・クレディトアンシュタルトにあった。その後ビュッヘン通りのヴュルテンベルク抵当銀行に移され，その後も何度か場所を移転している。1949年には，シュツットガルト証券取引所へと名称が変更された。

次にミュンヘンのバイエルン取引所については，同取引所150周年記念誌『ミュンヘン取引所の150年』(1980年)をみよう[30]。これによると戦中の最後の取引は，アメリカ軍の侵攻の3日前の1945年4月27日であった。1945年8月10日にはドイツ全取引所のなかで最初に，かつここで公定値付けされていたすべての有価証券の公定取引を開始している。それはミュンヘン商業会議所(Handelsverein)が私法上の社団として取引所の管轄機関となっていたこと，またバイエルン州政府がすでにできていて，軍政府に対して責任を負うことができたという特殊な制度的要因によるものだった。ただしほかのドイツの取引所で上場されていた証券は，ミュンヘンでは店頭取引で取り扱われた。それはやはりベルリンに保管されていた混蔵寄託証券の行方が不透明だったため，公定取引が認められなかったからである。一方ミュンヘンにとって有利に作用したのは，戦争末期に，有効で大規模な有価証券資産がミュンヘンへ移転され，戦後の取引材料となったことである。ウィリアム・ブラウン(William Brown)陸軍大佐が1945年6月27日に，取引所業務再開許可の署名をしている。そのときの資料には，アメリカ占領軍の認めた規則と合致する規則にしたがって相場が管理されるべきこと，また当面1943年の相場価格の停止処置が有効であり，一定期間継続されることが記

述されている。またフイヒ証券は取引してはならず，このためミュンヘンで値付けされたバイエルン以外のドイツ債券は戦中最後の取引時の 109 種から 59 種へ減少した。

　最後にフランクフルト取引所についてみていきたい。この取引所については先に触れておいたベーリングの『取引所とその時代』を追っていくと次のような経過と取引状況がほかの取引所よりも詳しくわかる。

　同取引所は 1944 年 3 月 22 日の夜から 23 日にかけての空襲で破壊され，建物が焼け落ちたため取引は地下室へ移動して行われた。戦中最後の取引は，アメリカ軍が侵攻する 45 年 2 月 23 日の数日前であった[31]。戦後の再開は 1945 年 9 月 14 日で，地下の穀物取引所ホールで行われ，アメリカ軍政府の最高司令官が祝辞を送っている。ただし有効な証券も公定相場表もない，銀行と発行者とのあいだの売買でしかなかった。正式に相場が開かれるには 1946 年 3 月の軍政府の許可を待たなければならなかった。占領軍の了解のもとに「監視委員会」が形成され，規制された店頭取引の諸条件が定められた。復興後何カ月かは月，水，金曜日に相場が開かれていた。取引所入場者は 30 人の銀行員と 3 人のマークラーのみだった。商工会議所は 3 階の再興された集会所ホールを使った。通貨改革のころには入場者は 136 人へと増加し，うち 14 人がマークラーであり，1947 年 9 月に新マークラー規則が定められた。また 1948 年に取引所理事会を構成し，ここが監視委員会から公定取引再開に向けた準備を引き継ぎ，通貨改革後に備えた。相場停止令がいきているため，より高い相場で契約しようする者は「闇」取引をし，取引の本質的部分はヤミで行われた。しかし，インフレの後退と経済秩序の回復に伴い，会社株への投資を準備しはじめる動きもしだいに出はじめた[32]。

(3)　封鎖証券と旧所有権の清算

　ところでベルリンのライヒスバンクに封鎖された混蔵寄託証券についても，ベーリングの記述中に詳細な説明があるためここで紹介しておく[33]。敗戦時全有価証券の 80％ がここに集められていた。ほかの資産性証券はドイツを離れたときに所有者から失われているか，略奪や東側からの追放時に手放されたり手の出せないものとなっていた。デュッセルドルフ，フランクフル

ト，ハンブルク，ハノーバー，ケルンにあるライヒスバンク地方局(Abteilung)にあった比較的わずかな証券資産も入手できなかった。売買可能な証券は，西側地区で自己管理下に置かれていたか，あるいは金融機関において帯封寄託された証券であった。後者は1947年19月に「有価証券流通証明書に関する指令」公布で取引を認められた証券である。金融機関はこの流通証明により所有者の正当化を確立した。

なお通貨改革後の新証券発行とその前提となった証券清算についても説明がある[34]。新証券はドイツマルク表示貸借対照表が確立されたあとに可能となった。1948年と52年の二つのドイツマルク貸借対照表法で価値が査定されたからである。これは有価証券の清算と直接の関係をもっていた。この証券清算作業は1947年11月から開始され，1949年10月1日に発効した有価証券清算法で根拠付けられた。流通証明のない証券は無効とされ，1有価証券ごとに1混蔵証書で置き換えられ，これには共有権が認められた。共有権の申請は審査能力をもった金融機関において行われた。これが認められた場合，申請者は無効となった証券や混蔵寄託分の代わりに同額の「新混蔵寄託持ち分」を混蔵証書として受け取る。このようにして正当と認められた所有者は，のちに新たに印刷される証券の交付請求権をもった。また債務証券(Schuldverschreibung)で証明されていた債権の転換については，1948年6月の転換法に基づいて行われた。このようにして有価証券の清算という特別業務は1955/56年までにその主要な部分を終了した。最終的には1964年4月1日に発効された有価証券清算終結法によりその年末までにこの話の顛末は片づけられることになった。

さらに有価証券の清算は有価証券保管・振替機関(Kassenverein)というネットワーク再構築の出発点でもあった。ベルリンという一つの証券混蔵寄託銀行においてさまざまな個別証書が発行されていたが，1949年には諸地域で保管・振替機関が創出され，それに伴い混蔵寄託銀行制度は集中排除(Dezentralisierung)へ戻されたのである。フランクフルト保管・振替機関は1949年7月12日に株式会社として設立され，1943年までフランクフルト取引所の混蔵寄託機能を果たしていたフランクフルト銀行の建物に入った。

その後フランクフルト証券取引所は，復興後の西ドイツ連邦制資本市場のなかで中心的役割(かつてのベルリン証券取引所が果たしたのとは別の意味で)を担うことになる。しかし，それにいたる道には戦後改革という重大な問題が横たわっていた。これは次の章で取り扱うこととする。

第4節　占領政策の相違とフランクフルト金融市場の復活

　アメリカの占領政策は終戦前の段階から国務省を中心として検討され，その結果は財務省長官ヘンリー・モーゲンソー(Henry Morgenthau Jr.)のプランとして打ち出されていた。これは，ドイツの経済社会構造の抜本的改革を目指したものであった。その後社会情勢の変化とともに元大統領ハーバート・フーヴァー(Herbert Hoover)のプランと国務省ジョージ・C.マーシャル(Gerge C. Marshall)のプランが出され，ブリテンの占領政策との妥協が図られていった。また政策全体の実現の指揮を執ったのはルシアス・D.クレイ(Lucius D. Clay)将軍であり，実際に現場で金融政策上の対応をしたのはクレイの財政顧問(金融助言官)ジョゼフ・M.ドッジ(Joseph M. Dodge)であった。

　一方ブリテンは労働党が政権をとっていて，その占領方針は，速やかな経済復興とそのためにドイツの経済社会構造の変革を望まない，というものであった。それはドイツ経済を立ち上げ，ブリテンへ戦時賠償金を支払わせ，これをもって戦争で打撃を受けたブリテン自身の経済を復旧させる目的をもっていた。そのためにも中央集権的な経済体制を望んでいた。

　ただし英米間ではなんらかの形で中央銀行を創出するという点では一定の合意があり，両占領地区で妥協を探りはじめた。しかし西側陣営全体での政策統合の基本合意は紆余曲折を経た。それは，英米の中央銀行に対する政策が相違したことのほかに，ソ連が独自の政治・経済路線をとり，またフランスも独自の政策をもっていたからである。その後ベルリンをめぐる国際情勢の展開のなかで，西側連合国はソ連とは違う路線をとることになる。それは同時に通貨改革をはじめとした，ソ連地区を含めた占領4カ国全体としての

占領政策の実現を放棄することであった[35]。

このような各国の思惑の違いに基づく占領政策の相違のなかで，なんとか妥協点をみつけていったのが，アメリカの連邦準備銀行をモデルとしたドイツにおける中央銀行システム，のちのドイツ連邦銀行に接続するドイツ・レンダーバンクの設立であった。ソ連を排除した通貨改革の必然性が濃くなるなかで，やっと実現の運びとなった。しかし，この問題の最後に調整を要した点は，このレンダーバンクの本店所在地をどこにするかであった。ブリテンはハンブルクを挙げ，一方アメリカはフランクフルトに固執した。最終的には1948年1月の時点でアメリカの提案通り，フランクフルトに落ち着いた。この結果フランクフルトが戦後の金融センターの役割を担うこととなった。したがってフランクフルト証券取引所も西ドイツ資本市場において，一定の役割を担わされることになった。流れとしては以上のようであるが，以下ではこれらの点について，各研究成果に基づき詳しく追いかけていきたい。

1. 基本方針と占領政策をめぐる連合国間の確執
(1) アメリカの金融改革方針と調査報告

アメリカの経済政策は，当初モーゲンソー・プラン(1944年に構想され，文書としては1945年に刊行)に合わせてつくられた。その後このプランは国務省側の巻き返しにより，次第にフーヴァーとマーシャルのプランへと変更されていくようになった。このドイツの弱体化を狙うハード派とそれに反対するソフト派とよばれた路線はアメリカ政府内にも論争があり，「在独米軍政府を指導すべき最初の指令である1944年9月27日付JCS1067からして二者併存的・臨時的性格のものたらざるを得なかった」と真鍋俊二の著作で述べられている[36]。しかし，このような折衷的な内容は，次第に整理されフーヴァー・プランおよびマーシャル・プランに沿った形で整理され，最終的には1947年の統合参謀本部指令(Joint Chiefs Saff (us)—JCS1779)へと修正される。

ドイツの貨幣・金融政策も以上の2つのいずれかに沿った形で提案され，内容を変更していった。当初の出発点になったのは，1945年8月のポツダ

ム協定であった。これはモーゲンソー・プランに近い形で，ドッジが1945年7月30日にドイツに赴任した直後の9月末にまとめた案であった。それはヴァンデルによると以下の通りである[37]。

1．各ラント(州)において独自の中央銀行を設置する。
2．すべての金融機関の集中を排除する。各銀行は本店をもつ州内にのみ支店，支社をもつことができる。
3．連合国全体で，銀行監督局(Allide Bankin Board)と州中央銀行委員会を設置し，その営業を管理し，通貨安定を図り，銀行システムを指導・監督する。
4．ライヒスバンクと6大銀行(ドイツ銀行，ドレスデン銀行，コメルツ銀行，労働銀行，ライヒス・クレディトアンシュタルト，ベルリン・ハンデルス銀行)は閉鎖する。
5．ドイツ工業界への過剰な影響力を避けるために，ユニバーサル・バンク制度は廃止する。

これは，「ハイマートモデル」に倣ったといわれるように，アメリカの以下の金融システムをドイツへ導入しようとしたものであった。すなわち，中央銀行制度は連邦準備制度(FRB)を，州内銀行支店制度は州際銀行制度を，そして商業銀行業務と証券業務の兼営禁止は，1933年銀行法をモデルとしたものである。しかし，たんに故国アメリカの制度を模倣するというのではなく，ここには第二次世界大戦の遂行を表裏一体で支えていたドイツの金融制度を徹底的に改革しようという狙いが含まれていた。

このような政策目的はたんにドッジの個人的見解ではなく，アメリカ占領軍政府のドイツ金融制度改革を目指した調査活動に基づくものであった[38]。またこの調査はドイツで過去何度か行われた銀行調査報告とも共通する結果をもたらした。このなかで，とくに証券市場の問題とも深く関係している点については以下の文書があった。

まず1945年10月23日と30日付の連合国管理部(Allied Control Authority)金融局(Directory Of finance＝DFIN)の同一題名での日付の異なる二つの文書，「株式会社の株式投資と証券取引所取引に従事する銀行支配

力の排除」(アメリカ委員の文書)で，以下のことが述べられている[39]。はじめに10月23日付文書では以下の3点が記述されている。
  1．(前略)経済力の過度集中を排除する目的のためドイツ経済の集中を排除すべし。
  2．ドイツの経済支配力の集中をもたらしている一つの要因は大規模株式会社と銀行間の相互関係であり，このため銀行は資本金と預金をその株式に投資することを可能としている。また銀行は証券取引所取引でも主要な機関となっている。
  3．この相互関係と経済力集中手段を分散させるために，次のことを要請する。
    a．銀行が証券取引所の会員となることを禁止する。
    b．銀行が顧客の代理以外で，取引所で取引される証券を売買することを禁止する。
      すべての証券取引所取引はブローカーと(銀行以外の)ほかの既存組織で運営されるものとする。
    c．銀行が株式会社普通株，優先株に資本金と預金を投資することは認めない。
次に10月30日付の文書は23日付文書と一部重複するため，それを除く部分を以下に記す(1と3がほぼ重複のため略す)。
  2．銀行分野での過度経済力の集中は，銀行業ならびに証券保有によってドイツ工業界をも支配している6大銀行に体現されている。
  4．さらに要請すべきは以下の点である。
    a．現在閉鎖中のライヒス・クレディトアンシュタルトとドイツ労働銀行は閉鎖を維持する。
    b．ベルリン・ハンデルス銀行については，のちほど結論をだす。
    c．ドイツ銀行，ドレスデン銀行，コメルツ銀行の現存する諸支店が，国内本店を再組織することを禁止する。
    d．一ラント内の銀行の全支店は単独で存在し，その州内にある本店にのみ関係させる。かつその本店は，直接にも間接にも州外のどの

金融機関のコントロールからも独立させる。

　　e．どの銀行もその本店があるラントと地域（Province）の境界外に支店を設置，所有することがないものとする。

　さらにアメリカ軍政府の調査はその後も続けられ，ドイツ人の証言調書やアメリカ人の個人文書およびメモとして残されている。それらのなかには金融局が行った聞き取り調査と銀行政策についてまとめたフォルダのなかに以下のような文書がある。

　まず1927年から32年にかけプロイセン商務省下級事務官および上級事務官経験者のフリードリッヒ・シュペール（Friedrich Sperl）名の文書である。彼は，ドイツ証券取引所の発生史を簡単に述べたあと，大銀行の証券業務の集中状況について次の記述をしている。「これらの（大銀行の―山口）一貫して増加した業務部分は，銀行証券部が執行していた。注文のかなりの部分が公式の取引時間前に，とくに大銀行の証券部で執行されていた」と。また「取引所問題についてのメモ」という文書では，銀行の取引所における支配力に触れ，さらに政策提言をもあわせて行っている。「銀行は取引所業務を，収益性を確保するために利用していた。現在は変わってきたが，荒っぽい投機も銀行には有利だった。法律上銀行と取引所は分離されていたが，取引所は銀行の手中にあるというのが実情だった。というのは取引所理事会は銀行員によって占められ，支配されていたから。この分離は，銀行代表者が取引所の管理団体役員に選ばれなくなることによってはじめて実現可能となる。取引所を公法上の社団として新しくつくり替えることによってのみ，銀行支配を妨げることができる」と[40]。

　次に「米英と比較したドイツ証券取引所システムについての報告」という文書では，ドイツの証券市場が中世には個人銀行業者によって代表されていて，彼らが富裕層の資金を扱い，ドイツ工業化にも貢献し，その後株式会社組織の銀行を創業したことを紹介している。そして銀行と工業との緊密な都合について次のように述べている。「このことは直接資本参加がない場合にも，ほかの国における規模以上に，通常の与信業務を拡張することを可能とした。これらの信用はのちに債務証書や新株発行で回収された。そのさいの

はめ込みとかその他のサービス(利子支払い，配当，償還)は銀行が行った。……この業務における銀行の役割は重大であり，すでに述べたごとく業務の円滑な展開は，証券取引の良好な機能に条件付けられていた。ほぼどんな場合においても，最初のはめ込みが銀行によって証券取引所外でなされていたことは事実である」[41]と。

　以上みてきたように，アメリカ軍政府の調査は，かつて「金融資本」とよばれていたドイツの金融・証券市場についての実情を正確に押さえ，またその本質に迫る証言を得ていたとみてよいであろう。なおこの産業に対する「銀行支配力(勢力)(Bank Power)」の排除については，台頭中のナチスも果敢に挑戦する姿をとっていたが，最終的には一部の政策(ユダヤ系業者の排斥)を除き，完全排除にはいたらなかった。これに対してアメリカの当初の集中排除政策は，連邦分権制を目指す点でナチスの政策とは異なっている。

(2) ブリテンの占領方針と占領政策

　ブリテンの占領方針は，「当初ロンドン労働党政府の政策目標に明記されていた」とヴァンデルはみていた[42]。それは安全保障の観点からブリテン政府がドイツ経済に対する支配を確保することを狙ったものだった。ただしロンドンの外務省を含めブリテン政府は，占領当初ドイツの運命と占領政策についての明確なコンセプトをもっていなかったとみている。それは自国経済の復興をなによりも最優先させるためであった。強い関心をもつようになるのは，1947年中盤に東西対立がもちあがりはじめたあとであった。しかしその時点では，戦時中に生じた輸出の減退と財政赤字の増加によって，ワシントンに主導権を渡しアメリカに従わざるを得なくなるという2つの基本視点をヴァンデルが整理している。

　一方ドイツにおけるブリテン占領軍政府は，当初軍事省市民局(Zivilabteilung der Kriegsministerium)に置かれていて，そのメンバーのほとんどは保守的な将校から構成されていた。彼らはロンドンの労働党政府がドイツを社会化するとみて，そのための手段を保持するよう試みていた。その後予想される社会化の実験を可能とするために，あらゆる集中排除の努力に抵抗したのである。

なお以上の点については，ヴァンデルの研究に続いて，ホルストマンがさらに詳細な研究成果を上げている。これは本章の注6)で示した4本の論文，とくに1984年に刊行された論文でほぼその骨格が提示されている。その視角は，ブリテン軍政府がライン・ルール地域でのドイツ工業力の効率的な復旧作業に向けて，金融制度の全体にわたる改革を避け，むしろ中央集権的に経済をコントロールしようとしたというものである。このことはホルストマンの1984年の論文において，はじめて核心に迫る分析が行われているため以下で紹介しておきたい。

まず，ブリテン占領地区において金融中心地はハンブルクに置かれた。それは，ライヒスバンク・ハンブルク支局が1946年秋から実質的にいわゆる営業本部(Leitstelle)の機能を果たすことになったからである。またここが発祥の地であるコメルツ銀行が敗戦直後にベルリンから本社機構(Hauptverwaltung)を移したほか，ドイツ銀行とドレスデン銀行もいわゆる営業本部を置いていたからである。また貯蓄銀行分野ではハンブルク・ランデスバンクが一定の本部的役割を果たしたほか，1946年1月に信用協同組合の中央機関ドイツ・ツェントラール・ゲノッセンシャフトカッセがブリテン占領地区で創設されていた[43]。

そしてこのブリテン占領地区のライヒスバンク本部は，当初から，アメリカの集中排除政策に反対する次のような声明を出していた。「各地域銀行を創出する政治的理由は，諸占領軍政府が可能なかぎり国家権限の集中を排除しようとするからである。……アメリカという国のような特殊条件を考慮すれば望ましく正当化できるが，ドイツの条件には合っていない」。また通貨と貨幣システムに関しても同じような見解を出している。「ドイツ通貨の将来はまだ不確定であり，……貨幣制度をこれ以上不安定にするようなことは一切避けるべきである」と[44]。このようなブリテンの銀行システムに対する基本政策をホルストマンは「制度上の中央集権化」と述べ次のように整理している。その目的は，金融機関の業務能力を安定化させること，また同時に地区内の金融制度に対する管理上および指導上の権限を確保することであると[45]。

ところで実際にこの地でこの作業を担当したの，はブリテン管理委員会銀行部門の指導者で銀行家のチャールズ・グンストン(Chales Gunston)であった。彼は1945年9月にベルリンから，かつてライヒスバンク理事会メンバーであったエルンスト・ヒュルス(Ernst Hülse)とヴィルヘルム・フォッケ(Wilhelm Vocke)をハンブルクへ召還し，ブリテン地区のライヒスバンクの本部機能を構築するための責任者に任命した。この結果ブリテン地区のライヒスバンクは，旧ライヒスバンクに匹敵する機能と権限をもった。さらに1948年末には，このような貨幣・金融政策全般に対する包括的な権限は独占的地位を占めるようになった。というのはかつて銀行監督局という独自機関がドイツで存在していたが，この機能をもブリテン地区のライヒスバンクは合わせもつことになったからである。しかもこのように強力な機能をもつこの銀行はブリテン軍政府下に置かれていた。緻密に組織されかつ強力な権限をもつ中央銀行を通じて，金融機関全体を効果的に調整し支配するというブリテンの目的は，ライヒスバンクの再興によってこそ達成される，と考えられたためであった。

それでは，なぜこのような「安定化と中央集権化と管理強化政策」が必要だったのか。この点について，ホルストマンは次のような原因を考察している。それはブリテン占領地区における石炭，鉄鋼産業に対する膨大なブリテン軍政府の援助金増加に対応するものであった。価格統制が継続され，闇市場が付随する統制経済のなかで，通貨の支払い能力の低下は企業の破産につながることであった。ほかの占領地区に比ベブリテンがとった信用政策は，統制経済的色彩がより濃いものであった。それは，信用を調整しようとする占領軍の介入や指令を通した特定少数企業への地区財政からの膨大な貸し付けにみられる。すなわち「投資と生産管理を貨幣政策により調整するための手段を，量と質両面における信用調整により確保しようとした」[46]のであった。

しかしすでに戦時中において鉱山業では生産コストと販売収益が釣り合わなくなっていて，もはや占領開始時点で鉱山業は流動性資金を利用できなかった。このため占領軍指令によって銀行は1945年8月までに2億8000万RMを支払うよう命じられた。このことが銀行の収益状況をさらに悪化させ，

占領軍は補助金を引き続き支払わざるを得なくなるという墓穴を掘ったのである。結局1948年3月までに23億RMが鉱山業へ流失した。当初は管理委員会の指示でライヒスバンクがこれを負担し，1947年6月以降その額が莫大となったため地区財政へ移管された。また，ブリテン軍政府は，鉱山業復旧のために，中間信用とか，銀行コンゾルチウムのような民間金融機関の与信をも動員したが，これも最終的には地区財政で保証しなければならなくなった。さらに鉄鋼業でも事態は似たり寄ったりで，ブリテン軍政府は1億3200万RMの補助金を投下している。

このようにブリテン占領地区では，終戦から3年間鉱山と鉄鋼業界に対して補助金を投入して，1948年の最終段階では34億RMを直接，間接に支払った。この額は1945年から48年までのブリテン占領地区財政赤字の約3/4に及んだ[47]。

以上ホルストマンの整理に沿ってみてきた。ライン・ルール地帯という重化学工業部門を抱える地区の占領はブリテンが望んではじめたことではあるが，その占領軍政府に手に負えないほどの財政問題をもたらしたことが示されている。

なおヴァンデルとホルストマンの研究に加えて，ホルトフレーリッヒの研究では以上とは別の視点が指摘されている。第一にはブリテンの銀行システムは，中央銀行，市中銀行とも中央集中的でこの点ではドイツの制度に近かったこと。このためほかの占領3カ国ほどには，これをナチスの戦争機構の支柱としてはとらえにくかったこと。第二に　戦時中の支払い猶予から生じた，ロンドン・シティのドイツ大銀行に対する債権者としての立場であった。またドイツ銀行取締役であったアプスに対してみられるごとく，ドイツ人バンカーに対してブリテン金融界が尊敬の念を抱いていた，という指摘もある[48]。このようなホルトフレーリッヒの指摘は，ドイツ経済をそのまま復興させ戦時賠償金を取り立てようという，ブリテンの思惑とも関係している。

(3) 連合国全体による占領政策樹立の挫折

以上みたようにブリテン軍政府の保守的な政策遂行に対して，ソ連とフランスはドイツ銀行システム全体の集中排除は緊急である，と把握していた。

フランスの立場と政策についてやはりヴァンデルがまとめたものをみよう。今世紀2度にわたる世界大戦を含めて70年間に3度ドイツに踏みにじられたフランスの基本政策は，なによりもまず安全保障を確保することであった。このため同国の戦略は，ドイツを徹底的に地域分割しその力を弱め，ライン左岸を自国の影響下に置くことであった。ただし戦時中にフランスの経済力は低下し，かつ戦時中の軍事会議に参加できず，1944年のヤルタ会議でブリテンの強い意向を受けてやっと米英占領予定地区の一部をもらいうけることができた。そして当初目標としたルール地域の国際化とライン左岸領域の切断には成功しなかったが，ザール領域を自国の管理下に置くことを実現させた[49]。

しかしいかんせんその弱体化した経済力のために，1946年ごろからはアメリカの経済援助に頼らざるを得なくなっていった。このため占領当初の数カ月間フランス占領軍政府が行ったドイツ経済交通中央管理部局の設置を妨げる「妨害政策」は放棄せざるを得なくなった。そして1947年末にアメリカのドイツ占領政策，欧州政策全体との妥協を余儀なくされた。

他方ソ連の基本政策は，社会主義的変革を目指すものであり，公法上の貯蓄銀行と信用協同組合が制限つきで活動できた以外，ほとんどの銀行口座は占領と同時に閉鎖された。このように，西側の占領政策とは異なる展開をみせた。

以上みたように，連合国間で占領政策に齟齬があったため，全体としての政策統合は困難となり，また遅延せざるを得なかったのである。このため当初ドッジ・プランで改革を試みようとしたアメリカの方針は，大幅な変更を余儀なくされた。ただし，集中排除と連邦制の金融システムへの改変については，アメリカは諦めずにその独自政策をさらに追求した。まずブリテンがラントを超えた中央銀行の設置の希望をもっていたため，ドッジはレンダー・ウニオンバンク (Laender-Union-Bank) という第二プランを妥協案として提示した。これに対してソ連はこれを支持したものの，中央銀行の転換については理解を示さず，また銀行の集中排除についても引き延ばしを図った。フランスは先に述べた安全保障上の観点から，ドイツにおける一切の中央集

権システムに反対する立場を貫いた。唯一ブリテン占領軍政府だけは，この時点でドッジ案で中央銀行が設置されるなら，集中排除には応じる準備があることを表明した。ただし，それはドイツ全体にわたる中央銀行を前提とするというものであった。

したがってフランスが反対するなかで，このブリテンの意向は実現の見通しが立たなくなった。ドッジは任務を離れて金融部の職務を後任のベネットに引き渡す前に，さらに妥協を目指して1946年5月23日に第三案を提示した。これは，ランデス・ツェントラールバンク委員会(Kommission der Landeszentralbank＝Land Central Bank Commission)を設置し，これを連合国銀行理事会(Alliierrte Bankenrat＝Allied Banking Board)の下に置くというものであった。この案は6月21日に金融局に引き渡され討議にかけられた。この案に対して，フランスは自国が管理下に置いている領域では，この中央当局の最高決定権が行使されないことを条件とした。ソ連は銀行部門におけるドイツの独占的支配力除去が不充分であるとの立場からこれを拒否した。一方，ブリテンは中央銀行が設置できるならば集中排除に賛成してもよいという姿勢に変わった[50]。

この議論は連合国管理理事会の下の調整委員会にも持ち込まれたが，一致を見出せないまま1946年10月17日の委員会で，最終決定を管理理事会へ預けることとした。そしてここでも議論の結果歩み寄ることができず，21日に各政府に対し調整不能を通知せざるを得なくなった。この結果ドイツでは統一的な銀行システムがないまま，各国政府が独自に対応するしか残された方法はなくなった。ドイツ全体にわたる金融制度を確立することができず，経済統合もめどが立たなくなった。当然通貨改革もその実現の可能性を失い，1948年まで2年間待たなければならなくなった。ドイツ占領4カ国は，大銀行の支配力を削ぐために証券業務と寄託議決権を制限するかどうかの議論はしたものの，これらの動きも同時に沈滞していった。

このように連合国間全体としてドイツに対する金融政策を統合する計画は挫折した。しかしアメリカ占領軍政府は，あくまで自国の占領プランに固執した。そのためにまず，自国占領地区内でランデス・ツェントラールバンク

の設置を行う方針を固めた。この目的で1946年4月・5月ごろにはアメリカ地区の3つのラント金融大臣がその設置法案作成作業に入っていた。しかしドイツ側は，アメリカ側の狙いである集中排除を弱め，極力ラント政府へ銀行を政治的にも従属させようとする意向をもっていた。このため，ドッジは繰り返し変更されるドイツ側の草案については承認せずに，あくまでアメリカの意向を貫いた。そして連合国全体での合意が最終的に破綻せざるを得なくなった1946年11月26日に，シュツットガルトでアメリカ占領地区3ラントの金融・銀行委員会が開かれた。この席上，以下のランデス・ツェントラールバンク法草案を各ラントで決定するにいたった。1946年11月27日付バイエルン州政府法第50条，1946年12月7日付ヴュルテンベルク・バーデン州政府法第55条，1946年12月7日付ヘッセン・ランデス・ツェントラールバンク設置法としての軍政府指令である。

　この法案に基づき1947年1月1日から各ラントで該当する法律が発効した。さらに同年1月21日にブレーメンがアメリカ占領地区に組み込まれたため，ここでの銀行システムの改変作業も行われた。すなわちそれまではブリテン占領地区でライヒスバンク・ハンブルク支局下に置かれたライヒスバンク・ブレーメン支局をブレーメン州の独立したライヒスバンク支局へ組み換えた。このため3月6日付ブレーメン・ランデス・ツェントラールバンク設置法により4月1日から組織変更をし，アメリカ地区での4番目の機関となった。これらのツェントラールバンクは，各州内においてそれまでライヒスバンクが行ってきた発券以外の業務を引き受けることとなった。ただしこれらは連邦制の組織で，そのうえに立つ組織は置かなかった。それはアメリカの発想は，すでにみたようにアメリカ連邦準備制度のシステムからくるものであったからである[51]。

2．フランクフルトにおけるドイツ・レンダーバンクの創設
(1)　米英占領地区の統合と西側占領政策の統合
　その後，アメリカはドイツに対する占領政策をハード路線からソフト路線へと変更せざるを得なくなる。それはソ連との緊張関係が進むなかで明確と

なっていった。そして1947年7月11日付統合参謀本部指令(JCS1779)が新たに発令された。これにより，クレイは集権的な中央銀行システムには反対の姿勢を崩さぬまま，銀行券印刷と通貨の発行，管理および技術的監督に責任を負う中央機関を設置することを促した。またこれを推し進めるために，ブリテンの同職にあったブリアン・H．ロバートソン(Brian H. Robertson)との個人的懇談を通して，レンダー・ウニオンバンクを設置する旨の再提案を行った。この結果同年の10月には両占領軍政府間で統合地区設置についての合意にいたる。金融制度についての一致点については，たとえばアメリカ軍政府の6月18日付の調査報告「ブリテン地区銀行システムの集中排除と米英地区における統合銀行委員会の創出」でもすでに以下のように記述されている[52]。

1．略。
2．ブリテンとアメリカ両占領地区の経済統合を効果的にするため，以下の政策を適用する。
   (a)　銀行の営業と通常の銀行監督は，ブリテン占領地区の各ラントごとに分散する。
   (b)　中央銀行(a central bank)をブリテン占領地区の各ラントで設立する。
   (c)　ブリテン占領地区において，支店と結合しているライヒスバンクと「大銀行」を排除する。
   (d)　米英占領地区における通貨と銀行システムを支配し管理する目的で合同銀行ボードを設置する。ただし両地区ボードの承認のもとに(ただし，経済評議会の設置との関係でこれがどう機能するかについては明確ではない)。
3．以下は略。

なお，米英が金融政策についての政策的統合という妥協にいたった背景について，ホルストマンがアメリカ軍政府の文書に基づいて以下のような詳しい説明を与えている。それによると両者間では妥協のために次のような配慮がなされ，取り決めが行われていたというものであった。そもそもブリテン

占領軍政府は，アメリカの行おうとした金融制度改革という政治課題には興味を示さず，もっぱらブリテン占領地区の重化学工業復旧という経済課題に執着していた。またもしアメリカの主張に沿って金融機関の中央集権化を止めると，それまでなんとかもちこたえてきたブリテン占領地区は財政破綻をきたすのではないかという恐れをブリテン軍政府側は抱いていた。このためルール地域での経済破綻を避けるには，アメリカの金融支援が必要不可欠であった。このため「アメリカの立場を受け入れる見返りにブリテンは一つの要求をもちだした。それは集中排除に対する附帯事項と結合したものであった」と。具体的にみるとそれは第一には，それまでブリテン占領地区だけが負担してきた工業助成金を英米統合地区の財政が引き受けることであった。第二には，アメリカが主張する銀行委員会の設置よりもっとはっきりした形で，両地区における中央銀行を設置することを要求した。そして第三には，ルール地域の長期的な投資金融の需要を満たすために，専門的な金融機関である「工業金融会社の再建(Reconstruction Loan Corporation)」をするというものだった。これはのちに復興金融公庫(Kreditanstalt fuer Wiederaufbau＝KfW)となる金融機関である。これらの要求項目をブリテンは執拗に主張し，同地区銀行制度の集中排除に対する代償としたのだった[53]。

　これに対してアメリカ側では，クレイが金融局の再三にわたる干渉とワシントンの留保を押し切ってブリテンとの協定を進めていった。彼は銀行システムの調和こそがその後の通貨改革にとっても，両地区の経済秩序の維持にとっても緊急の課題であると判断していたからである。このようにして1947年秋にアメリカ軍政府とブリテン軍政府間で米英統合地区の取り扱いが本格化し，また銀行制度とドイツ・レンダーバンク設立へ向けた交渉が行われた。このなかでブリテンは旧ライヒスバンクの組織を解消し，占領地区内の各州においてアメリカモデルによるランデス・ツェントラールバンクの設置に向かうこととなった。そして1948年2月14日付ブリテン軍政府命令第132条号に基づき3月1日から次の機関を成立させた。ハノーバーにおけるニーダーザクセン・ランデスツェントラールバンク，デュッセルドルフにおけるノルトライン・ヴェストファーレン・ランデスツェントラールバンク，

キールにおけるシュレスヴィッヒ・ハルシュタイン・ランデスツェントラールバンク[54]であった。

　一方当初ライヒスバンク組織を残存させていたフランス占領地区においても 1947 年のはじめにアメリカモデルの導入が進められた。1947 年 2 月 18 日付フランス軍政府命令(Verordnung)第 78 号で占領地区の各ラント政府に対し，ドイツ法により 3 月 1 日に以下のランデス・ツェントラールバンクを設置する指示を出した。同じ命令によって 1947 年 2 月 28 日をもって，フランス占領地区でライヒスバンクを解消することも指示された。その結果以下の機関が成立した。ロートリンゲンにおけるヴュルテンベルク・ホーヘンツォーレルン・ランデスツェントラールバンク，フライブルクにおけるバーデン・ランデスツェントラールバンク，カイザースラウテルンにおけるラインラント・プァルツ・ランデスツェントラールバンク。同時に，フランス軍政府はアメリカ地区と異なり，これらのランデスツェントラールバンク間の調整委員会をシュパイアーに置く指令(Anordnung)を出した[55]。

　最後にソ連占領地区では，当初発券銀行として，ロシア人が理事長となった保証・信用銀行が創設されていた。1945 年 7 月には各ラントにおいてランデス・クレディトアンシュタルトが設置された。その後 1947 年に公法上の機関でラント中央銀行である 5 つの発券・振替銀行が機能するようになった。これはポツダムで決済を行うソビエトシステムをモデルとした中央銀行の役割を果たすものであった。そして 1948 年 5 月 1 日に同地においてドイツ発券・振替銀行が創設され，通貨改革後にはこれがドイツ発券銀行となることとされた。この組織は中央集権的で，かつてのライヒスバンクに合わせて構成された独立性をもたない政府機関であった[56]。

　このように紆余曲折を経ながらも，発券銀行制度についてはソ連地区を除いた西側地区で政策統合が可能となる状況を迎えた。しかし懸案であったドイツにおけるユニバーサル・バンク・システムについてはそうはならなかった。アメリカはブリテンに対しこの問題でも再度このシステムの廃止プランを提示したものの，ブリテン側は過去の積極的経験を重視するとの理由で，これを維持することに固執した。最終的にアメリカはこのブリテンの要求を

のみ，この面では妥協が成立することとなった。ヴァンデルはアメリカが既存のユニバーサル・バンクシステムの存続にわりと容易に合意した背景として，ドイツにおけるこの時期の証券取引と資本市場がそれほど経済的な重要性をもたなかったことを指摘している。一方ブリテン側も「本来の意味での中央銀行」実現の筋を通したかったが，最終的にはアメリカ側の連邦的な中央銀行構想に配慮せざるを得なくなり，この点で妥協を余儀なくされた[57]。ドイツ・レンダーバンクは以上のような英米間の妥協の産物であった。

(2) ドイツ・レンダーバンクの名称と性格

以上みたようにレンダーバンクの設置は，英米軍政府の妥協に，フランス軍政府が加わるという形で進められた。以下でもまたヴァンデルの記述によりその設立経過とその性格についてみていきたい。

この銀行についてはドイツの当局と金融専門家たちも多くの変更提案と草案を出していたが，アメリカの目からはいずれも不充分と思われた。それは，政治から自立して，貨幣・金融手段によってのみ金融機関を管理する中央銀行システムをドイツ側が構想することは不可能とみていたからである。たとえば名称問題があった。ドイツ側は「ドイツ中央銀行(deutsche Zentralbank)」を提案し，連合軍政府は「レンダー・ウニオンバンク(Länder Union Bank)」とした。妥協として「ドイツ・レンダーバンク(Bank der deutschen Länder＝BdL)」が浮上した。最後の瞬間に連合軍政府はこの名から定冠詞(der)を消去した。それは西側地区ドイツという特定地域だけではなく，残りのソ連地区ドイツの参加にも扉を開きロシア人の感情を害さないためであった。その結果，正式名称は「ドイツ・レンダーバンク(Bank deutscher Länder＝BdL)」となった。

具体的に成立過程をみると次のようである。まず各ランデス・ツェントラールバンク(州中央銀行(Landeszentralbanken LZB——英語名 Land Central Bank))の専門家との草案作成作業が行われ，その後米英占領軍政府の検討を経て，1948年3月1日米英占領軍政府の法律により設置された。フランス占領地区では，同年3月25日に発効したフランス軍政府の命令で同地区の各州中央銀行がドイツ・レンダーバンクへ加入。その後この設置法は

同年11月1日付で改正され，3地区で同等の権限をもつ状態で発効された。さらに1949年12月15日付の高等弁務官会議法第15条により，いくつかの規定が改正された。それはドイツ連邦共和国の創設に伴い，国家法上の諸関係に適合させるための改正だった[58]。

ドイツ・レンダーバンクはフランクフルトに本店を置く公法上の法人であり，法律的にはランデス・ツェントラールバンクの子会社である。ハンス・メラーはこれを「法律上はランデス・ツェントラールバンクの姉妹（娘—山口）法人(juristisch eine gemeinsame Tochter der LZB)」と規定した[59]。ちなみにこの銀行は次のような性格をもたされた。諸州中央銀行の銀行，ドイツの国外業務に関する中央機関であり，また米英統合経済地区とフランス地区諸州，あとになるとドイツ連邦共和国を管理する「金融庁(fiscal agency)」である。ただし支店・子会社・関係会社をもたない。

この銀行は役員会(Direktorium, Board of Managers)，および営業政策，とくに金融政策を決定し，当初は連合国銀行委員会のもとに置かれた中央銀行理事会(Zentralbankrat, Board of Directors)という二つの内部機関から構成された。前者は総裁と副総裁および一定数の役員からなり，このうち総裁および副総裁は理事会で選出される。そして理事会の理事長，副理事長が総裁を兼ねることはできないものとされた。一方中央銀行理事会はランデス・ツェントラールバンクの総裁のなかから選出された理事長（議長）とドイツ・レンダーバンク総裁および11行からなるランデス・ツェントラールバンクの総裁で構成される。この点が旧ライヒスバンクとの決定的な相違であり，ドイツ・レンダーバンクに連邦的な性格を与え，中央集権的ではないものにしている。また対外的には，ドイツ・レンダーバンクとランデス・ツェントラールバンクは統一的な中央銀行システムとして活動する。ヴァンデルはこれを「分権化された2段階の発券銀行システムの統合」とも表現している[60]。

この銀行は，1948年6月19日付で発効した貨幣制度に関する新秩序第二法（通貨発券法）に基づく紙幣発行権と鋳貨鋳造権をもった。しかし後者は短命であった。それは1946年夏に米英経済統合地区が成立し，また1948年は

じめに3カ国統合地区が成立したのち，1949年5月には西ドイツの10州と西ベルリンの統合によってドイツ連邦共和国が創設されたためであった。鋳貨鋳造権は，1950年7月8日付の法律でブントへ移管された。なおドイツ・レンダーバンクは，ブリテンの中央集権的色彩の強い中央銀行を目指す修正要求をアメリカが退けて設立し，最終的にアメリカ連邦準備制度に近い銀行となった。というのは，西ドイツの10州と西ベルリンはそれぞれランデス・ツェントラールバンクをもち，これが各領域における「銀行の銀行」としての課題を遂行するからである[61]。

すでにみたように，1948年5月1日に米英軍政府の同じ内容の法律でドイツ・レンダーバンクは設立根拠を与えられていた。上記の2段階の中央銀行システムは1957年7月31日までに成立し，最終的に1957年8月1日にドイツ連邦銀行へ移行したのである[62]。

(3) ドイツ・レンダーバンクの本店所在地

以上，第二次世界大戦後の戦後処理をめぐる連合国間での政治と経済についての複雑な状況のなかで，西側地区統合の結節点の一つとしてドイツ・レンダーバンクは成立した。しかしその設立の前にもちあがったのが，この銀行の本店所在地をめぐる米英間での論争であった。

この議論について本格的に問題を提起したのはホルトフレーリッヒである。彼は自己の研究成果に基づいて以下の仮説を提示している。「フランクフルトの決定は純粋に政治的な決断であり，アメリカ軍政府はブリテン軍政府に対してこれで押し切った」と[63]。そして彼は『フランクフルト金融センター——中世の見本市都市から欧州金融センターへ』の第6章「フランクフルトの復活」中で約30ページを割いて実証を試みている。この章は5節に分かれていて，これに関係するのは，第1節「国際展開」と第2節「国内の金融機関各本店所在地の決定」である。とくに第1節第2項で「ドイツ・レンダーバンク本店所在地問題」として取り上げられている。

彼はロンドン，キューガーデンに置かれた公文書館とイングランド銀行附属文書館およびワシントンD.C.の国立公文書館の以下の記録，手紙，個人メモを含む各種文書の詳細な検討を行った（ホルトフレーリッヒの著作第6

章での掲載順にその脚注番号を示しておく。)[64]。

①ドイツ管理委員会／ブリテン金融部会「ドイツ・レンダーバンク，1947年10月-1948年2月」。および「西ドイツ発券銀行創設に向けた金融部会法案作成のための，経済特別委員会内小委員会との会議，1948年1月30日(金)9時半開始」。ロンドン，キューガーデン公文書館のフォルダFO1064/680(第6章脚注5)。

②ハンブルク・ライヒスバンク営業本部「西側地区における中央発券銀行の本店所在地について」1947年11月6日。イングランド銀行附属文書館のフォルダOV34/90(第6章脚注7)。

③ブリテン軍政府金融局内ベルリン金融部会首席管理部長H.C.F.ホルゲイト(H. C. F. Holgate)の覚書「銀行の集中排除，1．提案されたレンダー・ウニオンバンクの本店所在地」1947年11月24日。ロンドン・キューガーデン公文書館。なおこの覚書はほかにもミュンヘンの現代史研究所とイングランド銀行附属文書館でも参照できること，および最後のものには著者がホルゲイトであることを示すグンストンの手書きメモがつけられている，ということをホルトフレーリッヒは脚注においてコメントしている(第6章脚注9)。

④W.フォッケ「1948年1月9日および10日のミュンヘン討議に関する記録」1948年1月12日。ロンドン・キューガーデン公文書館フォルダFO1046/680(第6章脚注10)。

⑤ケルン上級市長ヘルマン・ピュンダー(Hermann Pünder)からノルトライン・ヴェストファーレン担当ブリテン軍政府，デュッセルドルフ司令部内の地方行政官であった旅団長ジョン・アシュワース・バラクロー(John Aschworth Barraclough)宛の手紙，1948年1月12日。ロンドン，キューガーデン公文書館フォルダFO1046/680(第6章脚注11)。

⑥ブリテン軍政府金融局責任者エーリック・コーテス卿(Sir Eric Coates)のピュンダー上級市長陳情書への回答，1948年1月26日。同上フォルダ。これは1948年1月26日付のK.アンダーソン(K.

Anderson)のノルトライン・ヴェストファーレン司令部首席金融担当官 R.E. グリーンスミス (R. E. Greensmith) 宛の手紙に示されている（第6章脚注12）。

⑦アメリカ軍政府金融局財政部アドルフ・J．ワーナー (Adolph J. Warner) の同局金融制度部門担当部長リチャード・P．アイキン (Richard P. Aikin) 宛メモにみられる見解, 1948年1月2日。ワシントン D.C. 国立公文書館 RG260(OMUGUS)。金融制度部門金融アドバイザー, 保険および中央銀行政策に関する記録 Box59, フォルダ名, レンダー・ウニオンバンク―米英統合地区, 合同銀行委員会ならびに統合地区予算, 1948年1月2日付のメモ「課題名, レンダー・ウニオンバンク設置に向け提案された法律に対するコメント」（第6章脚注13）

　これらの文書のほとんどは, 唯一⑦を除くとブリテン側とヒュルスとフォッケに代表されるドイツ側からのドイツ・レンダーバンク所在地問題についての見解と要望である。いずれも, 本店はフランクフルトではなく, ハンブルクないしはケルンを適当とみなす見解であり, それぞれの論拠を掲げている。とくに②の資料がこの所在地に関する問題をもっとも体系的に把握している。その論拠を原資料から以下に示す[65]。ただし, 以下の見出し番号は内容整理のために筆者が便宜的につけたものである。

1. 中央発券銀行 (the central-issuing bank) は, ……最大多数の銀行が本店を置いている場所, 証券取引所の取引高が最大である場所, 外国との金融取引がもっとも活発な場所に置かれるべきである。
2. 西側地区の新たな中央発券銀行は, 将来設置されるであろうドイツ政府の所在地とは関係なしに, その機能を遂行するのに最良の場所に設置するのが, 最初もまた将来においてもふさわしく適当であろう。それはフランクフルトであろうか。
3. 金融センター (banking centre) としてフランクフルトは現在ほとんど地域的重要性しかもっていない。西南ドイツの金融センターとしてのその名声は歴史上の追憶にすぎない。その名声はロートシルト（ロスチャイルド）というはるか昔の時代に遡る。この間何十年かにお

いてフランクフルトは西南ドイツでかつて有していた準支配的地位を次第に失っている。……フランクフルト証券取引所はドイツが降伏するまでは，西南ドイツの交易センターとしてめざましい重要性をもっていたが，それ以降西南ドイツ証券の取引高は大規模にハンブルクへ移動した。

4．フランクフルトは，貨幣・外為市場として今もある程度の役割を果たしているが，これは主としてフランクフルトの大支店制銀行の取引高によるものであり，形式的にも実質的にもその支店網は西南ドイツ郊外をカバーするものではない(ヘッセン内での制約がある―山口)。……降伏後の諸州の地理的条件をみると，フランクフルトが将来西側地区の金融センターへ発展することを証明することはできない。

5．I.G.ファルベンの解体，巨大化学プラントとヘッセン自動車工業プラントのかなりの設備の撤去および西南ドイツ経済の集中排除は，全体としてフランクフルトがかつてもっていた経済的基盤を破壊してしまった。……このため将来この地における経済発展は非常に限られている。

6．フランクフルトが発券銀行本店として適している唯一の点は，西側地区における優勢な交通要所としての立地である。

7．最後にフランクフルトに反対する純技術的観点は，実際に設備を装備するための空間が不足していることである。すべての中央行政機関とそのスタッフを収容するのに必要な規模としては不充分である。ほかと比較してもこのような小規模な都市において，莫大な被害を受けたオフィスビルと集合住宅を撤去し修復することは何年，いや何十年かけても絶対に不可能であろう。

8．かつてのドイツでは，ライヒ首都は同時に銀行制度と経済のセンターでもあった。……ドイツ西側地区の政府所在地と銀行・経済システムのセンターは同じであるべきではない。

9．銀行システム，工業，外国貿易の重要性からみて，ブリテン占領地区，ここハンブルクが今日すでにすべての都市のなかで準中心地的場

所を占めている。すでに戦前からハンブルクはベルリンについでドイツの銀行と証券取引所および経済のセンターであった。大銀行の支店は，ここが最大だった。……ベルリンについでハンブルクは証券取引センターとして，またとくに貨幣市場としてドイツ最大の取引高を示していた。……さらにハンブルクは外国貿易の指導的センターである。

10．以上の結果，フランクフルトではなく，ハンブルクが中央発券銀行の本店所在地として適当な場所である。

このようにハンブルクがフランクフルトに対しもつ優位性を強調する論調であり，後者がかつてドイツ西南部に対しもっていたセンター性は，その立地条件とロートシルトが君臨していた歴史的事実のみであるとの主張である。これと同じ主張がホルゲイトの覚書でもみられる[66]（以下の数字はホルゲイトの覚書③にあるまま）。

1．銀行の集中排除は，レンダー・ウニオンバンクの形成を含む（以下略—山口）。

2．利用上の習慣と便宜を配慮すると次の場所で設置されることが必要である。

(a)重要な商業都市，(b)業務提供する地区の首都，(c)例ニューヨーク，シドニー，アムステルダム，ロンドン，パリ。しかし首都であることは，選択上重要ではない（以下略—同）。

3．米英統合占領地区では，2つの選択肢があり，フランクフルトかハンブルクである。前者は（ワシントンと同様に）行政上のセンターであり，後者は（ニューヨークのように）商業センターである（以下略—同）。

4．このため，ハンブルクが強く選考される。商業および金融センターであり，また保険会社の80％がここに本店を置いている。（以下略—同）

5．中央銀行は，事務所，スタッフ，設備を必要とする。フランクフルトでは最低1年かかる。ハンブルクにはすべてがあり，レンダー・ウニオンバンクは1日で設置できる（以下略—同）。

これらの意見を含めドイツの中央銀行制度全体の骨格を明らかにするため

に，ベルリンについで開かれたミュンヘン会議の結果についてフォッケが報告した④の文書でも，ヘッセン州ランデス・ツェントラールバンク理事長のO．ファイト（Otto Veit）を除く全員がフランクフルトへの移転に反対であった。それは技術上の問題であり，「フランクフルトでの本店設置にはかなり長い時間がかかるであろう」[67]とみていた。

　以上，両都市間での本店誘致論争に加え，④の文書と同日に発送されたケルンに誘致を希望するケルン上級市長の提案⑤に対するブリテン側の回答書⑥のなかで，本店所在地については1月中旬に決定済みであるということを，ホルトフレーリッヒが紹介している。また同時期に米英軍政府は，次のような管理法令を通知している。「レンダー・ウニオンバンクの確立についての法令，第1条．銀行の法律上の地位と本店所在地，1．レンダー・ウニオンバンク（これ以後銀行とする）はこの法令により，公法上の法人として，またフランクフルト本店をもって設立される」[68]。ただし同じ文面でありながら日付が異なり，ブリテン軍政府側は1948年1月24日付で，アメリカ軍政府側は1948年2月15日付である。

　ところでホルトフレーリッヒは，すでにみたように本店所在地問題の解決について「政治決着」と述べていた。これは同氏の仮説であるがそれは以下の理由に基づいている。「アメリカ占領軍がいかなる根拠をもってハンブルクを支持するブリテンの強い根拠を打ち破り，フランクフルトの側の肩をもったのか，ということについては未だに研究されていない」からであると。同氏は，ワシントンD.C.の国立文書館の文書⑦中の「本店所在地はフランクフルトに置くべし」という一文を引用しつつ，最終的に次の結論にいたっている。「このことから次のことが導き出せる。アメリカ側にとって，フランクフルトにある統合地区管理局からこの銀行（ドイツ・レンダーバンク—山口）を空間的に切り離すことは問題にもならず，またこの銀行が政府から離れたランデス・ツェントラールバンク業務のみを行う銀行になることなどもってのほかであった」[69]と。

　このホルトフレーリッヒの研究は，占領軍政府文書の調査分析によるこの分野での最新の研究成果である。もしこの仮説が正しいならば，米軍政府は

ブリテンの意向を無視して，最初からフランクフルト本店という既定路線を一途に押し通したことになる。

ただし通貨改革を目指すコンクラーベに参加したメラーは，次のような指摘をしている。フランクフルトでは1947年1月からアメリカ占領地区におけるランデス・ツェントラールバンクの決済機構(Verrechnungsstelle)が活動していたこと，11月からはブリテン地区のライヒスバンク営業本部を，12月からはフランス地区のランデス・ツェントラールバンクの調整委員会を併合したこと，この意味でドイツ・レンダーバンクにとってすでに管理機構が小さいながら存在していたことである[70]。したがって，本店をめぐる論争の背後で，実務的にフランクフルト本店の動きが進んでいたことはホルトフレーリッヒの仮説に経済的裏付けを与えていることになる。いずれにせよ1947年末から48年初頭の段階で，この問題は最終的に解決がつけられた。

第5節　フランクフルト金融市場と西ドイツの連邦制資本市場

以下では復活したフランクフルト金融市場のなかで，証券市場がいかなる役割を負わされていたのか，またその性格は歴史的にみるといかなるものであったのか，戦後改革との関連で以上の2点について述べていくこととしたい。

1．戦後の経済復興とフランクフルト金融市場
(1)　通貨改革と貨幣市場

通貨改革については，この作業に携わったメラーの叙述と戸原四郎の研究があるが，ヴァンデルの記述がいちばん包括的に整理しているため，これを中心として紹介していきたい。それは同氏の著作の第5章に，5節に分けて説明されている。ただしこれらすべてに触れることは枚数の関係でできないため，ここでは改革をめぐる経過と改革内容に絞っていきたい。

通貨改革のアメリカの立役者は，エドワード・テネンバウム(Edward

Tenenbaum)であった。彼は1945年にアメリカの軍政府内金融部会に抜擢され，25歳でクレイ将軍の幕僚内の金融助言官のアシスタントとなった。「ドイツマルクの父」とよばれたと，ヴァンデルは紹介している。またワシントンは46年にレイ・ゴールドスミス(Ray Goldsmith)とジェラード・コーム(Gerhard Colm)をドイツへ派遣しドッジおよびドイツの銀行家たちと通貨問題について協議を行った。この結果1946年4月に「ドイツ戦時金融の解体と復興金融」，いわゆるコーム・ドッジ・ゴールドスミス計画(以下CDG計画)が提案された。この計画は先にみたように各国占領軍の政策の相違により実現は遅延した。アメリカは当初，ソ連占領軍政府の動向をみながらソ連占領地区を含む場合と除いた場合の「二重戦略」をとっていた[71]。

その後1947年秋にはソ連軍政府がライプツィヒで新銀行券の印刷をするという噂が立ちはじめた。このためアメリカ政府は同年9月にドイツ新通貨の印刷を米国で行う決定をくだし，10月以降にニューヨークとワシントンで作業を開始した(総計100億マルク，11億枚の銀行券)。そして，1948年3月にソ連が連合国管理委員会(Kontrolrat)を抜けたあとではじめて，ワシントン政府はソ連占領軍を除く通貨改革のゴーサインを出した。この間にアメリカは「猟犬作戦(die Operation "Bird Dog")」とよばれた，ノルマンディー上陸作戦につぐロジスティクスを高速で展開していった。これは1948年2月から4月までにこの新銀行券を秘密裏にドイツに持ち込むことであった。具体的にはニューヨークで箱詰めし，ブレーメンハーフェン経由でバルセロナ行きとの偽装を施し，実際には同港経由でフランクフルト，ターヌスアンラーゲ4番地の旧ライヒスバンクの地下に輸送する作戦であった。アメリカ占領軍が「飛び領土」としていたブレーメン州の役割がここで生かされることになった。さらにメラーによるとドイツ国民およびドイツ側関係者にも知らされないまま実施された[72]。

なおこの通貨改革については米英占領軍統合地区のドイツ当局が，各州議会傘下の経済評議会に通貨信用特別部会を設置し，ここで統一的な通貨改革(ホンブルガー)計画を作成していた。この特別部会のメンバーが1948年4月初めにコンクラーベにおいて連合軍との通貨改革の内容を検討するよう要

請され，作業が行われた。この結果双方の見解の相違を残しつつも6月18日の通貨法(Währungsgesetz, Militärgesetz Nr. 61)，発券法(Emmissionsgesetz, Militärgesetz Nr. 62)の交付と20日の施行および数日遅れでの切換法(Umstellungsgesetz, Militärgesetz Nr. 63)の交付と施行にこぎつけた。そしてそれらの法律に基づく軍事立法により実施されていった。

ところでこの発券法ではこの新銀行券発効の目的は旧ライヒスマルク(RM)を新ドイツマルク(DM)へ交換することであるとされた。買戻しおよび償還規定はなく，通貨の安定性を確保するため，総発行量は100億DMを超えないことが重要課題とされた。以下ではヴァンデル，メラー，戸原の記述に依拠して交換比率についての整理をしておきたい[73]。

1. 形式上は，RMとDMの交換比率は1：1であり，特別債務(メラーの記述の翻訳では，日常反復行為に基づく債務)である賃金，家賃，地代，年金，利子などはこの比率で交換された。当初，西側住民に対しては，1人につき頭割額の60DMが60RMと交換される予定であった。しかし，実際には20日に40DMが当初交換され，残り20DMの交換は2カ月遅れで行われた。
2. ライヒ債務(公債等)はすべて破棄された。
3. ほかのすべてのRM債務(日常反復行為に基づく債務を除く狭義の債務)は，基本的に10：1とされた。
4. 預貯金については100：6.5で切り換えられた。これについては戸原が詳細な説明を与えている。「預貯金は10％に切り換えられたあと，差し当たり半額の5％だけが自由勘定として引き出しを認められ，残る5％の封鎖勘定は同年10月の法律によって，その2割(当初金額の1％分)が自由化され，別の1割(同0.5％分)が中長期債券投資勘定に振替えられ，残る7割りは切り捨てられることとなった」と[74]。この狙いはインフレの防止であった。
5. 生命保険と建築貯蓄契約については特殊な規定が与えられた。

以上の処置によって，旧ライヒスマルクと連合国軍事マルクは1948年6月21日付でその効力を失わされることとなった。

(2) 金融機関と企業金融

　以上でみたように個人預金は，100 対 6.5 というように「その零細貯金を収奪されたまま終わった」。それに対して，「銀行の場合には，負債としての預金が 6.5% に切り下げられたものの，それに見合うべき資産の大宗をなす公債が全額破棄されたため，その不足分を調整勘定として中央銀行への預金に計上し，準備金としての扱いを受ける措置がただちにとられた」と戸原は解説している[75]。

　この目的は銀行に充分な自己資本を付与し，「社会的市場経済」に必要な通貨を創造することであったと，メラーが説明している。それは第一に，銀行はその所在する州に対し負担を回復するための「平衡請求権 (Ausgleichsforderung)」をもつことが認められ，これをもとに州中央銀行預金が分与されたこと，第二に，州中央銀行は連邦に対する平衡請求権をもち，同様に一定額のレンダーバンク預金として分与されたことであった[76]。

　またこのような金融機関に対する優遇政策は集中排除により，全国で 3 ブロック，30 行に分割された大銀行の各地域機関が 1952 年に地域ごとの統合を果たし，そして 1956 年に連邦レベルでの統合を経て復活させられた点にもみてとることができる。

　次に産業企業のほうも税制上の優遇処置により，自己資本蓄積を可能とする方策がとられていったことについても戸原の次のような説明がある。「たとえば，通貨改革の後始末をなす 49 年 8 月のドイツマルク建て貸借対照表の開始に関する法律では，企業の資産再評価がその益金に対する課税なしに認められることとなった」こと，ほかにも「目一杯の減価償却」および「設備投資促進のため寛大な特別減価償却制度」などの手段も認められていたこと，そしてこれらは「いずれも企業収益の多くを企業内部に留保し，自己金融を可能にする措置であった」としている。ただし，重要基幹産業である石炭，鉄鋼，電力では統制経済が継続し，自己金融による設備投資は不可能であり，ここでは日本と同じ国家による政策投資，ドイツ版傾斜生産方式がとられた。その資金はアメリカによる見返り資金が利用された[77]。

　このような金融政策は，戦時金融と敗戦後の復興金融によって条件付けら

れた戦後の金融市場の状況によるものであった。一方では，銀行が優遇処置を受けて復活しつつあるとはいえ，インフレの不安もありその経営はすぐに軌道に乗ったとはいえなかったこと，他方では次の(3)で述べるように証券市場を取り巻く制約条件が存在し，この市場を通した資金調達が不振を続けたことである。企業は自己金融しか財務上の手段が残されていなかったため，この方法に追い込まれざるを得なかったとみることもできよう。

　他方，経済復興に伴い銀行経営と企業経営が安定の兆しをみせはじめると，銀行と企業とのあいだではドイツ金融史における歴史的結合関係が復活してくることとなった。それは戦後の西ドイツでハウスバンク制度とよばれたシステムである。ただしこのシステムは戦後に突然芽生えたものではなく，ドイツ金融史において19世紀中盤からあり，第一次世界大戦以来潜在化していたものである。ただし，ナチス経済体制下では，これが軍事融資を支える重要な役割を与えられ，新しい装いを施されていた。それはコンツェルンバンクとよばれた軍事融資システムに由来するものであった。戦前の日本において財閥企業を金融的に支えた機関銀行がこれに近い。これは，戦後メインバンク・システムへ変貌する過程においてもともに類似性がみられる。

(3) 戦後復興と金融市場

　ここでは次の節との関連で，戦後復興のなかで証券市場が金融市場のなかでどのような地位に置かれていたかをみていくこととする。その前にフランクフルトへの銀行本店の集中状況についてみておきたい。

　まず1957年にドイツ銀行とドレスデン銀行が当地に拠点を定めた。またハンブルクがその出自であるコメルツ銀行は，一旦デュッセルドルフに本店を置き，のち1970年になってその活動をフランクフルトに集中させた。また戦後しばらくのあいだは，本店所在地を旧東ベルリンから西ベルリンへ移し活動を続けたベルリン商事会社(Berliner Handels- Gesellschaft)も1948年にはこちらへ新店舗を設置し，本店業務の移動をはじめた。ほかにも共同経済銀行(Bank für Gemeinwirtschaft)，信用協同組合の親機関であるドイツ信用協同組合銀行(DG Bank)，貯蓄銀行部門の親機関であるドイツ・ジロッツェントラーレ／ドイツコミュナールバンク(DGB)，ヘッセン・ラ

ンデス・ツェントラールバンク，そして1952年にドイツ輸出銀行(AKA)，特殊銀行，メッツラー銀行商会(B. Metzler seel. Sohn & Co.)をはじめとする有力個人銀行など，フランクフルトに本店業務を集約させた銀行の数は多かった。いずれも発券銀行に隣接する地域を選択したと，ホルトフレーリッヒは指摘している[78]。このようにして，フランクフルトは銀行中心地となっていった。

　ところですでにみたように，アメリカ占領軍自体が戦後の資本市場の役割について評価を与えていたわけではなかった。このことはメラーの叙述においても戸原の整理でも証券市場が戦後復興に果たした役割については否定的な見解を示していることと共通している。メラーは「中・長期借り入れや起債等といった資本市場資金は，当初あまり大きな意味を持たず」，旧債券から転換された新債券の取引市場の発達は緩慢であり，小規模にとどまったことを指摘している。それは，ライヒスマルク債券が無効とされたこと，州・自治体債のドイツマルク債への転換比率が1/10と低かったためとみている。さらに株式と確定利付債の新規発行も実物資産形成の規模に比べれば微々たるものにとどまったことから「通貨改革後資本市場の利用が回避された」とか「その後も資本市場は経済政策にとって世話のやける存在であった」との結論を出している[79]。

　この原因としては，第一に銀行の再建が順調で，企業の外部資金はもっぱら銀行借り入れに依存したこと，第二に，先にもみたように税法改正により証券市場を経由した直接金融よりも企業の自己金融を優遇したこと，第三に，国による住宅建築金融促進の措置がとられたためであるとしている。この第三点目については，戸原がわかりやすい整理をしている。「地方公共団体その他による住宅建築などのため，地方債ないし抵当債の発行が優先的にみとめられなければならず，これと企業証券との競合をさけるためには企業の自己金融を促進する他なかったのである」と[80]。戦争で西ドイツにあたる領域では，家屋の1/4から1/5が爆撃で破壊された状況からすると，住宅建築の促進が最重要課題として把握されていたと考えられる。この目的のために証券市場の一部が利用されたため，ここでの民間資金の形成が後回しとされ

たのであった。社会的市場経済の一面を示すと考えられる。

なおメラーは保険市場についても記述している。かつての保険貯蓄に対する優遇処置が管理理事会により廃止されたため「債券の伝統的な購入者としての保険会社の地位が大きく低下した」。そしてその代わりに銀行に巨額の長期貯蓄資金が流入したことを指摘している[81]。その後保険市場は西ドイツの経済成長とともに回復し、1980年代中盤以降にはアルフィナンツ活動として銀行もこの分野に参入を開始した。しかし、この分野の中心地はフランクフルトではなく、ハンブルクとケルンとミュンヘンというように西ドイツ各拠点都市に分散していた。この理由として、投資会社とともに保険をめぐる経済活動は、必ずしも発券銀行に隣接した地で行わなければならない必要がないためであることを、ホルトフレーリッヒが強調している[82]。この面では、ドイツの金融市場が各種銀行のネットワーク以外でも連邦的に組織されていたことを示す点で興味深い。

2．西ドイツの連邦制資本市場とその歴史特性
(1) 連邦制資本市場と証券取引所連合会

以上で詳しくみてきたように、戦後西ドイツの経済機構は、個別銀行を除き諸地域ごとの連邦的な組織体制がとられていた。これはナチス統制経済とはまったく異なる制度であり、その体制復帰を阻止するために連合国、とくにアメリカ政府とその占領軍が意識的に追求してつくりあげたものであった。西ドイツの中央銀行の役割を担ったドイツ連邦銀行の前身であるドイツ・レンダーバンクはその典型であった。また保険市場も保険会社各本社にみられるように地域分散的な市場であった。政府諸機関をボンだけではなく、ベルリンなどの各都市へ分散させるなどのあり方と対応したものだった。

そこで本章のテーマである戦後西ドイツの証券市場、証券取引所に立ち返る。この市場も本章のテーマにみられるごとく連邦制の組織をとった。そして少なくとも、東西ドイツの統合と踵を接して行われた取引所改革、具体的には1991年のドイツ取引所株式会社の成立の前後までは、そのような制度にとどまっていた。したがって、統合ドイツ連邦共和国以降の、フランクフ

ルト証券取引所を傘下に押さえ，EU の金融統合に備えたこの株式会社組織の取引所とは一線を画していたということができる。この意味では連邦制は西ドイツの証券市場の特色であった。

ただしすでにみたように戦後復興以来，西ドイツにおける証券市場は規模の点でも，経済機能の点でも金融市場全体のなかでは大きな(中心的な)役割を果たせていなかった。この点では，戦後高度成長期に「限界市場」といわれ，銀行などの貸出機関が目一杯貸付を行っても不足する部分を補っていた日本の証券市場と似たものであった。8 証券取引所があった点でも似ていた。しかし，東京証券取引所が大きな市場シェアをもつという状況とは決定的に異なっていた。

この証券取引所の連邦制組織の意義について明確にしたのは，ハロルド・デグナーとライネル・フレーゲである。2人は，日本語訳で「ドイツ証券取引所連合会とその構成員」というタイトルの論文を 1972 年に西ドイツ官庁『組織制度叢書』第 41 巻に発表した。この翻訳は日本証券経済研究所の『証券研究』第 52 巻(1977 年)に掲載されている。なお翻訳は同研究所西ドイツ資本市場研究会メンバーで，興銀データサービスの土屋貞雄が行っている。このなかではデグナーがハンブルク証券取引所の専務理事であることを，日本証券経済研究所の当時の理事長吉田晴二が紹介している。

この論文の冒頭の第1章Ｉ「連合会の機能　1．担当使命」の箇所では，次の解説がある。「憲法第 74 条 11 項により，取引所の件は……連邦各州が管轄するものとされている。……同条によれば取引所の設立は夫々の州政府の認可が必要であり，更に取引所についての監督は州政府が行うこととされている。また取引所法第 4 条により，取引所規則は管轄の州政府により承認を受けることになっている」。また「2．設立」の箇所では「戦後の第一段階(1950 年代の始め)を乗り切ることにより，西ドイツ国民経済のための主要な資本市場問題が解決されてから，州取引所の連邦主義を憲法上一致させるばかりでなく，同一水準に高める必要を痛感されるに至った」と述べられている。さらに，このことが 1952 年 11 月にハンブルクでドイツ証券取引所連合会の設立にいたらしめた理由であると説明している[83]。以上のデグナ

ー／フレーゲ論文にみられるように，西ドイツ時代の証券市場の基本は連邦制を目指していたことがわかる。

　しかし欧州で取引所システムの電子化と EC(その後 EU)統合が進むに従い，空間的な場所を必要としない証券市場の組織を要請する動きが生じはじめた。そしてそれは地域取引所ではなく，統合された証券市場を目指す動きでもあった。このような流れのなかで，デグナーは 1979 年に金融誌『ディ・バンク』("Die Bank")において再度ドイツの地域取引所を擁護する論陣を張った[84]。そして 1980 年代後半からいよいよ取引所集中の是非をめぐる議論が高まり 87 年と 88 年には別の金融誌 "ZfgK" で双方の議論が順次掲載されていった。デグナー，フレーゲと同様に地域取引所の意義を認めたのはハノーバー取引所のハンス・H. ペータース(Hans H. Peters)であり，彼はドイツの取引所を次のように定義付けていた。「西ドイツの連邦制的な組織構成に見合って，……ドイツの取引所システムは連邦制に基づき構成されている」と[85]。彼もまた地域取引所の擁護者であり，連邦制証券市場と自立した地域取引所を目指す動きは軌を一つにしたものとみることができる。

　これに反して欧州レベルでの金融センターの創出を目指す側からの反論が出された。その代表がミハエル・カレンベルク(Michael Kalenberg)である。ただし彼もこれまでのドイツの証券市場が「非常に固く非中央集権的に組織された取引所システム」であるとみる点では共通性をもっていた。しかしこの「ドイツ取引所制度の連邦的構成」は金融の国際化の進展のなかでますます障害物となっていることを強調し，次のように述べている。「とくに関係者の自惚れとその『視野の狭さ』が批判者から警告を受けている」と[86]。

　このような批判の応酬のなかで，EU 統合をにらんで実務的にはドイツの諸地域取引所の統合を目指す構想が実施に移されるにいたった。これについての説明はドイツ証券取引所連合会の会長リュディガー・フォン・ローゼン(Rüdiger von Rosen)が 1987 年の論文で行っている。まず第一に，ドイツの 8 証券取引所は証券取引所連合会を改組することを 1986 年 7 月 11 日付で決定した。第二にその目的は連邦的構成から脱却し，業務能力が高くコスト

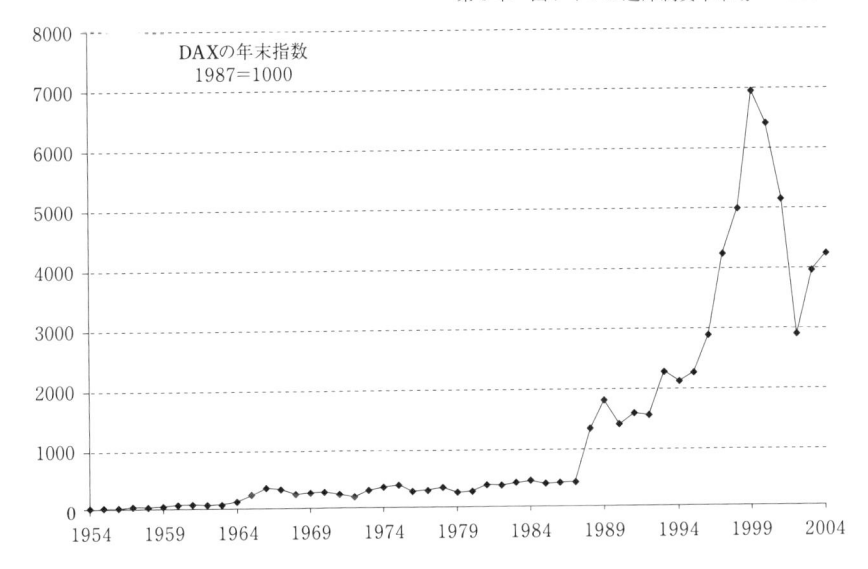

図 5-1 ドイツの株価指数 DAX(1987年を1000とし,1955年から1987年については,コメルツバンク株価指数を DAX で計算し直した指数)

資料：Stehle, Huber, Maier, Rückberechnung des DAX für die Jahre 1955 bis 1987: Deutsche Börse AG.
出所：Deutsches Aktieninstitut (Hrsg.), *DAI-Factbook 2000*—Statistiken, Ananlysen und Graphiken zu Aktienbörsen, Aktiengesellschaften und Börsen, 2001, 09. 1-2 -b.

のかからない近代的なドイツ資本市場の機関とすることであった。第三に，この機関の活動は地域を越えたすべての問題，とくに国内外の諸機関に対して取引所の利益を代表し，地域にまたがる広報活動，そして各取引所間を結ぶ組織的，技術的連携を構築することだった[87]。

その後のドイツにおける取引所統合の展開と研究者間で行われた論争については別稿ですでにまとめているためここでは省略する[88]。ともかく統合は連邦制のシステムを残しながらも 1990 年を前後に実現された。この結果，それまでは各取引所がそれぞれ公表していた統計データなどもこの新組織が全国的なものとして公刊することとなった。また，株価指数表示も，それまではコメルツ銀行が公表していた指数(Commerzbank-Aktienindex)からドイツ株価指数(DAX＝Deutsche-Aktienindex)が新たに導入された(図 5-1)。

また，ドイツ証券取引所連合会はドイツ株式研究所(Deutsches Aktieninstitut e.V.)へと組織転換された。

以上の経過からして強固な意味での連邦制資本市場は西ドイツの終焉(東西ドイツの統合)とほぼ同時にその役割と機能を縮小することになった。ただしドイツ取引所株式会社の設置以降，フランクフルトに市場シェアの大半を奪われた諸地域取引所は，生存をかけた生き残りのための諸政策を展開している。その意味では，連邦制の組織がすべてなくなったわけではないことを付け加えておく必要がある。この点に関しては，また別稿で示したい。ところでカレンベルクから連邦制取引所の「猛烈な擁護者」と批判を受けたデグナーは西ドイツの証券市場の特性について次の2つの重要な点を指摘していた。それは第一に「債券取引所(Rentenbörsen)」であったこと，そして第二に「銀行取引所(Bankenbörsen)」であったことである[89]。この第一点目については次の項で検討する。そして第二点目については，西ドイツの証券取引業者の問題と合わせて(3)で触れていくこととしたい。

(2) 株式市場と債券市場

デグナーが，ドイツの取引所がますます債券取引所化していると先の箇所で述べたのは，以下の理由によっていた。まず，相場表のなかで確定有価証券がいたるところにみられ，その数が圧倒的であったということ(ドイツ証券取引所連合会のデータでも西ドイツでの債券発行額は株式のそれのほぼ10倍の規模である)。また国内株式発行会社が企業合併やそのほかの事情により減少傾向をみせていたことであった。西ドイツ時代の株式会社は2000社を超えた程度であり，しかも上場企業はそのうちの25％ほど，400社を上回る数でしかなかったことも挙げている。このように西ドイツ時代には，経済規模に比較して矮小な株式市場でしかなかった。

この原因は，すでに触れたような歴史的な要因と西ドイツ政府の経済・金融政策の基本とかかわっている。具体的には1970年代後半までの公社債市場の差別的優遇税制と投機の抑制政策である。これらは戦後の経済復興期から1960年代の経済成長期，社会民主党(SPD)と自由民主党(FDP)が政権を担当した1969年から82年の間の小連立の時代にも変わっていない。この基

本性格にやや変化がみられるようになるのは，1982年にキリスト教民主・社会同盟(CDU/CSU)のヘルムート・コール(Helmut Kohl)首相が登場する前後からである。アメリカのレーガン政権と同様の規制緩和と競争促進政策および公営事業会社の民営化が進められた。その後1990年代には東西ドイツの統合に伴い，旧東ドイツ企業の株式会社化も進み，株式会社の数は20世紀末には1万社近くまで増加した。以上の社会・経済動向を反映して，ドイツの株価はコメルツ銀行指数でみても，DAXでみても同じ傾向がみてとれる。すなわち敗戦から1950年代末に上昇をみた第一期とそこから80年代半ばまで長期停滞をみせた第二期，そしてそれ以降に再上昇をみせ，東西ドイツ統合以降の株式ブームにつながる第三期である[90]（図5-1）。このように基本的に西ドイツ時代の株式市場は，戦後復興期と東西ドイツ統合の時期を除くと，主役を果たせず脇役に追いやられていた。この点を日本における研究成果を紹介しながら以下でみていきたい。

　まず日本興行銀行特別調査室の土屋貞雄は，1950年代を国家統制の時代から，証券市場育成段階を経て自由主義へ復帰する時代と位置付けている[91]。敗戦直後は，銀行の解体，配当制限令の存続で企業は自己の資本蓄積手段以外に資金調達の道を絶たれていた。これに対して政府は1952年に三つの法律により資本市場の育成を図った。それは，資本市場育成法，資本取引法，配当制限令廃止法であった。

　このうちの資本市場育成法は，のちのちまで影響を及ぼす法律であった。その内容は，確定有価証券の利子に対する税制上の優遇処置であり，無税の証券，30％課税，60％課税の区分けがなされた。免税扱いの証券は，住宅建築資金調達を目的とした抵当債ならびに自治体債，満期3年以上の国公債などであった。事業債（社債）には30％課税され，60％課税はコンツェルン間での相互持ち合いにある利付債券を禁止する目的であった。一方株式に対しては，1953年の税制改革で一律60％の法人課税を改め，留保利益に対し60％，配当利益に対しては30％課税と軽減処置がとられた。

　以上の政策的対応により，免税の公債と抵当債券の発行が活況を呈することとなったがこれは戦後の住宅建築を促進する政策的狙いに基づくものであ

った。このため「抵当債比重は増大し，全体のほぼ半ばを占めており，また株式に対し社債の比重が増大した」と土屋は結論づけている[92]。同様の分析を飯野由美子が，西ドイツの貯蓄構造を分析した労作の付言のなかでさらに詰めて行っている。そこでは「債券の株式に対するメリット」として次のような要因を挙げている。①預金，債券等に対してはなくて，利益配当証券(株式，転換社債)に対してのみ適用される25％の資本収益税の源泉徴収，②株式配当に対する二重課税。また同氏は社債発行が抵当債と自治体債券に対してもつ発行上の困難性について次のように指摘している。それは1957年2月に設置された中央資本市場委員会が，後者の確定有価証券に対する発行上の優遇処置を与えたためであった。この結果「その他，公債以外については民法§795による認可が義務づけられており……社債発行は敬遠されることとなった。企業の外部資金調達は，銀行借入や，社債の代替物たる債務証書借り入れ(Schuldscheindarlehhen)などに依存することとなり，証券市場の機能はますます産業金融の性格を薄めることとなる」との結論にいたっている[93]。

　一方，西ドイツの財政との関連で資本市場分析を行った塚本健も別の角度から同様の結論にいたっている。「西ドイツの債券発行のほとんどが金融債と公債発行である……金融債の7割は抵当債券，自治体債券であり，その資金は対公共機関貸付にあてられるのだから，結局債券市場を経由する資金の8割は公共機関に流れ，中央・地方財政資金として利用される。債券市場は，財政資金調達機構となっている」と[94]。

　以上のように民間に産業資金を供給する機能を果たすにはあまりに矮小な市場でしかなかったが，西ドイツ政府としてもこの状況に手をこまねいていたわけではなかった。ベーリングのフランクフルト証券取引所史に関する著作および銀行史研究所が刊行した『ドイツ証券市場史』中の第二次世界大戦以降の箇所を担当したベルント・ルドルフの記述を読んでいくと株式市場に対してはさまざまな積極策がとられていたことが読みとれる。1959年の株式法の小改正(損益計算書の開示など)，1965年の大改正(企業集中に伴う，銀行監査役の株式会社役員の兼任規制——ドイツ銀行頭取の名前にちなんだ

アプス法——の制定などによる株主権の強化)，従業員持ち株制度の導入，公営事業会社である株式会社の部分民有化(1959年の炭鉄部門プロイサーグ(Preussag)，61年の自動車部門フォルクスワーゲン(VW)，64年のエネルギー部門フェバ(Veba)における外国証券の導入と投資信託の設置など。

また1966年には連邦経済省がさまざまな規制を強化した証券取引制度の改革案を出し，これに関する議論が沸騰した。提案は結局立法化するにはいたらなかったものの，1972年の時点で証券業界側の独自イニシアチブでその内容が取り込まれることになった[95]。

 1．公定市場上場株式の取引所(マークラー)への集中義務。これは金融機関間での相殺と金融機関の介入自体を制限することで対応する。
 2．同市場上場全株式会社の年次報告の公開義務。これについては，投資家の投資判断を可能なかぎり高める目的で，任意の期中報告を刊行することとした。
 3．同市場株式マークラーの売買高公開義務。1968年になり，フランクフルト取引所で先行していたDM株式全売買高を毎月連銀調査資料へ公表することにほかの7カ所の取引所が合意した。
 4．諸外国市場と比較可能となる株式の値付け方法の改善。それまでの株式比率に基づく値付けから株式単位ごとの値付けへ1967年4月18日から移行した。同時に取引単位を引き下げ，100 DMから50 DMとした。

その後も法律改正は順次必要に応じて行われた。しかしこれらの対応を含めて政府の証券市場政策は，企業集中によって上場株式会社が減少していくなかで，1980年代半ばまでは事態に変化を引き起こすことはできなかった。これには2度のインフレ体験と戦争による資産崩壊という西ドイツ国民の株式に対する歴史的な評価もかかわっている。

次にもう一つの民間資金調達方法である工業債の発行についても株式同様に低調さを免れなかった。1950年代末と70年代末に一時的なブームがみられたものの「その後は(少なくとも国内債については)80年代の後半にいたるまでは，その重要性が失われていた」ことをルドルフが指摘している[96]。

この理由は，企業が株式，社債よりも有利な利鞘で発行できた債務証書借入れという金融手段が利用されたからである。これは債務承認書が付された金融機関による「短期，中期ないし長期の大口貸付」である。契約者間での合意に基づき譲渡可能な貸付契約であり[97]，日本の大口CPと類似性がある。

この債務証書貸付は，ベーリングの説明ではミュンヘンの金融マークラー，ルドルフ・ミューネマン（Rudolf Münemann）により開発され1950年代から活発に取引されたという。ミューネマンは保険会社に蓄積された資金を工業界へ貸し付ける手段としてこれを使った。そのさいにほかの債務者と共同した転売システムで，短期債務を長期化しかつ流動性のリスクを回避する工夫が凝らされていた。この金融手段が有価証券であるかどうか，有価証券税と取引税を課すかどうか，「ミューネマン法」を制定するかどうかをめぐる議論が引き起こされた。彼は1970年に経営上の失敗もあり一時窮地に追い込まれたものの，政党の支援を受けて救済された。最終的には企業の債務証書借入れは信用制度法の自己資本規定から切り離されることで決着がつけられたからである[98]。ともかく，これを利用した資金調達は担保コストはあるものの，工業債よりも有利なコストで発行できることと，次の節で述べる貨幣市場への資本市場の従属から逃れる目的もあり，抵当銀行をはじめとする金融機関が大いに多用したわけである。

次に，1980年代を前後とした現物ならびにデリバティブ取引を含めた株式市場の再生へ向けた動きについて触れておきたい。これは東西ドイツが統合した1990年から本格的展開をみせる。しかし，これにつながる過程は西ドイツ時代にすでに準備されていた。それはECおよびEU統合の進展下での金融自由化および金融派生生商品の導入と金融取引の電子化などの改革であった。この経緯と問題点についてはルドルフが詳細な記述をしているためこれに依拠してみていくことにする。

まずドイツの投資家に対する先物取引の認可が，1956年5月に外国有価証券について行われた。これに対して国内証券についての先物取引の導入は1970年7月まで待たなければならなかった。それは1930年代はじめに先物取引は禁止処置を受け，それ以降取引は中断されたという歴史による。当初

「銀行は先物取引に必要な知識と経験を有する人材をもっていなかった」のであった[99]。しかしこの時点でアメリカの例に倣ったオプション形態での取引が開始された。それは1920年代までドイツで行われていたプレミアム取引に比べると，リスクが軽減しやすいと考えられたからであった。このオプション取引は開始直後の一時的熱狂のあとに幻滅感が広がり，1970年代には株式売買高の1.35％でしかなく極めて不活発なものに終わった。当時オプション権の行使があまり行われなかった原因として，そのための店頭市場を欠いていたことが指摘されている。

これに対して1983年4月に新たな取引所オプション業務の手引書が公表されて，オプション業務の標準化が行われ，その後はめざましい売買が展開された。ベーシス価格が標準化され，満期は年4日短縮された。フランクフルト取引所でのオプション取引対象は，外国株を含めると1970年の40株から84年の60株へと増加した。さらに1986年4月からは確定有価証券でのオプション取引が開設された。その後1986年7月にドイツ銀行の株式指数債券がドイツ市場に新たな投資手段を提供した。そして1988年春にチューリッヒで設立されたスイス・オプション・金融先物取引所(Swiss Options and Financial Futures Exchange＝SOFFEX)をモデルととしたドイツ版の同種の市場(German Options and Financial Futures Exchange＝GOFFEX)がたちあげられた。

その後フランクフルト証券取引所は，1987年にオプション取引の特別調査委員会を設置して報告書を出した。資本参加をする金融機関と8カ所の取引所間には一部の利害対立があったものの，「金融センターとしてのドイツ(Finanzplatz Deutschland)」[100]という目的で取引所制度の発展のための戦略的合意に達した。この結果1990年1月26日に，ドイツ先物(定期)取引所(Deutsche Terminbörse＝DTB)が，ドイツ標準株式での標準化された電子オプション取引を開始させた。

最後にこのような金融自由化の流れと並行して，ドイツ政府の証券市場政策が1980年半ばごろに大きく転換したことをみておきたい。まず，1984年にハンブルクで開かれたドイツ法学会で企業の自己資本を改善するための会

社法，資本市場法のあり方がテーマとなった。資本市場を射程に入れた金融市場をいかに創出するかが検討された。その翌年に連邦政府機関は，新取引所上場法草案を提示したが，これは次の三つの EU 委員会指令に基づくものであった。

　1．証券取引所公定値付け証券の上場に関する条件整備(1979 年 3 月 5 日)
　2．取引所上場目論見書についての指令(1980 年 3 月 17 日)
　3．取引所上場株式の期中報告書整備に関する指令(1982 年 2 月 15 日)

草案はこれらに基づき取引所公開最低基準の引き上げを狙うと同時に，上場手続きにあたって銀行の協力業務を外していた。しかし，金融機関側の抵抗により最終的には公定市場にかぎっては引き続き銀行の上場申請の独占(Antragsmonopol)を法律規定へ残した。ただし規制市場の面ではこの点に関する規制緩和が行われ，発行会社と協力する金融機関以外の企業の申請権を盛り込んだものとしていた。そしてこれらに関する法律は 1986 年 10 月から 87 年にかけて連邦議会で徐々に可決されていった[101]。

これらの動きと連動してすでにみてきた，ドイツ証券取引所連合会の組織改革が行われた。また税制の面でも 1992 年の税法改正で，戦後長きにわたって実施されてきた住宅建築と公共当局向けの資金供給のための優遇処置が廃止されて，経済全体の民営化が進展した[102]。株価も 1980 年央から急騰をみせるなかで東西ドイツの統合への道をたどっていった。

(3) 西ドイツ資本市場の歴史特性

以上みてきたように西ドイツの資本市場の特色は，連邦債，州債のほかに抵当債，自治体債という金融債を中心とした国内向けの債券市場であったことである。振り返って，19 世紀半ばまでのフランクフルト証券取引所の歴史をたどると，かつてこの市場がユダヤ系個人銀行家を中心とした諸国王や諸侯の軍事公債などを発行するための国際的な債券市場であったことが判明する[103]。そこでその時代の特色と比較してみると，同じ債券市場とはいっても第二次世界大戦後の西ドイツの証券市場とは，取引対象と取引主体という点では相違があるといわざるを得ない。このうちの前者についてはすでに

取り上げたためここでは取引主体からみた西ドイツ資本市場の特色とこのことがもたらした資本市場への影響について考えていきたい。これはすでに触れたようにデグナーが「銀行取引所」と名付けていた，取引所に対する銀行支配の問題でもある。この問題は第一には，連邦経済省と中央資本市場委員会による起債調整の重要性と，第二には貨幣市場への資本市場の従属という問題をもたらした。

　ただしこの証券市場に対する銀行支配の内容に入る前に銀行，ユニバーサル・バンクの中身について触れておきたい。というのは銀行支配の問題というと，かつては信用大銀行による株式会社支配の問題であった。とくに19世紀末から20世紀初頭にかけてのいわゆる「金融資本」の問題となる。しかし，第一次および第二次世界大戦を経て銀行は多業種化した。戦時国債を発行し消化していく業務のなかで，貯蓄銀行(Sparkasse)と信用協同組合(Kreditgenossenschaft)の果たす役割が次第に大きくなっていった。これらの金融機関はかつてはドイツ国民と手工業者および商業者の比較的零細な資金を土台として，預金・貯金・貸付業務をしていた。しかしこれらに加え国債と公債の販売業務に携わるなかで証券業が重要となり，次第にユニバーサル・バンクの仲間入りを果たしてきたのである。それと同時に西ドイツ時代には，とくに貯蓄業務では貯蓄銀行がドイツ最大の金融機関となった。この点についてルドルフは次のように述べている。「ドイツ最大の業務銀行はドイツ最高額の貯蓄預金をもつ金融機関，すなわち最大の貯蓄銀行である」と[11]。

　これとは逆に信用銀行は伝統的な株式発行・流通業務を押さえてはいるものの，預金業務および債券業務ではかつての貯蓄銀行などの台頭で，その市場シェアを大きく低下させた。ただし信用銀行はこのような流れと動きに対して，ただ手をこまねいていただけではなかった。傘下に抵当銀行と投資信託銀行の子会社を擁し，また1970年以降になると銀行本体でも抵当銀行業務に乗り出した。さらに1990年代にはアルフィナンツ化(総合金融業務への進出)のもと保険業務へも乗り出している。このため，これらの金融機関は貯蓄銀行が自治体貸付の原資となる資金調達のために発行する抵当債や自治

体債および債務証書の売買相手ともなっている。銀行は貸付資金の調達とその流動性の調整のために債券市場を利用している。この結果ドイツの証券市場，とくに債券市場は「銀行間市場」とよばれている。また株式についても取引所集中は一応いわれてはいるものの，伝統的に銀行内での取引の決済も継続されている。これら全体が，デグナーが「銀行取引所」とよぶ原因となっている。

　また合わせて個人銀行家(Privatbankier)についてみると，19世紀末までは活発な投資(投機)業務を展開していたものの1896年発効の帝国取引所法発布以来，次第にその力を低下させてきた。そしてその数自体が東西ドイツの統合までは，一貫して低下傾向にあった。ユニバーサル・バンクからマークラー銀行という証券取引専門銀行へ特化する傾向があったことを，最近のドイツの若手証券市場史研究者が指摘している[115]。この個人銀行の減少傾向は東西ドイツの統合前までは続き，その後回復の兆しをみせはじめている。

　次にこのような銀行取引所に関連する2つの問題について触れていきたい。まず第一の問題である起債調整について。この問題についての全体的な解説は小湊繁と飯野由美子による1992年の論文「通貨と金融」のなかで詳細な記述があるため，ここでは中央資本市場委員会の設置とその性格についてのみ触れてみたい[116]。ルドルフのまとめによるとフランクフルト証券取引所が第二次世界大戦後はじめて外国証券の取り扱いを開始したのは1956年であり，9月に1930年以来はじめて外国株の店頭売買が行われた。また，外貨建て債券の最初の発行は1957年の9月，最初のDM建外債発行は58年10月であった。このような証券取引の国際化と前後して1957年2月6日に連邦経済省と金融業界代表者との話し合いのなかで，中央資本市場委員会(Zentraler Kapitalmarktausschuss)の設置が決められた。

　これは利子率と手数料の取り決めと金融機関の競争を調整するために，1936年12月22日に設置された中央信用委員会(Zentraler Kreditausschuss)をモデルとしたものであった。委員会は当初，民間の信用銀行，抵当銀行，公法上の金融機関からなる11人の委員から構成されていた。ドイツ・レンダーバンク，のちのドイツ連邦銀行(ブンデスバンク)はゲストとし

て参加することとなっていた。この委員会は「自主管理機関であるものの，委員会を代表する銀行グループの権威に支えられていて，委員会が推薦する発行カレンダーは決定的な役割をもたされていた。市況に応じて債券市場での国内発行体の格付け，序列，利回り額が決められ，時として生じうる過剰負担を避けることを目的としていた」。したがって，全発行目論見総額，個別起債希望額，発行条件，発行時期に関してこの委員会が見解を出すことが合意されていた[107]。

したがって自主規制の機関であるとはいっても，政府の経済担当機関とドイツ連邦銀行の意向が強力に反映しうる組織となっていると考えられる[108]。抵当債と自治体債についてはこの委員会が調整機能を果たす対象とした。それ以外の金融債と社債は政府と民間機関が協力して行う管理の下に置かれた結果，発行上の不利を被ることとなった。逆にみると，このような起債調整を逃れるために，民間金融機関は，社債よりも抵当債・自治体債の発行や債務証書貸付の比重を増大させていったとみることができる。

なおその後1968年2月に，ドイツ連邦銀行は国際的な発行業務に携わる銀行とともに外国でのドイツマルク債発行にかかわる紳士協定を作成し，1985年までこれを有効に機能させた[109]。その目的は「外国DM債発行ドイツ資本市場に加える圧力を軽減し，市場の消化能力との調和を図ること，ドイツの金利水準引き上げの芽を未然に摘み取ること，債券の目一杯かつ確実なはめ込みを保証すること」[110]にあり，このため外債小委員会が設置され外国DM債発行をも起債調整したのであった。しかし1985年には金融自由化の流れのなかでこの債券発行も自由化され，この委員会は廃止された。

以上みてきたように債券市場は国内外の証券ともに起債調整が極めて効率的に行われてきた。中央資本市場委員会と連邦債発行コンソルチウムにより整然とした秩序付けが行われたためであった。

次に貨幣市場への資本市場(債券市場)の従属という問題に移る。この問題についてはベーリングが詳細な記述しており，ルドルフもほぼその見解を受け入れているため，ベーリングの記述を紹介していきたい[111]。まずこの前提は，銀行に集積された資金の投資先としての債券市場である。低金利で相

場上昇を伴う時期までは，銀行の流動性は確定有価証券へ投資された。そして金融政策が規制局面に入り金利上昇がみえはじめると逆に，流動性確保のためにこれが売却されるという見方である。

　ドイツ連邦銀行の場合には1952年の最初の連邦債発行以来，いつでもそれを発行できる状態に置くように債券市場を育成してきた。相場調整機能を果たしてきたといえる。しかし1966年のリセッションをきっかけとして，ドイツ連邦銀行はこの相場調整の枠を超えた市場介入を行った。それは通常の金利政策のみでは，景気後退局面を打開できないと判断して，連銀の自己計算とドイツ連邦銀行法第21条に基づいてはじめて枠を上回る買い出動に向かった。すなわち市場金利調整目的での貨幣市場介入のために，公開市場で外為，連邦債，政府手形，公共機関債券等の売買を行うようになった。なによりも景気政策のためであった。この手段は1回限りのものではなく，1975-77年のリセッション期にもとられた。なお以上の流動性の調整は，ドイツ連邦銀行のみならず，民間銀行を含めほかの銀行が行うことも可能である。

　この結果このような資本市場に対する当局の金融政策は民間信用機関，とくに抵当銀行の業務に極めて重大な否定的作用をもたらした。長期金融市場での金利動向が安定しないためである。このため抵当銀行は一方では，自治体向けの宣伝を行い，抵当債と自治体債の継続発行を安定させるため，広範で安定した購入顧客を確保する努力をし，それに成功した。また，すでに述べたように証券市場での利回りに影響を受けない債務証書貸付への道を切り開いていった。このことによって貨幣市場への資本市場の従属から逃れたのである。すでに述べたことであるが，債務証書が貨幣なのか，証券なのか争われた背景にはこの従属論争が関係していたのであった。ベーリングはこれについて次のように述べている。「貯蓄資産が貨幣なのか資本なのか，または結合された債務証書が貨幣としてあるいは有価証券として取り扱われるか争われていたが，これは具体的な競争条件と収益条件をもっていたからである」と[112]。

　以上西ドイツ時代の資本市場の特色の第二のテーマを整理した。連邦制の

資本市場としての性格のほかに次第に国際色を強めてはいるものの，基本的には国内向けの債券市場が取引高規模で前面に出た市場であった。しかもその取引主体は，個人ではなく各種金融機関が中心であった。このことから銀行（連邦銀行，市中銀行，公法上の金融機関）によって強い影響力を被った国内向けの債券市場であった，とまとめることができよう。ただし，債券市場に比べ取引高では非常に小規模な株式取引ではあったが，こちらは外国株の上場が盛んであり，逆に国際市場としての性格をもっていたことを付け加えておきたい。

第6節　ま と め

　本章では，第二次世界大戦後のドイツの証券取引所の復活過程を整理しそのことを通して西ドイツ資本市場の性格付けを与えることを目指してきた。この目的に沿って，いくつかの項目に分けて論述した。

　まずナチス政権下での戦時経済が残した遺産について整理をした。敗戦後のドイツ金融経済と再開された各地域の証券取引所の事情，ドイツを占領した連合国4カ国の経済，金融政策について，とくに米英のそれを中心として取り上げた。とくに占領政策の各国ごとの相違が通貨改革をはじめとする戦後復興を日本に比べ2年間ほど遅らせたこと，政策統合過程の紆余曲折を経て最後に西側占領政策が統合されていったことをみた。

　そして金融市場を決定的に左右する発券銀行を設置することにまず米英間で，そして最終的にフランスを加えた西側連合国間で合意を見出したこと，ただしそれはアメリカ連邦準備制度に倣い連邦制のシステムをとるドイツ・レンダーバンク，のちの連邦銀行——ブンデスバンクとなったこと，またその本店所在地をめぐり，米英間で駆け引きが行われ，最終的にはマイン河沿いのフランクフルトに落ち着いたことを確認した。1947年にアメリカの決済機構がここに置かれ，さらに47年に米英統合地区管理局もここを拠点としたことがこの都市の戦後の運命を決めることとなった。

　この結果フランクフルトに各種金融機関の本店が次第に集中し，この地が

19世紀の半ば以来失ってきたかつての金融中心都市としての姿が，アメリカの強い影響を受けながら復活させられた。ただしそれはかつて都市ベルリンがフランクフルトに代わって，19世紀の最後の四半世紀からドイツ帝国での金融中心地となった状況とは様子を異にするものであった。ナチス経済が中央集権的に組織されたことに対し，こちらでは政治経済全体にわたる連邦制組織を形成する努力がとられたためである。それは統制経済下のナチス戦時経済から決別するためのものであった。連合国がそれをドイツに要請していたし，ドイツ自体についてみると，帝国建設以前の分権的な状態への回帰でもあった。三大信用銀行は，銀行の集中排除政策により諸地域に分散させられ，その後再統合を果たした。しかしベーリングによると，この経過でこれらの銀行は，ハンブルクとデュッセルドルフとフランクフルトにそれぞれの拠点を残したうえでの統合であったという。

　以上の連邦制の組織構造は戦後西ドイツの証券取引所でも生かされ，1952年にドイツ証券取引所連合会が形成され，対外政策を含めた諸地域を超えた活動を行ってきた。業務量からみるとフランクフルトとデュッセルドルフがほかの取引所よりも多かったが，ゆるやかな連合組織として再生したわけである。

　この復活した西ドイツの連邦制資本市場の特色は銀行を取引主体とした国内向けの債券市場であった。それはさまざまな戦後西ドイツが置かれた条件と直面した経済問題から制約されたものであった。膨大な量の貨幣量の残存，ライヒスバンクのこれまた膨大な債務，これらを償却し対外的な戦争賠償責任を果たさなければならなかった。国内ではとくに爆撃で焼け出された住宅の整備が緊急課題としてあり，また破壊された基幹産業を優先的に回復させる経済政策がとられた（ただどのくらいの生産力が残存したかについての統計は，戦後の数年間にかぎっては信頼性のあるものが非常に少なかったため数量的に確定することは困難であった）。

　これら戦後ドイツに突きつけられた課題を解決すべくとられた基本政策がエアハルトのいう「社会的市場経済」であった。敗戦直後から何年かはこの「社会性」（「公共性」）が全面に出ざるを得なかったのは以上のような社会状

況に由来していた。住宅建設のための抵当債の発行がなによりも優先された政策が税制面からとられていった。また1960年代末に社会民主党(SPD)と自由民主党(FDP)が連合を組んだあとでは，高度社会福祉社会の実現に向けた政策がとられた。このための資金的手当てとしては，連邦債と州債，自治体債の発行が優先された。ともかく民間向けの産業資金の供給は，企業自己金融と銀行貸付，債務証書貸付に任されていた。そしてそのような資金をファイナンスする市場として債券市場が大々的に利用されたわけであった。

　以上の経済体制のなかで，株式市場は証券清算を経て密やかに復活した。そして従業員持ち株制度や公共事業株式会社の株式民有化という社会政策により活を入れられながら成長したが，その速度は微々たるものであった。このような西ドイツ金融市場のあり方はかつての19世紀のフランクフルト債券市場の復活を思わせる。ただしそこでの取引主体はユダヤ系個人銀行業者であり，西ドイツ時代とはまったく異なるものであった。西ドイツの場合には，株式制の信用銀行のほかに貯蓄銀行，信用協同組合が歴史的経過を踏まえユニバーサル・バンクとして台頭し，活動している。また公法上の金融機関もある。

　以上が西ドイツ時代の証券市場の特色であったが，これは1980年代半ばに大きな変貌を遂げていった。フランクフルトを中心としたドイツ金融センターを構築し，EU金融統合に備えるための改革であった。証券市場は電子化の波と合わせて一大変貌を遂げた。

　このような21世紀を展望したヨーロッパ経済の動きのなかでこの西ドイツ資本市場の性格はどうなっていくかについて最後に二点にわたって考察してみたい。第一点は，これらの流れのなかで連邦制の資本市場が維持できるのかどうかである。これは言葉を変えると，諸地域取引所が生存していくことができるかどうか，という問題につながる。第二点目は，債券市場としての性格が変わるのかどうかである。

　この回答は難しいが，いくつかの取引所統合はすでに行われていて独自の道をすべての取引所が保っていくことは困難となると予測される。ドイツ取引所株式会社傘下にあるフランクフルト取引所を除き残存可能性をもつのは，

ベルリン，ハンブルク，デュッセルドルフ，シュツットガルト，ミュンヘン所在の5取引所が考えられる。あるいはこれらのうちのいくつかの統合案が将来生ずる可能性もある。電子取引による効率性のみを考慮すると一国一取引所で充分という考え方もある。この考えではあとの取引所の生存策は地方(域)自治の問題であるということになる。またこの問題はドイツの地域経済と地域取引所がEU統合のなかで，引き続きいかなる役割を果たすかという問題につながり，今後EUレベルの経済問題として考察していきたい。

第二点目は派生的金融商品の開発を含め，将来株式関連市場が急拡大するや否やという問題である。この点については飯野由美子の論文「金融」(戸原四郎・加藤栄一・工藤章編『ドイツ経済――統一後の10年』第3章)を読むと，そうはなっていない。筆者も19世紀以来のフランクフルト証券市場史からみて，そう簡単に投機的市場へドイツ証券市場全体が動いていくとは考えてはいない。それは，ユダヤ系証券業者が活躍したベルリン取引所が中心だった時代とはまったく環境が異なるからである。東西ドイツ統合と前後して，ハンブルクのヴァルブルク(ウォーバーグ)家が，かつてのM. M. Warburg & Co.として復活し，またフランクフルトではロートシルト有限会社が復活した。また20世紀末のドイツでのノイエマルクトにみられる株式ブームのなかで，個人銀行のルネッサンスともいわれている。しかしかつてのような勢いと金融組織力が東西ドイツ統合のなかですぐに戻ることは簡単に予測することは難しい。それはEU資本市場統合で一定の役割を果たすであろうと考えたうえでもである[13]。

蛇足として最後に，EU資本市場統合をEU委員会は考えているがこれがどのようなものになるのかという宿題が残されている。果たして西ドイツ型の欧州連邦資本市場となるのか，パリ，ロンドン，フランクフルトのいずれかの欧州金融センター所在地に統括された単一資本市場となるのか，という問題である。この点についての予測は，前の二つの問題以上に回答することが現在は困難であり，今後の成りゆきを見極めていきたい。

注

1) 拙稿「中央資本市場としてのベルリン証券取引所——生成から崩壊への課程」(1)-(3),『北星論集』第32, 33, 34号, 1995, 96, 97年。同「国際債券市場としてのフランクフルト証券取引所——生成・展開過程と歴史特性」同上第39号, 2001年。本書の第1章から第4章としてまとめてある。
2) Willi A. Boelcke, *Die Kosten von Hitlers Krieg* — Kriegsfinanzierung und Finanzielles Kriegserbe in Deutschland 1933-1948, Paderborn, 1985.
3) Werner Abelshauser, *Wirtschaftsgeschichte der Bundesrepublik Deutschland 1945-1980*, Frankfurt am Main 1985, ヴェルナー・アーベルスハウザー(酒井昌美訳)『現代ドイツ経済論——1945-80年代にいたる経済史的構造分析』朝日出版社, 1995年。
4) Karl-Heinrich Hansmeyer/Rolf Caesar, Kriegsfinanzierung und Inflation (1936-1948), in: Deutsche Bundesbank (Hrsg.), *Währung und Wirtschaft in Deutschland 1876-1975*, Frankfurt am Main 1976, カール・ハインリッヒ・ハンスマイヤー／ロルフ・ツェーザー「戦争経済とインフレーション(1936-1948)」ドイツ・ブンデスバンク編(呉文二・由良玄太郎監訳)『ドイツの通貨と経済——1876-1975』(上), 東洋経済新報社, 1984年所収。Hans Möller, Die westdeutsche Währungsreform von 1948, in: *Währung und Wirtschaft in Deutschland 1876-1975*, Frankfurt am Main 1976, ハンス・メラー「1948年の西ドイツ通貨改革」『ドイツの通貨と経済』(下)所収。
5) Eckhard Wandel, *Die Entstehung der Bank deutscher Länder und die deutsche Währungsreform 1948* — Die Rekonstruktion des westdeutschen Geld- und Währungssystems 1945-1949 unter Berücksichtigung der amerikanischen Besatzungspolitik, Frankfurt am Main 1980.
6) Theo Horstmann, Die Angst vor dem finanziellen Kollaps, Banken- und Kreditpolitik in der britischen Zone 1945-1948, in: Dietmar Petzina, Walter Euchner (Hrsg.), *Wirtschaftspolitik in britischen Besatzungsgebiet*, Düsseldorf 1984 (以下 Die Angst とする). Ders, Um »das schlechte Bankensystem der Welt«. Die interalliierten Auseinandersetzungen über amerikanische Pläne zur Reform des deutschen Bankwesen 1945/46, in: *Bankhistorisches Archiv* 11, 1985, S. 3-27. Ders, Kontinuität und Wandel im deutschen Notenbanksystem. Die Bank deutscher Länder als Ergebnis alliierter Besatzungspolitik nach dem zweiten Weltkrieg, in: Theo Pirker (Hrsg.), *Autonomie und Kontrolle* — Beiträge zur Soziologie des Finanz- und Steuerstaates, Berlin 1989, S. 135-154. Ders, Die Entstehung der Bank deutscher Länder als geldpolitische Lenkungsinstanz in der Bundesrepublik Deutschland, in: Hajo Riese, Heinz Spahn (Hrsg.), *Geldpolitik und ökonomische Entwicklung*—Ein Symposion, Regensburg 1990, S. 202-218.

7) Theo Horstmann, *Die Alliierten und die deutschen Großbanken*—Bankenpolitik nach dem zweiten Weltkrieg in Westdeutschland, Bonn 1991.
8) Carl-Ludwig Holtfrerich, Die Deutsche Bank vom Zweiten Weltkrieg über die Besatzungsherrschaft zur Rekonstruktion 1945-1957, in: Lothar Gall et al., *Die Deutsche Bank 1870-1995*, München 1995(以下 Die Deutsche Bank とする). Ders, *Finanzplatz Frankfurt*—Von der mittelalterlichen Messestadt zum europäischen Bankenzentrum, München 1999(以下 *Finanzplatz Frankfurt* とする).
9) Bernd Rudolph, Effekten- und Wertpapierbörsen, Finanztermin- und Devisenbörsen seit 1945, in: Hans Pohl (Hrsg.), *Deutsche Börsengeschichte*, Frankfurt am Main 1992. Bernd Baehring, *Börsen-Zeiten*—Frankfurt in vier Jahrhunderten zwischen Antwerpen, Wien, New York und Berlin, Frankfurt am Main 1985.
10) 西ドイツの資本市場史としては次のものが参考となる。Georg Bruns, Karl Häuser (Hrsg.), *30 Jahre Kapitalmarkt in der Bundesrepublik Deutschland*, Frankfurt am Main 1981.
11) 戸原四郎「西ドイツにおける戦後改革」東京大学社会科学研究所編『戦後改革2——国際環境』東京大学出版会，1974年。真鍋俊二『アメリカのドイツ占領政策——1940年代国際政治の流れのなかで』法律文化社，1989年。渡辺尚「ラントとブント——西ドイツ政治・経済空間の形成過程」諸田實・松尾展成・小笠原繁・柳沢治・渡辺尚・シュレンマー『ドイツの歴史空間——関税同盟・ライヒ・ブント』昭和堂，1994年所収。
12) 塚本健「西ドイツの証券税制」『証券研究』第10巻，1964年5月。玉野井昌夫「戦後におけるドイツ証券市場の特色」同上第21巻，1967年6月。戸原四郎「西ドイツにおける占領政策と企業再編成」，土谷貞雄「西ドイツの金融制度と産業金融」，塚本健「西ドイツの景気調整的財政金融政策と資本市場」，小湊繁「西ドイツの戦後企業金融(1)」，以上同上第37巻，1973年8月所収。
13) 日本興業銀行特別調査室特別資料34-9「西ドイツ証券市場の概観」1960年。株式会社興銀データサービス「西ドイツ証券市場30年の歩み」，海外金融制度シリーズ28．I債券市場，同シリーズ32．II株式市場，同シリーズ37．III経済関係年表，1982年。
14) 塚本健「1980年代西ドイツ財政と資本市場」および飯野由美子「西ドイツ貯蓄奨励・財形政策の転換と個人貯蓄構造の変化——西ドイツの金融自由化の一側面」『証券研究』第88巻，1989年3月。戸原四郎・加藤栄一編『現代のドイツ経済——統一への経済過程』有斐閣，1992年。戸原四郎・加藤栄一・工藤章編『ドイツ経済——統一後の10年』有斐閣，2003年。
15) Bernd Baehring, a. a. O., S. 196-198.
16) Karl-Heinrich Hansmeyer/Rolf Caesar, a. a. O., S. 399f., ハンスマイヤー／ツェーザー，前掲論文，486，487ページ。
17) Ebenda, S. 405, 同上論文，491ページ。
18) Willi A. Boelcke, a. a. O., S. 132.

19) Karl-Heinrich Hansmeyer/Rolf Caesar, a. a. O., S. 401, ハンスマイヤー／ツェーザー，前掲論文，489 ページ．
20) Ebenda, S. 418f, 同上論文，503 ページ．
21) Ebenda, S. 421, 同上論文，506 ページ．
22) Ebenda, S. 423, 同上論文，508 ページ．
23) 拙稿「〔紹介〕Berliner Börse (Hrsg.), *Berliner Böerse 1685-1985*, 1985 Berlin.」『北星論集』1983 年．
24) 渡辺尚，前掲論文，193 ページ．
25) 拙稿「ハンブルク証券市場の歴史特性——ハンザ取引所の一翼として」杉江雅彦編『証券・金融市場の新たなる展開』晃洋書房，2002 年所収．本書第 7 章．
26) Hans Liften/Hans Heinrich Peters, *Börse Hannover*—200 Jahre Zentrum des Wertpapierhandels in Niedersachsen, www.logicalline./www-hamburg/wirueber-uns/200-jahre-boerse-hannover.html, 2002/06/28.
27) Rheinisch-Westfälische Börse zu Düsseldorf, *Die Rheinisch-Westfälische Börse*—Entwicklung und Bedeutung des Wertpapiermarktes im nordwestdeutschen Wirtschaftsraum, Düsseldorf 1951, Ders, *Börse Düsseldorf*—Eine Geschichte, Düsseldorf 2000.
28) Bremer Wertpapierbörse (Hrsg.), *300 Jahre Bremer Börsen*, Bremen 1982.
29) Hartmut Ruess, *Börse Stuttgart*—einige hervorspringendede Daten, Stuttgart 2000 (Manuskript). Untersuchungsausschuß für das Bankwesen 1933.
30) Münchener Handelsverein, *150 Jahre Börse in München*, München 1980.
31) Bernd Baehring, a. a. O., S. 198.
32) Ebenda, S. 200f.
33) Ebenda, S. 201f.
34) 証券清算についてはルドルフによる説明もあり，これを用いて補足した．なお，証券清算法をベーリングは 1949 年 9 月 2 日としているが，ルドルフは公示が 1949 年 8 月 19 日であり，発効は 10 月 1 日としている．ここではルドルフに従った．Bernd Rudolph, a. a. O., S. 296.
35) アメリカを含む 4 カ国の占領政策については以下の本を参照した．真鍋俊二，前掲書．
36) 真鍋俊二，前掲書，32 ページ．アーベルスハウザーもほぼ同じ見解を述べている．「国防省は，むしろ JSC-1067 号がクレイの考えを実現する活動の余地のあることを知らせたのである．……占領実施の場合には〈現実的な〉アメリカのドイツ政策の持続性は占領軍政部の最初の日から与えられたのであった」Werner Abelshauser, a. a. O., S. 17f., アーベルスハウザー，前掲書，18 ページ．
37) Eckhard Wandel, a. a. O., S. 48f.
38) ドイツにおける銀行論争史については次の拙著の序章を参照されたい．『西ドイツの巨大企業と銀行——ユニバーサル・バンク・システム』文眞堂，1988 年．またドイツ

兼営銀行制度の成立過程の理論的・実証的最新研究を示すものとしては次の著作を参考されたい。居城弘『ドイツ金融史研究──ドイツ型金融システムとライヒスバンク』ミネルヴァ書房，2001年。

39) OMGUS, Allied Control Authority, Directorate of Finance (DFIN), *Elimination of Bank Power to invest in Corporation Stocks and Engage in Stock Exchange Transactions*, Paper by the U.S. Member, 23. October 1945, DFIN/P (45) 29. DFIN, *Elimination of Excessive Concentration of Economic Power in Banking*. Paper Submitted by the U.S. Member, 30. October 1945, DFIN/P (45) 33. E. O. 12065 SECTION 3-40 2/NN DG NO. 775058.

40) OMGUS, Allied Control Authority, Directorate of Finance (DFIN), *Reorganization of the German bank system*, proposals for future bank policy and bank organization, studies, recommendations, comments, interviews with financial experts, Friedrich Sperl, Frankfurt a. M., 16. February 1946 and Memorandum zur Frage der Börse, Folder Titel 11.00 Proposals for Future Bank Policy.

41) OMGUS, Allied Control Authority, Directorate of Finance (DFIN), *Report on the German Stock Exchange Systems compared with the English and American Systems*. Folder Titel, 19.50 Stock Exchange.

42) Eckhard Wandel, a. a. O., S. 47.

43) Theo Horstmann, Die Angst, S. 217.

44) Reichsbankleitstelle, Chief Administration of the Reichsbank for the Britisch Zone of control, *Will it be possible to introduce the Federal Reserve System in Germany?*, August 16th 1946 Hamburg, Bank of England Archive, London, OV34/12, p. 6. and Observations of the big three banks regarding the impending dismemberment of the branches in Southern Germany, 14. 3. 1947. Bank of England Archive, London, OV34/14, p. 6.

45) Theo Horstmann, Die Angst, S. 218.

46) Ebenda, S. 220.

47) Ebenda, S. 220-222. 1946年から47年にかけての経済崩壊の原因について，アーベルスハウザーは石炭生産自体の問題ではなく，輸送危機であったことを明確にしている。Werner Abelshauser, a. a. O., S. 326. アーベルスハウザー，前掲書，44ページ。

48) Carl-Ludwig Holtfrerich, Die Deutsche Bank, S. 466f. Ders, *Finanzplatz Frankfurt*, S. 230f.

49) Eckhard Wandel, a. a. O., S. 42-45.

50) 以上のドッジの第二，第三妥協案についての説明および評価については，以下を参照した。Eckhard Wandel, a. a. O., S. 55-59. およびCarl-Ludwig Holtfrerich, Die Deutsche Bank, S. 468f.

51) 以上については以下を参照した。Eckhard Wandel, a. a. O., S. 59-63. およびホルストマンの脚注2)に掲載の各論文。

52) OMGUS, Allied Control Authority, Directorate of Finance (DFIN), Banking Branch, HQ Finance Division, HQ Control Commission for Germany (B. E.), *Decentralisation of the banking system of the British Zone and the creation of a joint Banking Board for the British and U.S. Zones*, 18th June 1947 Berlin, FIN/24008 (BK).
53) Theo Horstmann, Die Angst, in : *Wirtschaftspolitik in britischen Besatzungsgebieten*, S. 226.
54) Eckhard Wandel, a. a. O., S. 62-63.
55) Ebenda, S. 63-64.
56) Ebenda, S. 64-75.
57) Ebenda, S. 67.
58) Eckhard Wandel, a. a. O., S. 67-68.
59) Hans Möller, a. a. O., S. 453, ハンス・メラー, 前掲論文, 560ページ。
60) Ebenda, S. 69-70.
61) ちなみにランデス・ツェントラールバンクの業務は、各州の財務相の提案に基づきその州の首相によって任命された理事会により遂行される。最上級機関は、本部理事会 (Verwaltungsrat) となっている。資本金は金融機関によって分担されるが、個々の州政府が前払いをする。発券の権限はもたず、ドイツ・レンダーバンクの発券機能を補足する。この点は、旧ライヒスバンクと異なり、アメリカの連邦準備制度を受け継いだものである。市中の金融機関は当該のランデス・ツェントラールバンク窓口において最小準備を保有することが定められている。さらに、各ランデス・ツェントラールバンクの側でも、ドイツ・レンダーバンクに最小準備を置くことが義務付けられた。 Ebenda, S. 70-72.
62) Ebenda, S. 68.
63) Carl-Ludwig Holtfrerich, *Finanzplatz Frankfurt*, S. 230.
64) Ebenda, S. 346ff., Anmerkung 5-13.
65) Reichsbankleitstelle, Chief Administration of the Reichsbank for the Britisch Zone of Control, Hamburg, *Domicile of the central note-issuing bank for the Western Zones*, November 6th, 1947, Bank of England Archive, London, OV34/90. S. 2-9.
66) Memorandum by Holgate, *Decentralisation of Banking*, 1. The dominance of the proposed Länder Union Bank, 24th November 1947, Bank of England Archive, London, OV34/90.
67) *Record concerning the Munich Discussion on January 9th and 10th, 1948, Hamburg*, 12/1/1948, Public Record Office, Kewgarden, England, FO1046/680. S. 6.
68) British Zone of Military Government-Germany, *Ordinance for the establischment of a Länder Union Bank*, 24/1/1948, OMUGUS, Office of Military

Government for Germany (U.S.), *Ordinance for the establishment of a Länder Union Bank*, 15. February 1948, Public Record Office, Kewgarden, England, FO1046/680.
69) Carl-Ludwig Holtfrerich, *Finanzplatz Frankfurt*, S. 241f.
70) Hans Möller, a. a. O., S. 453f., ハンス・メラー, 前掲論文, 562-563ページ。この箇所では, メラー自身がレンダーバンクの通貨局および経済調査局の局次長となっていると記述されている。この点からこの記述の信憑性は高いと考えられる。
71) Eckhard Wandel, a. a. O., S. 95-101.
72) Ebenda, S. 129-130, Hans Möller, a. a. O., S. 443, ハンス・メラー, 前掲論文, 548ページ。なお, メラーの翻訳書ではこの作戦が「1947年末成功裏に処理された」とあるが, 前後関係からみてこの翻訳は間違いではないかと思われる。この箇所はむしろ「成功裏に展開された(erfolgreich abgewickelt)」とすべきであろう。というのはその翻訳が正しいのは,「猟犬作戦」のうちドイツマルクのアメリカでの印刷を含めた場合であり, しかもその印刷に関してのみ妥当すると考えられるからである。
73) Eckhard Wandel, a. a. O., S. 122, Hans Möller, a. a. O., S. 459-467, ハンス・メラー, 前掲論文, 567-576ページ, 戸原四郎「西ドイツにおける戦後改革」, 前掲, 128ページ。なお, 1990年の東西ドイツの統合のさいには, 旧東ドイツマルクと旧西ドイツのドイツマルクとの交換比率は基本的には1対1であった。その経緯と結果については, 戸原四郎・加藤栄一・工藤章編『ドイツ経済』の序章「概観」(工藤章執筆)を参照されたい。
74) 戸原四郎, 前掲「西ドイツにおける戦後改革」128ページ。
75) 戸原四郎, 同上論文, 129ページ。
76) Hans Möller, a. a. O., S. 446-447, ハンス・メラー, 前掲論文, 575-576ページ。
77) 戸原四郎, 前掲「西ドイツにおける戦後改革」131-132ページ。
78) Carl-Ludwig Holtfrerich, *Finanzplatz Frankfurt*, S. 251-256.
79) Hans Möller, a. a. O., S. 475-477, ハンス・メラー, 前掲論文, 588-590ページ。
80) 戸原四郎, 前掲「西ドイツにおける占領政策と企業再編成」132ページ。なお住宅金融について, とくに抵当銀行による抵当債の発行については, 飯野由美子「西ドイツ貯蓄奨励・財形政策の転換と個人貯蓄構造の変化」III. 3. (2)住宅建築全体の市場資金調達構造(『証券研究』第88巻, 1989年所収)を参照されたい。
81) Hans Möller, a. a. O., S. 477, ハンス・メラー, 前掲論文, 590ページ。
82) Carl-Ludwig Holtfrerich, *Finanzplatz Frankfurt*, S. 256.
83) 『証券研究』第52巻, 1977年4月, 109-110ページ。
84) Harald Degner, Die Zusammenarbeit der deutschen Wertpapierbörsen, in: *Die Bank*, 9. 1979, S. 421-423.
85) Hans Heinrich Peters, Bedeutung und Zukunft der Regionalbörsen, in: *Zeitschrift für das gesamte Kreditwesen*, 21/1987, S. 974.
86) Michael Kalenberg, Stärkung des Börsenplatzes Deutschland durch Börsen-

zentralisierung, in : *Zeitschrift für das gesamte Kreditwesen*, 5/1988, S. 14.
87) Rüdiger von Rosen, Die Arbeitsgemeinschaft der Deutschen Wertpapierbörsen, in : *Zeitschrift für das gesamte Kreditwesen*, 18/1987, S. 18.
88) 拙稿「統合資本市場としてのドイツ取引所株式会社――取引の電子化に伴う複合システムの導入」『証券経済研究』第11号，1998年1月(本書第6章)。
89) Harald Degner, a. a. O., S. 422-423.
90) コメルツバンク株価指数については，拙著，前掲『西ドイツの巨大企業と銀行』88ページを参照されたい。
91) 土屋貞雄「西ドイツ証券市場の概観」日本興行銀行特別調査室『特別資料』34-9，1960年2月，1ページ。
92) 同上論文，33ページ。
93) 飯野由美子，前掲論文，151-152ページ。
94) 塚本健，前掲「1980年代西ドイツ財政と資本市場」82ページ。
95) Bernd Rudolph, Effekten- und Wertpapierbörsen, Finanztermin- und Devisenbörsen seit 1945, in : Hans Pohl (Hrsg.), *Deutsche Börsengeschichte*, Frankfurt am Main 1992, S. 309-312.
96) Ebenda, S. 229.
97) ウータ・ケンプ(日本証券経済研究所訳)『西ドイツの公社債市場』日本証券経済研究所，1988年，64ページ。
98) Bernd Baehring, a. a. O., S. 221.
99) Bernd Rudolph, a. a. O., S. 315.
100) Ebenda, S. 325-326. なお，Finanzplatz Deutschland を「金融センターとしてのドイツ」と最初に訳出したのは工藤章である。工藤章「概観」戸原四郎・加藤栄一・工藤章編，前掲書，序章30ページ。
101) Bernd Rudolph, a. a. O., S. 323, 330-331.
102) Ebenda, S. 299.
103) 拙稿，前掲「国際債券市場としてのフランクフルト証券取引所」。本書第1章にまとめた。
104) Bernd Rudolph, a. a. O., S. 299. および小湊繁・飯野由美子「通貨と金融」戸原四郎・加藤栄一編，前掲書，第3章128-130ページ。
105) Joachim Beer, *Der Funktionswandel der deutschen Wertpapierbörsen in der Zwischenkriegszeit (1924-1939)*, Frankfurt am Main, 1999.
106) 小湊繁・飯野由美子，前掲論文，151-153ページ。
107) Bernd Rudolph, a. a. O., S. 303.
108) 著者は，かつてドイツの銀行員からドイツのバンカーにとってドイツ連邦銀行の主催する昼食会に出られるかどうかが，情報収集上，決定的であるとの見解を聞いたことがあった。
109) Bernd Rudolph, a. a. O., S. 304.

110) 小湊繁・飯野由美子，前掲論文，136ページ。
111) Bernd Baehring, a. a. O., S. 220-221. Bernd Rudolph, a. a. O., S. 308-309.
112) Bernd Baehring, a. a. O., S. 221.
113) この点を考えるうえでは，以下の論文を参照されたい。三田村智(慶応大学大学院)「ドイツにおける中小企業金融への『保証』制度の果たす役割と問題点」(証券経済学会第62回全国大会自由論題報告レジメ，於桃山学院大学2004年11月)。平島健司「企業・政府間関係：グローバル化の中の銀行政策——日独の比較」工藤章・橘川武郎・グレン・D. フック編『現代日本企業 第1巻企業体制(上)』有斐閣，2005年，第12章。

第6章
統合資本市場としての
ドイツ取引所株式会社
―― 取引の電子化に伴う複合システムの導入

第1節　はじめに

　1998年，ドイツ連邦共和国にかかわる資本市場として，数種類の市場を挙げることができる。まず第一には，立会場市場であり，フランクフルト証券取引所(FWB＝Frankfurter Wertpapier Börse)のほか，全国8カ所に立地する地域取引所(Regionalbörse)がある。ただし，この立会場取引もすでに，一部が電子化されている。立会所注文電子指図支援システム(BOSS-CUBE＝Börsen-Oder-Service-System/Computerunterstütztes Börsenhandels- und Entscheidungssystem)および相場情報伝達システム(KISS＝Kurs-Informations-Service System)である。

　第二にドイツ取引所株式会社(Deutsche Börse AG)のなかに組み込まれた，取引主体側から開発されてきた，各種の電子市場がある。まず，統合取引所取引システム(IBIS2＝Integrierten Börsenhandels- und Informations System)。ただしこれは導入当初には，銀行間証券取引システム(IBIS1＝Inter-Banken-Information System)とよばれていたように銀行を中心とした電話取引市場であった(以上図6-1参照)。ほかに，公定マークラーによるマークラー電子情報システム(MATIS＝Makler Tele Information System)および自由マークラーによるマーケット・メーカー情報取引システム(MIDS＝Marketmaker Information and Dealing System)がある。

　第三に，電子化されたドイツ先物取引所(DTB＝Deutsche Terminbörse)と1997年発足した新市場ノイエマルクト(Neue Markt)がある。以上述べ

238

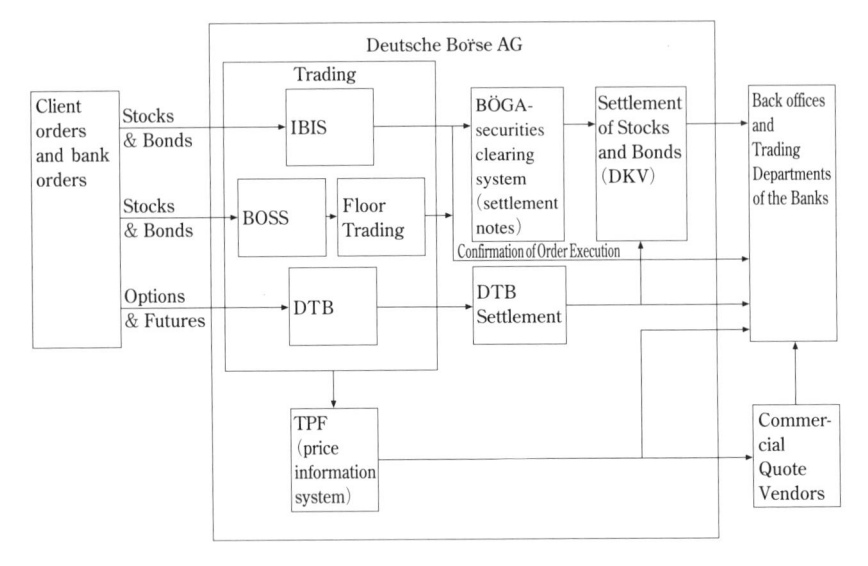

```
                        Deutsche Börse AG
                    ┌─────────────────────────────────────────┐
                    │         Trading                         │
┌─────────┐  Stocks │   ┌──────┐                              │  ┌──────────┐   ┌──────────┐
│ Client  │─&Bonds─┼──▶│ IBIS │──────────┐                    │  │ BÖGA-    │   │Settlement│  ┌──────────┐
│ orders  │        │   └──────┘          │                    │  │securities│   │of Stocks │  │Back offices│
│ and bank│        │                     ├───────────────────▶│  │ clearing │──▶│and Bonds │  │ and      │
│ orders  │  Stocks│   ┌─────┐ ┌───────┐ │                    │  │ system   │   │ (DKV)    │  │ Trading  │
│         │─&Bonds─┼──▶│BOSS │▶│ Floor │─┘                    │  │(settlement│  └──────────┘  │Departments│
│         │        │   └─────┘ │Trading│                      │  │ notes)   │                 │of the Banks│
│         │        │           └───────┘                      │  └──────────┘                 └──────────┘
│         │Options │   ┌──────┐                               │  ┌──────────┐
│         │&Futures┼──▶│ DTB  │──────────────────────────────▶│  │   DTB    │
└─────────┘        │   └──────┘                               │  │Settlement│
                    │      │                                  │  └──────────┘
                    │      ▼                                  │
                    │   ┌──────┐                              │              ┌──────────┐
                    │   │ TPF  │                              │              │Commer-   │
                    │   │(price│                              │              │cial      │
                    │   │info. │──────────────────────────────┼─────────────▶│Quote     │
                    │   │system)│                             │              │Vendors   │
                    │   └──────┘                              │              └──────────┘
                    └─────────────────────────────────────────┘
```

図 6-1　ドイツ取引所株式会社の諸機関

IBIS (Intergriertes Börsenhandels- und Informationssystem)—統合取引所取引・情報システム
BOSS (Börsen-Order-Service-System)—立会場電子指図伝達システム
DTB—ドイツ先物取引所
BÖGA (Börsengeschäftsabwicklungssystem)—証券取引業務決済システム
DKV—ドイツ有価証券保管・振替機関
TPF (Ticker Plant Frankfurt)—相場表示システム

出所：Deutsche Börse AG (Hrsg.), *Annual Report 1993*, Frankfurt am Main, 1994, S. 29.

た以外に，取引所の場外で取引される銀行間(店頭)市場，およびドイツ国外での取引がある。これらは，証券業者である銀行の内部システムを通して接続される。後者としてはロンドンの気配入力システム(SEAQ=Stock Exchange Automated Quotations)インターナショナルが重要である。

　以上の複合的システムは，開発主体が相違することで，各種資本市場・システム間で競合，軋轢もあり，決してはじめからスムーズに導入されたわけではなかった。おもな対立としては，地域取引所と中央取引所の問題，立会所取引と電子取引システムの問題，システムを開発する証券業関係者(大信用銀行，それ以外の金融機関，公定および自由マークラー，各地の地域取引所)間での競争があった。そしてロンドン市場を含む取引所外取引をいかに

して再吸引していくかの課題に直面した。したがって，ドイツにおける証券市場改革は，イギリスのビッグ・バンのように短期に急激に推進されたのとは異なり，時間をかけて徐々に進められてきた。いうなれば，各種の業界関係者間で妥協と協調が図られつつ遂行されてきたといえる。その結果が，1993年の統合資本市場としてのドイツ取引所株式会社(Deutsche Börse AG)の創設であった。

　本章では，ドイツの国家統合という背景のなかで進行してきた以上の証券市場をめぐる諸問題のうち，とくに中央取引所の是非と電子取引システムの評価にかかわる議論を整理してみることとする。資料・文献としては，ドイツ証券取引所連合会，およびドイツ取引所株式会社が刊行してきた日本語版を含めた，年次報告書などの各種刊行物を使用する。ただし，システムなどの名称の翻訳は以上を参考としつつも，筆者の判断で多少の検討を加え，変更した部分があることもあらかじめお断りしておきたい[1]。

第2節　電子取引システムの導入過程

1．証券取引所改革の歩み

　第二次世界大戦後の西ドイツの証券取引所は，8カ所の地域取引所からなる連邦制の資本市場として出発した。これは，戦後の西ドイツ国家の構成が基本的に連邦制をとったためである。このため，取引所監督についてもナチスによる統制経済時代のライヒ経済大臣から，連邦各州の商工会議所の管轄へ戻された[2]。経済活動および金融市場に占めるその経済的意義は，それほど大きなものではなかった。これは，他国との比較のみならず，西ドイツ経済自体の規模に照らしてみてもそうであった。以上の問題について，根本的な指摘をし改革に取り組んだのが連邦経済省であったことを，『ドイツ取引所史』の最終章を担当したベルント・ルドルフが紹介している。

　すなわち，1966年7月の「取引所制度改革案」の提示以降，公聴会と取引所改革専門委員会を組織し，1970年代はじめに取引所法改正を押し進めた。このときの改革ポイントを整理すると次のことが浮かび上がる。まず，

第一には取引所への取引の集中が果たされていないことである。第二に，全国的に組織された証券取引所が欠如していたこと，第三に，各種の情報開示が進んでいなかった。これは，取引所自体と日本の才取り会員にあたるマークラーである，公定マークラー(Kursmakler)および，上場株式会社などに妥当した。国内外に対し極めて不充分であり，内部者情報規制も業界の自主規制にとどまっていた。第四に，証券取引業務は，独占的といってよいほどに大銀行主導で行われていたこと，第五に，二重課税をはじめとする各種税制上の制約が多かったことなどである。ただしドイツでは，1952年に各地域取引所の統一的代表機関としてドイツ証券取引所連合会(Arbeitsgemeinschasft der Deutschen Wertpapiermarkt)が組織されていた。しかし，これも外部に対する取引所間の協調機関に過ぎなかった[3]。

以上，ドイツにおける取引所改革は1970年代から80年代にかけてゆっくりとではあるが，推進されてきた。この流れを一挙に加速する転回点となったのは，1985年前後であったことが確認できる。それは，まず先に述べたドイツ取引所連合会が，1985年11月の理事会で，組織改変を決めたことが重要であろう。この決定を受け，同連合会は，金融センターとしてのドイツ(Finanzplatz Deutschland)に向けた市場競争力強化と取引所の活性化を目指し，取引技術を含む超地域的またECレベルでの諸問題へ取り組む体制を確立した。すなわち業務指導とアドバイスのための専門機関を設置した。報告書の刊行も開始され，対外広報活動も活発化した[4]。また，この年5月には，連邦政府内閣が新取引所法を提案し，EC委員会の証券取引に関係する指令(上場手続き，上場目論見書，定期報告書)の整備の準備に入った。以上の指令は，その後1986年に連邦議会を通じて「上場促進法(Das Börsenzulassungsgesetz)」として立法化され，87年5月には，規制市場が新設される成果を上げた[5]。

2. 先物取引における電子取引システムの導入

また，取引所史からみて興味深いもう一つの点として先物取引の再開がある。これは，1930年代の銀行危機に伴い，31年7月以来禁止され，取引が

中断されていたものである。第二次世界大戦後は，1956年に外国証券にのみ先物取引が認められたものの，国内証券のそれは，先物取引調査委員会の答申を経て，やっと1970年にオプション取引として開始された。これほど遅れた原因についてルドルフは，銀行における先物取引の経験が戦前から継承，蓄積されていないことを挙げている[6]。

なお，再開されたオプション取引の対象は当初38種株式である。1976年には外国株も加わり，84年末の時点で合計56社60株となった。さらに，1986年4月には公社債オプション取引所が，また欧州レベルでその導入の必要性が痛感されていた株式指数取引も，同年7月にドイツ銀行の株価指数債で開始された。そして，1988年チューリッヒにオープンしたスイス・オプション・先物取引所(SOFFEX＝Swiss Options and Financial Futures Exchange)について，フランクフルト取引所でもこれをモデルとしたドイツ・オプション・先物取引所(GOFFEX＝German Options and Financial Futres Exchange)設立が迫られた。この流れは，最終的には1990年1月のドイツ先物取引所(DTB)の結成へとつながる。すなわち，「ドイツ株標準銘柄での標準オプションの電子取引」を引き受ける市場であり，設立主体はドイツ先物取引所有限会社(DTB-GmbH)であった[7]。そして1988年より採用された，ドイツ株価指数(DAX＝Deutsche Aktien Index)の先物取引も扱われるようになった。また，1990年1月からは連邦債利子先物契約(Bund-Future)とならんで，完全電子(コンピューター)取引として一大技術革新をもたらし，この面では現物取引に先行していった。

3．現物市場の電子化と取引所改革

一方立会所取引においても電子取引が導入されはじめる。すでに触れた，KISSが1987年に，またBOSS-CUBEは91年8月に営業が開始された。前者は先物・オプション・現物・DAXなどの相場の伝達を目的とし，後者は注文を取引所へ出す金融機関とマークラーを結ぶ電子情報システムである。さらに，立会時間に縛られない電子取引システム(IBIS1)が1989年12月にフランクフルト取引所に導入された。これは，銀行間での電話を通した証券

取引であり，決済はドイツ証券計算センター(DWZ＝Deutsche Wertpapierdaten Zentrale)で行われる。開発もこのセンターとドイツ取引所連合が参加して進められた。同様のシステムが，デュッセルドルフの取引所でも1987年より開始されていた。取引指図伝達システム(BIFOS＝Börseninformations- und Odersystem)であった。

このように，ドイツの証券取引システムは，MATISを含めいくつかの関係機関によって各自で開発され，乱立状態であった。この間の事情について，東証ロンドン調査員事務所の報告は次のような分析をしている。「大手商業銀行は立会時間外の電話市場を巨大な資本を背景としたマーケット・メーカーとしての銀行だけが気配表示を行うクォート・ドリブン(気配駆動)市場に変え，この機会に仲立人及び市場参加者として機能している公認・自由仲立人を市場から排除することをねらっていたとみることができるだろう」[8]と。しかし，1990年半ばに，フランクフルトを中心とした資本市場の統合が検討課題となった。目的は単一の証券計算センターのもとで，電子支援システムに統合することであり，1991年にその申請がヘッセン州経済大臣宛に提出された。これがドイツで10番目の取引所として認可され，新たなIBIS——コンピューター市場IBIS2(以下IBISと略す)としてスタートした。また，フランクフルト取引所とほかの地域取引所とのあいだの調整がこの年の9月に行われた結果，ドイツの全取引業者とマークラーはIBIS参加を認められ，同時に市場自体も公認仲立市場となった[9]。このように，立会取引所と電子化された取引所という「二元的取引所システム(ein duales Börsensystem)」が成立し，市場間競争の結果を待つこととなった。

第3節　「中央取引所論」対「非中央取引所論」

以上の取引所の電子システム化の導入をめぐっては，さまざまな議論が引き起こされた。これは主として，第一に，「中央取引所」か「非中央取引所」かの問題，第二に，「立会取引所」か「電子取引」かの問題の側面に大別される。これらは相互に関係し切り離しがたいが，ここでは一応区別しておく。

1．「中央取引所(Zentrale Börse)論」の論拠

　正面切って中央取引所の主張をすることは，ドイツではなかなか容易ではない。それは，第二次世界大戦後，ナチス時代の社会経済活動全般の反省に立ち，証券取引所も連邦的制度を構成してきたからである。しかし，情報の経済学に基づきこの見解を明確に示したのが，エアランゲン――ニュルンベルク大学銀行・取引所学のヴォルフガング・ゲルケ(Wolfgang Gerke)であった。氏は，1991年4月に金融業界関係者と当時の勤務先のマンハイム大学研究者と共同で，「電子取引システム導入による，ドイツ取引所制度発展への鑑定書」を，また同年12月には「中央取引所と非中央取引所」という別稿を上梓している[10]。これを以下で手短に紹介する。

　まず，取引所の機能として，①資金需給の付け合わせと，②価格決定を通した市場調整のシグナル機能を挙げる。そしてこの機能遂行上のコストして，①顧客開拓，②取引自体，③審査を位置付けるが，論文で統一的電子取引(EHS＝ein elektronisches Handelssystem)のメリットとして強調されるのは，②のコストである。具体的には，最適な適応力をもつ取引所の指標として，以下の7点についてこのことを証明しようとするのが，以上の論稿の狙いである[11]。

　　a．市場参入力の改善――一定の審査基準を設け自由参入を保証する。
　　b．取引の機会均等と公正さの保持――EHSでは，同一商品の同一時間市場情報が利用され，相場操縦と内部者情報の利用は，減少する。
　　c．同一証券に対する異なる取引所での取引に起因するアービトラージ業務の解消。
　　d．情報の有効性(市場価格伝達の公正性と迅速性)の増加。
　　e．市場の流動性(過剰資金の流入に対し，最少限の価格変動で再均衡を呼び戻す)の増加は市場参加者の増加で可能となる。
　　f．流動性不足による価格変動性――EHSは，付け合わせの集中でこれを押しとどめるが，この点に関しては，プログラム取引を含め，不確定要素もある。

g．市場参加コストの削減——価格設定，付け合わせのシステム統合により，コスト削減ができる。小口注文のカット，マークラー手数料，諸人件費を削減する。重複した取引所での，人・物件費負担を避けうる。必要なものは，ハードウェア装備のための固定費である。これは，参加者を増やし全体でカバーする。

　以上，主として取引コストを中心として，統合された電子取引の長所が展開されている。この主張は，IBISが銀行を中心とし，あわよくばマークラーを排除することを狙っていた事実を裏付けるものである。なお，ゲルケの講座の共同研究者とのほかのもう一つの論文は，以上の論理を，16種の架空企業の50期をとったシミュレーションで実証を試みている[12]。

2．「非中央取引所(Dezentrale Börse)論」の論拠

　以上の「中央取引所論」に対しては，さまざまな「非中央取引所論」が対置され，主張される。通常は，地域取引所(Regionalbörse)が一般的呼称であるが，第二次世界大戦以後の伝統となった連邦制取引所(Federalbörse)，地方取引所(Provinzbörse)，あるいは姉妹取引所(Schwesterbörse)などの呼び名もある。また，最近の電子化に伴う「中央取引所」化を避けるために，指導的取引所(Leitbörse)なども発想された[13]。ここでは，主としてハンブルク大学貨幣・資本市場研究所のハルトムート・シュミット(Hartmut Schmidt)の論拠を整理して紹介する。氏は，1992年に「ドイツ資本市場における地域取引所の役割——今日と明日」を，また95年には「今日小取引所を利用する者は誰か？」という論文を上梓した。筆者のみるかぎりでは，地域取引所擁護の筆頭論客である[14]。

　ただし，シュミットがいう地域取引所とは，狭い意味での地域取引所，つまり中央取引所の下に位置する取引所(取引対象が国内証券に限られ，外国企業が参加せず，立地も監督も地域限定的取引所)ではない。氏のドイツの現状理解によると，相互に競争し，標準証券銘柄の提供を含め，参加者に高品質のサービスを提供する取引所である。したがって，決して中央集権的な発想ではなく，自己の立場が競争的な思考様式に基づくことを明言する。

また，氏はドイツの8カ所の地域取引所の意義について，取引コスト，市場流動性，市場深度の3つの要因をもって総合的に判断する。取引コストは，①手数料，②情報の入手・加工，③注文付け合わせの費用に分解する。また，流動性として売値と買値の値鞘の開きのある場合に，その調整を含めた取引の迅速性を挙げる。また，市場の深度として，とくに大口注文が入った場合の市場の対応力を問題とする。

　そして結論としては，今日の通信技術の進歩により8カ所に分散した取引所は，中央取引所と同様，またはそれよりも多くの流動性と深度を備えているとみる。アービトラージからの解放，最適資金配分という点においても然りであり，とくに標準されにくい証券に関してはなおさらそうである，と。それは，小取引所では，取引の公正さ（透明性）が確保しやすく，マークラーと取引業者は発注者の信頼を得ることが容易であるとみるからである。また，取引所間の競争こそが，迅速なサービスと市場の流動性に貢献すると[15]。

　以上，取引の効率性よりも，市場の質の問題を重視することがこの議論の特徴である。ただし，氏の以上の論文での議論の論拠には，アメリカの地域取引所の意義に関する諸議論をベースに置いていることに注意しなくてはならない。この論文が書かれた時点では，ドイツに関する実証的研究成果を踏まえた論証とはなっていなかった。

3．統合資本市場としてのドイツ取引所株式会社

　これまで両論を併記したが，ドイツの取引所改革の結論は，中央取引所でもなければ，地域取引所でもない，いわば両者のあいだをとった取引所の成立であった。すなわち，1991年にFWBを株式会社化するという組織変更を経て，同地で93年にドイツ取引所株式会社が創出された。前者が，IBISを梃とした実質的全国レベルでのシステム統合であり，すでにこの時点で後者を創設する計画はできあがっていた[16]。説明をみよう。

　「これは，単なる社名変更ではなく，ドイツ証券取引所の構造改革を意味している。新会社は，フランクフルト証券取引所の担い手であるだけではなく，ドイツ・カッセンフェライン株式会社の単独株主であり，間接的にドイ

ツ証券データ・センター有限会社(DWZ)の所有者で，さらにドイツ金融先物取引所有限会社(DTB)の単独出資者である。……地方はこれまで通りに独立した証券取引所の地位を維持しつつ，ドイツ証券取引所出資有限会社という中間会社を通じて，ドイツ取引所株式会社の株式を各々10％保有することとなった。フランクフルト外部に居住する証券取引所メンバーの分と合わせると，地方の出資比率は30％以上になる」[17]。また報告書では，共同決定権も加わり地方の取引所の中央への統合は強化される，と述べられている。これは両者の妥協の産物にほかならない。また，金融機関の出資が80％であることは，地方取引所以上に，ドイツの銀行の証券取引への関与度が強いことをうかがわさせる(図6-2参照)。

第4節　諸取引システムとドイツ資本市場の評価

ドイツ取引所株式会社が成立して以降，これらの業務状況をめぐる研究が，より詳細に行われるようになった。それは，諸電子取引システムの評価をめぐる実証調査である。また筆者は，ドイツ取引所を構成する各取引所の業務割合についての資料を入手したため，これらを紹介するとともに，ドイツの電子化された資本市場について総合的な評価を試みたい。

1．IBIS 対 BOSS-CUBE

まず，先に紹介したハンブルク大学貨幣・資本市場研究所のシュミットが，2人の共同研究者とともに，1996年に「業務比較でみたドイツの取引所――IBISとBOSS-CUBE」[18]を発表した。この論文では，まず，両システムの違いが以下のようにまとめられている。

〔IBISの場合〕　　　　　〔BOSS-CUBEの場合〕
①取引対象　　―特定証券(40株式・30公　―限定無し，ただし最少契約
　　　　　　　　債・19外債・18オプション)　数は50
②注文板　　　―欧州で一枚　　　　　　　―各取引所ごとに1枚
③約定方法　　―電子受容・発注　　　　　―責任を負ったマークラーに

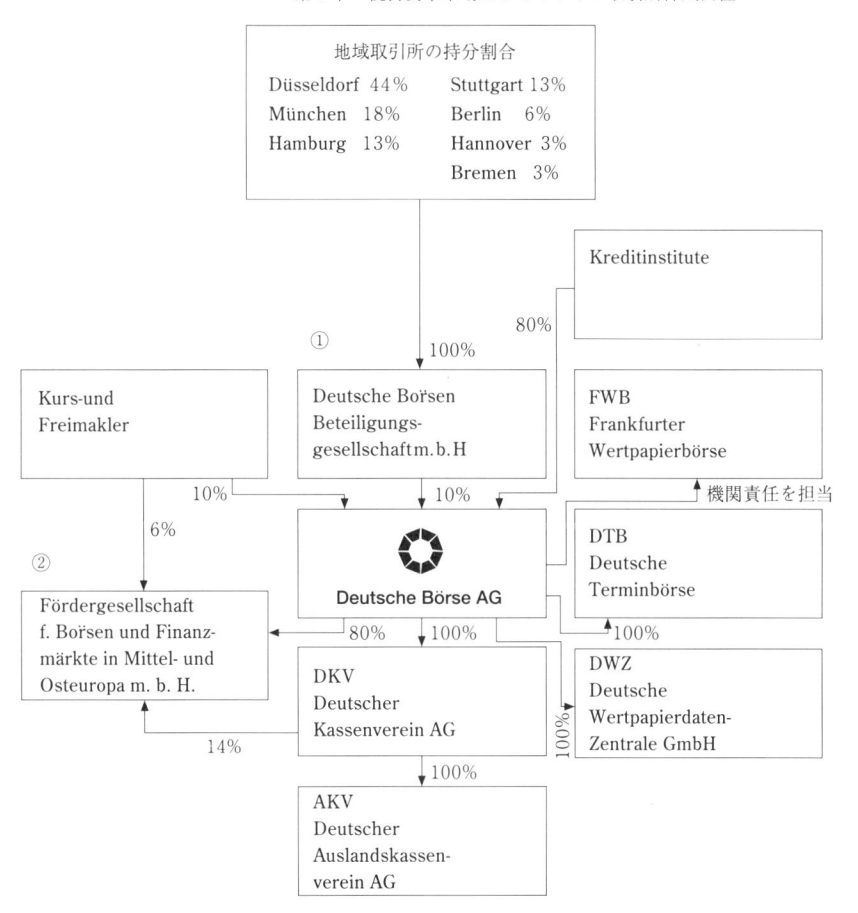

第6章　統合資本市場としてのドイツ取引所株式会社　247

```
                    ┌─────────────────────────────┐
                    │      地域取引所の持分割合      │
                    │  Düsseldorf 44%  Stuttgart 13%│
                    │  München    18%  Berlin     6%│
                    │  Hamburg    13%  Hannover   3%│
                    │                  Bremen     3%│
                    └─────────────────────────────┘
```

図6-2　ドイツ取引所株式会社の株式所有関係

Deutsche Börse AG——ドイツ取引所株式会社
Kurs-und Freimakler——公認・自由マークラー
FRB——フランクフルト証券取引所
DKV——ドイツ外国証券保管・振替機関
DWZ——ドイツ有価証券データ・センター有限会社
①——ドイツ取引所持株有限会社
②——中欧／東欧金融・証券市場振興有限会社

出所：Westdeutsche Landesbank (Hrsg.), *Nordrhein-Westfalen-Finanzplatz mit Perspektiven*, 1994 Düsseldorf, S. 25.

表6-1 ドイツ取引所株式会社の取引時間

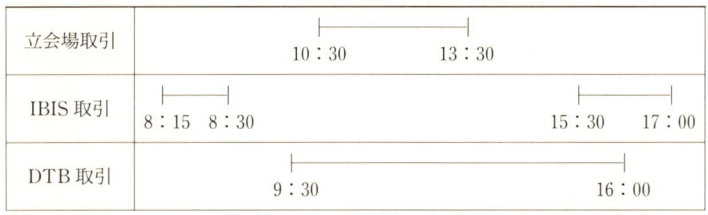

立会場取引	10：30　　　13：30
IBIS取引	8：15　8：30　　　　　　　　　15：30　　17：00
DTB取引	9：30　　　　　　　　　　　16：00

出所：Hartmut Schmidt, Olaf Oesterhelweg und Kai Treske, Deutsche Börsen im Leistungsvergleich—IBIS und BOSS‐CUBE, in: *Kredit und Kapital*, Heft 1, Berlin 1996, S. 93 から図表化した。

　　　　　　　　　　　　　　　　　　　　よる遂行
④取次相手　　─匿名　　　　　　　　　─マークラーは、注文元を認
　　　　　　　　　　　　　　　　　　　　識
⑤取引の特徴　─電子キーで刻々入力　　─比較的大量注文が１回の単
　　　　　　　　　　　　　　　　　　　　一価格で可能
⑥手数料　　　─仲立人が気配を示した場合　─全証券で必要
　　　　　　　　のみ
⑦取引時間　　─表6-1の通り

　また同グループは、実証的調査の前にあらかじめ次のような仮説を立てていた。それは以下の３つの命題からなる仮説であった。
　　　第一命題──BOSS-CUBE を通すと、IBIS 以上に市況に近い相場での取引が可能となる。
　　　第二命題──売買高の少ない証券では、BOSS-CUBE の優位さが明白となる。
　　　第三命題──いくつかの証券では、小取引所のマークラーはフランクフルトよりも市況に近い相場を建てることもあり、どの取引所がとくに有利である、ということにはならない(マークラー間の競争があるため)。
　これらの仮説は、連邦制証券取引所の意義を実証的に裏付けるために立てられた。そして、以上の命題を論証するため、３人は IBIS と BOSS-CUBE を通した取引の各注文スプレッド比(値幅率 S_i および S_b)を出し、その乖離

第6章　統合資本市場としてのドイツ取引所株式会社　249

表6-2a　取引所ごとの個別相場での約定価格に基づくIBIS／BOSS
スプレッド乖離率(ASV)(1994年11月・12月)

取引所	手数料控除前	手数料控除後	対象証券数
ベルリン	0.80	1.10	1,442
ブレーメン	0.69	1.22	2,170
デュッセルドルフ	0.71	0.98	6,857
フランクフルト	0.66	0.97	32,543
ハンブルク	0.73	1.07	4,085
ハノーバー	0.86	1.34	1,248
ミュンヘン	1.00	1.30	2,062
シュツットガルト	0.84	1.27	1,540

出所：Hartmut Schmidt, Olaf Oesterhelweg und Kai Treske, Deutsche Börsen im Leistungsvergleich — IBIS und BOSS-CUBE, in: *Kredit und Kapital*, Heft 1, Berlin 1996, S. 102.

率(ASV)を比較する方法をとった。これは以下の通りである。

IBISの値幅率 Si　　　　BOSSの値幅率
Si(Spanne der IBIS)　　Sb(Boss-Spanne)

$$Si = \frac{B-G}{M} = \frac{B-G}{0.5(B+G)} \quad Sb = \frac{2(K-M)}{M}$$

約定値に基づくSbとSiの関係

ASV(Abschlußkurs-Spannen-Verhältnis)

$$ASV = \frac{2|K-M|}{B-G}$$

ただし，呼び値(Briefkurs)の最低値をB，買い値(Geldkurs)の最高値をG，IBIS値幅の中間値をM(Mitte der IBIS-Spanne)，約定値をK(Abschlußkurs)，K−Mの絶対値をボス半値幅(Boss-Halbspanne)とする。この場合，ASVは0であることは，IBIS値幅の中間値に一致し，1を超えると約定値がIBIS値幅の外にあることを示している。また「BOSS-CUBEにおけるマークラーの呼び値は通常，IBIS値幅の中間値を超え，また買い値はこれを下回るように設定される」ことが前提とされる[19]。

以上の数値を，各取引所において各個別銘柄ごとにみていき，以下の表を掲載している(表6-2a)。この表から3人の執筆者は，以下のことを読みとっている。①フランクフルト取引所のASVがいちばん小さいこと，②規模

表6-2b 取引所ごとの個別取引所売買高に占める全体相場での売買高比率

取引所	全体	うち「ザラバ相場」
ベルリン	0.29	0.13
ブレーメン	0.11	0.03
デュッセルドルフ	0.28	0.13
フランクフルト	0.29	0.07
ハンブルク	0.22	0.07
ハノーバー	0.32	0.12
ミュンヘン	0.60	0.38
シュツットガルト	0.32	0.20

出所：Ebenda.

表6-2c IBISスプレッドに基づく個別取引所での全体相場のASV（手数料控除前）

取引所	始値	ザラバ	終値
ベルリン	0.89	1.17	0.76
ブレーメン	0.80	0.86	―
デュッセルドルフ	0.74	0.83	0.57
フランクフルト	0.69	0.65	0.64
ハンブルク	0.70	0.92	0.88
ハノーバー	0.90	1.30	0.71
ミュンヘン	0.97	1.22	0.88
シュツットガルト	0.81	1.14	0.46

出所：Ebenda.

の大きな取引ほど，BOSS値幅は小さい傾向があり，ASVも好ましい数値となること，③手数料控除後のASVは，売買のもっとも盛んな株式で最高となること，④所与の取引規模では，同じASVではBOSS-CUBEのコスト優位が，売買の弱い株式で明白となる。したがって，「手数料を考慮すると，投資家にとってはフランクフルトとデュッセルドルフ取引所のみにおいて，立会場取引につなぎ契約することが平均値では元がとれることとなる」と[20]。

次に全体相場での取引についてみる。IBIS自体には，全体相場での取引はないが，各取引所でのかなりの取引，とくに始値と終値がIBISにしたがい決定される傾向があることを利用し（表6-2c），次のような結論を引き出している。すなわち表6-2bにみられるごとく，「全取引所でのサンプル対象である40種株式のBOSS-CUBE売買高のほぼ30％が，全体相場にした

がっている」と。そして投資家には全体相場の動きをつかみながら投資をする仕手グループと，それができないグループがあり，後者はIBIS値幅とBOSS値幅がなるべく近い取引所，すなわちASVが小さな取引所へ向かうとみる。それは表6-2cにまとめられているように，やはりフランクフルトとデュッセルドルフの取引所である[21]。

　ともかくIBIS取引では，取引相手が匿名であるために，情報(入手)リスクがBOSSより高くなってしまうこと，また，マークラーが自己資金をもって仲介する需給調整が可能であるBOSS取引のほうが，機関投資家等の大口注文が入った場合の調整力が大きいこと，すなわち市場深度が深いという理由で，最初の3人の予測が証明されたとみている。

　しかし，個別銘柄でみた表6-3をみると40種DAXのなかでも，とくに売買高の大きな人気銘柄では，IBIS取引の占める比重が大きいことがわかる。たとえばドイツ銀行(DBK)，ジーメンス(SIE)，ダイムラー＝ベンツ(DAI)，VW＝VOW，バイエル(BAY)，マンネスマン(MMW)，テュッセン(THY)では，1994年の段階ですでに取引の過半数がIBISで行われている。IBISの導入後，これらの株式取引が年を追って急速に伸長しつつあることは，東京証券取引所ロンドン調査員事務所の報告でも指摘されている[22]。

　また，IBISとBOSSとSEAQインターナショナルでの取引についてのアンケート調査に基づき，各市場の利用の便を7段階に分け比較したシーレック(D. Schiereck)とヴェーバー(M. Weber)の研究でも，別の視角が提示されている(表6-4, 図6-3a)。すなわち，BOSS-CUBEを通した立会場取引では，市場の深度が深く，この面での流動性があることと，品揃えという2点で，フランクフルト証券取引所がIBISに勝っているのであるが，ほかの項目での評価ではIBISの利点が多いと考える取引所メンバーが多いのである(取引コスト，決済性，効率性など)。これは，IBIS取引では，基本的に手数料がかからないこと，取引高が一定数備わっていれば匿名者同士での取引でも市場効率が高いこと，また開示性もそれほど不充分ではないことを示している。

　したがって，立会場取引の利点は，取引高の少ない株式を含めて，マーク

表6-3 株式銘柄ごとのIBISスプレッドとIBIS売買割合

株式	IBISスプレッド	個別相場での全売買高に占めるIBIS取引の比率(%)
DBK	0.11	66.00
SIE	0.16	70.15
DAI	0.17	64.30
VOW	0.21	70.02
VEB	0.19	45.29
BAY	0.22	55.47
ALV	0.30	48.72
BAS	0.24	44.44
MMW	0.26	52.86
RWE	0.29	47.40
CBK	0.26	34.31
DRB	0.25	41.06
HFA	0.31	49.58
THY	0.29	50.28
BMW	0.38	46.68
SCH	0.54	34.00
VIA	0.34	36.43
LHA	0.45	40.45
BVM	0.48	31.97
BHW	0.36	40.51
MAN	0.53	32.71
MUV2	1.22	3.31
PRS	0.48	26.63
KAR	0.70	20.73
RWE3	0.62	16.68
KFH	0.87	22.89
LIN	0.81	28.67
SAG3	1.50	2.18
HEN3	0.90	24.01
DGS	1.15	27.26
CON	0.84	33.11
HOZ	1.70	1.67
DOU	1.57	1.45
HOT	1.47	0.15
DBC	0.92	24.13
SAG	3.02	0.00
GBF	1.45	2.84
VOW3	1.13	18.35
MET	3.14	20.81
KHD	1.88	14.38

注) 立会時間内のIBISと立会取引(BOSS-CUBE)
出所：Hartmut Schmidt, Olaf Oesterhelweg und Kai Treske, Deutsche Börsen im Leistungsverleich—IBIS und BOSS-CUBE, in : *Kredit und Kapital*, Heft 1, Berlin 1996, S. 111.

ラーが仲介する価格上の柔軟な対応が好まれているが，人気銘柄株ではIBISでも充分，という結論になる。

2．ドイツ資本市場対ロンドン国際市場

　シーレックとヴェーバーは，FWBとSEAQインターナショナルにおけるドイツ証券取引所の便宜性についても，アンケート結果をまとめている（表6-4，図6-3h）。両市場を比較した場合，ロンドンの長所として明白な項目は開示度・公正さ・内部者規制の3点であり，これはフランクフルト証券取引所メンバー以上に，ロンドン証券取引所のメンバーが際立って評価している。そのほかの点では，おおむねフランクフルト証券取引所の立会場取引は好感をもたれている。ただし，ロンドンの機関投資家もドイツのIBISとSEAQインターナショナルの比較では，流動性と内部者規制の2点を除くと，開示度・公正さを含め，IBISに対する評価は高い。外国投資家にとっても，IBISが使いやすいことを例証している。これは次にみるように，ドイツのフランクフルト以外の地域の投資家にとってと同様の結論である。

　ひるがえってみると，電子取引を導入したドイツ取引所株式会社の立会場取引は，価格調整機能の面では満足されつつも，内部者規制が依然として国際比較で甘いと評価された市場であるといわざるをえない。銀行が証券業務を兼営しているため，内部者情報を保有し，かつ利用しうる立場にある。規制を意識していないと，銀行自身の収益調整の場として証券市場が利用される恐れが多分にあるといわざるを得ないし，その種の経済事件は1991年のドイツ銀行の先物取引でも生じていたことは記憶に新しい。

　なおここで，取引手数料率についてみておこう。東京証券取引所ロンドン調査員事務所の紹介では，1990年時点でのイギリスのブローカー手数料は，0.5-1.8％であるのに対し，ドイツの場合には銀行のブローカー手数料(Provision)1.0％とマークラー手数料(Courtage)0.08％の合計でほぼ1.1％となっている。しかし，シュミット個人および同教授門下の共同論文ではやや違う数値も出されている。すなわち，ドイツでは，小規模取引所では合理化や競争圧力で銀行とブローカー手数料率は0.25-0.5％へ下げられていたりもし

表6-4　シーレックとヴェーバー両氏のアンケートによる
　　　　FWB・IBIS・SEAQインターナショナルの評価

評価項目	FWB	IBIS	SEAQ
a．取引コスト	—	—	—
b．流動性	6.20(5.09)	6.03(5.01)	5.40(5.06)
c．決済性	5.96(5.58)	6.25(5.61)	4.76(5.12)
d．市場効率性	5.44(5.10)	5.79(5.36)	5.37(4.64)
e．開示度	4.74(3.05)	5.90(5.09)	4.94(3.73)
f．公正さ	4.12(3.87)	5.46(5.22)	4.56(4.44)
g．内部者規制	3.48(2.06)	3.73(2.33)	3.97(4.03)
h．制度上の利点	4.63(4.13)	5.29(4.84)	4.73(3.84)
i．品揃え	4.70(4.46)	4.54(4.06)	4.71(3.74)
j．イメージ	4.63(3.54)	4.59(5.30)	4.74(5.00)
全体	5.11(4.27)	5.46(4.83)	4.83(4.41)

注）　サンプル数53，フランクフルト証券取引所のメンバー44，ロンドン証券取引所のメンバー9の金融機関による回答に基づく。

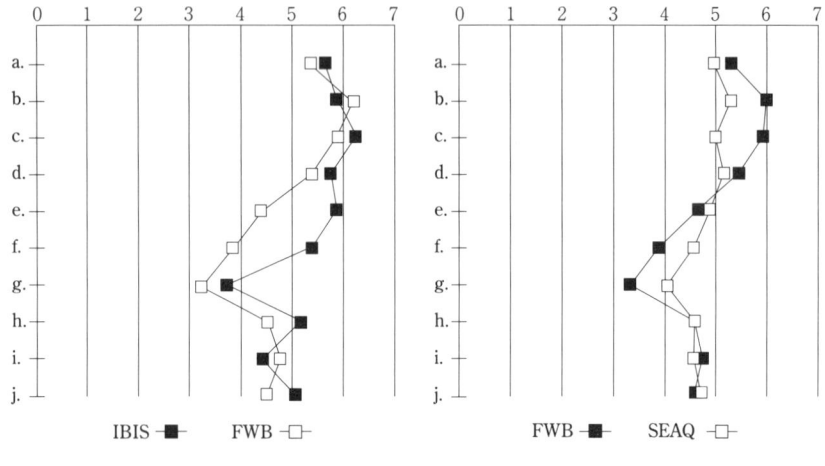

図6-3a　同上グラフA　　　　図6-3b　同上グラフB

（ただし，原著では図のaとbは逆に表示されていた。本書では原著者の意図を汲んで，あえて逆にした）

出所：D. Schiereck und M. Weber: Parkett, IBIS oder London—Die Präferenzen institutioneller Investoren, in: *Die Bank*, 11/1996, S. 656-658.

ているとのことである[23]。また、マークラーは1995年6月1日付でDAX証券に関しては連邦レベルで手数料を0.06%から0.04%へ引き下げたが、逆に立会場で充分魅力をもつ証券は0.08%へ引き上げたことを紹介している[24]。これは、IBISに対抗するための処置であると考えられる。

ただし、シュミットらは、さらに手数料を低下させることも可能なはずであるが、それを阻止している要因として、以下のものを挙げる。①手数料プール規制、②各取引所に分割されたスコントロ(取引板)の存在、③機能上の割り戻し(Funktionsrabbate)、④マークラー収入が高すぎること、⑤多くの取引所でマークラー数が多すぎること。この③～⑤の点に関しては、次のような説明がある。「『自由仲立人』は、立会時間中は、……上場証券を含むすべての銘柄の取引を仲立ちすることができる。その結果、極端な場合には上場銘柄について、顧客である銀行とその銘柄を担当する公認仲立人の自己計算による取引を、自由仲立人が立会場で仲立ちするという、一見無秩序な事態が起こり得る」。その理由は、立会場に従業員を送る人的余裕のない小規模業者(銀行)からの注文の取次であり、「市場参加者をできる限り多くするための工夫である」と[25]。この点について、シュミットらの論文ではさらにこう説明される。「フランクフルトでは、自由マークラーが銀行の注文を公認マークラーへ取り次いだ場合には、『通常』手数料の85%を機能上の割り戻し(リベート)として入手する。このうちのかなりの部分を発注者へ引き渡す」。そして、このようなリベートによって自由マークラーの注文接続への刺激が生じ、取引高の多い証券の取引量の過半数近くがこのルートで行われていると[26]。

このように、ドイツの資本市場は、IBISの登場によって、その一部は簡素で外部からもわかりやすい市場に変化したものの、旧来の立会場を残したため、相変わらず複雑な内部事情をも残存させた。立会場取引による注文需給調節の背後には、このような方法が続けられているわけである。

3．フランクフルト証券取引所への業務集中と地域証券取引所の対応

まず、株式と債券の売買高の合計をとってみた場合の地域取引所ごとの持

表6-5　地域証券取引所の市場持ち分(株式+債券売買高)　(%)

年次	フランクフルト	デュッセルドルフ	ミュンヘン	ハンブルク	シュツットガルト	ベルリン	ハノーバー	ブレーメン
1987	66.8	17.0	5.1	4.5	—	—	—	—
1988	71.1	14.6	—	—	—	—	—	—
1989	66.1	18.5	5.1	2.5	—	—	0.6	—
1990	65.8	16.6	6.1	4.0	3.5	—	0.6	—
1991	70.4	13.4	5.6	—	3.8	—	1.0	—
1992	70.0	13.9	5.7	—	4.1	—	—	—
1993	71.0	10.8	5.4	3.0	4.1	0.9	1.7	0.7
1994	73.8	9.8	4.9	2.6	3.4	2.9	0.9	1.7
1995	74.2	9.2	4.0	3.9	3.0	2.5	1.4	1.6

(ただし、1995年は、第3四半期までの累計)

出所：Arbeitsgemeinschaft der Deutschen Börsen und der Deutsche Börse AG (Hrsg.), Jahresbericht, 1988-1995, Frankfurt am Main より計算したもの。

ち分でみると、1990年以降のフランクフルト取引所への業務集中状況が明白にみてとれる。第二次世界大戦以降、フランクフルト取引所の業務シェアは、全体のほぼ2/3というのが相場であり、これは、戦前のベルリン取引所のそれにほぼ匹敵していた。この均衡状態が1991年のフランクフルト取引所株式会社の発足、93年のドイツ取引所株式会社の成立のなかで急激な変化をみせた。いちばん業務シェアを落としていったのは、デュッセルドルフにあるライン・ヴェストファーレン取引所であり、それまでは20-30%を保持していたものが、1985年以降に10%台へ落ち、さらに94年以降は一桁へと下落してしまっている(表6-5)。

しかし、一方のIBISでの取引では、フランクフルトへの業務集中は立会場取引ほどにはいたっていない。しかも債券取引では、ほかの地域取引所の健闘が目立ち、フランクフルトの業務持ち分は過半数を超えてはいない(1977年の聞き取り調査時に閲覧した株式研究所内部資料)。地域取引所としては、BOSS-CUBEによりフランクフルト取引所に奪われた市場シェアを、この面でかろうじて維持している。

以上のことを総合的に判断してみよう。当初、ドイツの各地域取引所は、電子化された中央取引所の設立に反対の立場をとった。州レベルでの政治力も働き、これはなんとか阻止された。結果として新組織のドイツ取引所株式会社は、立会場を残しつつ、複合的電子取引システムを導入した。また、合

第 6 章　統合資本市場としてのドイツ取引所株式会社　257

わせてフランクフルト証券取引所(FWB)の全国的意義を高めるため，ドイツ取引所株式会社を発足させ，FWB の牽引機関としたわけであった。

　その後のドイツ資本市場の動きをみると，立会場での取引は，株式でも債券でもフランクフルト取引所における付け合わせが，一部の地域に特化した証券以外では独断場的な力をもつという結果となった。シュミットが期待した取引所間競争は有効に機能しなかった。

　逆に，ゲルケらが促進した EHS の具体化であると考えられる IBIS 取引では，地域取引所の存在意義が確認される。1993 年の IBIS 取引について次のような報告もある。「その半数近くはフランクフルト以外からの参加であり，また，銀行と公認・自由仲立人はほぼ同数であったと言われている。こうしたことから，地方の取引所会員や市場参加者としての仲立人の IBIS 取引への関与の大きさが IBIS 取引拡大の背後にあることが推定される」と[27]。このほか，IBIS 取引と立会場取引間や，DTB の DAX オプション・先物取引とのあいだでの相場スプレッドを利用した裁定取引も行われ，全体としてドイツの資本市場の流動性を高める効果も報告されている。したがって，市場への地域顧客開拓(集客)機能という，シュミットらが主張したことは，この面では生かされている。

　ところで筆者が，1997 年 4 月にドイツ取引所で聞き取り調査した結果，各地域取引所では，ドイツ全体に占める市場シェアを減退させるなかで，それぞれ生き残りの方策を模索しているとのことであった。たとえば，外国証券の上場に力を入れたり，ドイツで伝統的であった，商品取引を取引所取引へ再導入するとかの道である。

　さらに，比較的市場シェアを落としていない，バイエルン取引所では，フランクフルトに対抗すべく必死の努力が続けられている。それは，バイエルン州関係各機関による，講演会・シンポジウムの開催である[28]。
・ミュンヘン大学銀行コロキウム(討論式講義)
　「ドイツにおける中央取引所と地域取引所の将来」(1994 年 1 月 27 日)
・バイエルン商工会議所主催討論会
　「中堅企業の自己資本——バイエルン取引所上場への道」

(1994 年 5 月 2 日)

・バイエルン経済・運輸・技術省主催／バイエルン放送局後援シンポジウム

「ミュンヘン金融センター――バイエルン取引所の将来」

(1994 年 9 月 30 日)

以上のテーマにみられるごとく，とくに中堅企業を対象とした取引所上場の推進と，取引所自体の宣伝に相当の力をさいている。

第5節　ま　と　め

　以上，最近のドイツにおける資本市場改革の動きとそこでの諸議論を概括した。ドイツにおける証券市場改革は，これまでみたようにイギリスのビッグ・バンのような急進的なものではなかった。このため，旧制度の大きな枠組みを変えることなく，できうるかぎりの範囲内で，電子システム化を図っていった。立会場と地域取引所の存続を認め，同時にシステム市場を並行して走らし，様子をみながら次に進むという過程を経てきている。証券取引の規模は，以後急激には膨らんではいない。

　したがって，これに飽き足らないドイツ銀行は，1995 年にその投資部門の拠点をロンドンへ移してしまった。この事件は，ドイツ国内の関係各機関へ多大な衝撃をもたらし，賛否両論を巻き起こした。ドイツ資本市場が銀行支配下にあり，悲観的にみる論調とか，ドイツ式スタイルもまた一つのあり方であると肯定的，楽観的にみるものもある[29]。

　ともかくいえることは，ドイツの証券市場が，思ったような活性化にはいたっていないことである。したがって，今年スタートしたノイエマルクトなど，引き続き改革，革新が要請されている[30]。この市場については，本章では，充分扱えなかった。また，取引所問題は，市場だけの問題ではなく，企業の側，また個人投資家の対応等諸側面についてもみていかなければならない。これを併せて，今後の検討課題としたい。

注

1) Arbeitsgemeinschaft der Deutschen Wertpapiermarkt (Hrsg.), *Jahresbericht 1987-1993*, Frankfurt am Main. (1989-1992年については，日本語版の抄訳がある)東京証券取引所ロンドン調査員事務所「証券市場を取り巻く環境変化と証券取引所の対応——その3，フランクフルト証券取引所①，②」『証券』47巻552・553号，1995年3・4月。
2) 連邦性取引所と相違する第二次世界大戦以前のドイツの取引所，およびその監督については以下を参照されたい。拙稿「中央資本市場としてのベルリン証券取引所——生成から崩壊への過程」(1)-(3)，『北星論集』32-34号，1995-97年。
3) Bernd Rudolph, Effekten- und Wertpapierbörsen, Finanztermin- und Devisenbörsen seit 1945, Hans Pohl (Hrsg.) *Deutsche Börsengeschichte*, Frankfurt am Main 1992, S. 310-314.
4) Ebenda, S. 328ff.
5) Ebenda, S. 330ff. この処置に伴い，1910年の上場公告規定が廃止されたことをルドルフが紹介しているが，このことはドイツ取引所史からみても興味深い。
6) Ebenda, S. 315-316, 拙稿，前掲論文(3)，34号，21ページ。
7) Bernd Rudolph, a. a. O., S. 325-326.
8) 東京証券取引所ロンドン調査員事務所，前掲論文②，8-9ページ。
9) Bernd Rudolph, a. a. O., S. 350.
10) Wolfgang Gerke, *Gutachten zur Fortentwicklung des deutschen Börsenwesens durch Einführung eines elektronischen Handelssystems (EHS)*, Manuskript, Manheim 1991. (以下 *Gutachten* とする)Wolfgang Gerke und Thomas Hamann, Zentrale und dezentrale Börsenhandelssysteme, in : *Zeitschrift für das gesamte Kreditwesen*, (以下 ZfgK とする) 12/1991, S. 560ff.
11) Wolfgang Gerke, *Gutachten*, S. 1-19.
12) Wolfgang Gerke und Thomas Hamann, *ZfgK* 12/1991, S. 560ff.
13) Michael Kalenberg : Stärkung des Börsenplatzes Deutschland durch Börsenzentralisierung, *ZfgK*, 5/1988, S. 182.
14) Hartmut Schmidt, Die Rolle der Regionalbörsen am deutschen Kapitalmarkt heute und morgen (Teil I, II), in: *Kredit und Kapital*, Helf 1, Berlin 1992, S. 111ff., Heft 2, S. 233ff., Wer braucht heute eigentlich noch die kleineren Börsen?, in : *Sparkasse*, Heft 3, 3/1995, S. 102ff.
15) Hartmut Schmidt, Die Rolle der Regionalbörsen am deutschen Kapitalmarkt heute und morgen (Teil I, II), in: *Kredit und Kapital*, Helf 1, Berlin 1992, S. 126-129.
16) ドイツ証券取引所連合会『1991年度報告概要』5ページ。
17) 同『1992年度報告概要』5ページ。
18) Hartmut Schmidt, Olaf Oesterhelweg und Kai Treske : Deutsche Börse im Leistungvergleich—IBIS und BOSS-CUBE, in: Kredit und Kapital, 1996, Heft 1,

S. 90ff.
19) Ebenda, S. 98-99.
20) Ebenda, S. 103.
21) Ebenda, S. 117-118. ただし，ドイツ銀行株のみは例外であり，手数料控除後のASV が 1 を超えるため，IBIS での取引が有利であるとされる。また，このような仕手の動きをとれない投資家は，全体相場でも IBIS スパン中間値に近く，ASV の小さな取引所に向かうとされる。
22) 東京証券取引所ロンドン調査員事務所，前掲論文①，16 ページ。
23) Hartmut Schmidt, Die Rolle der Regionalbörsen am deutschen Kapitalmarkt heute und morgen (Teil I, II), in: *Kredit und Kapital*, Helf 2, Berlin 1992, S. 253.
24) Hartmut Schmidt, Olaf Oesterhelweg und Kai Treske: a. a. O., S. 113-114.
25) 東京証券取引所ロンドン調査員事務所，前掲論文①，22 ページ。
26) Hartmut Schmidt, Olaf Oesterhelweg und Kai Treske: a. a. O., S. 114.
27) 東京証券取引所ロンドン調査員事務所，前掲論文①，12 ページ。
28) Bayerische Börse in München (Hrsg.), *Die zukünftige Rolle von Zentralbörse und Regionalbörse in Deutschland*, Podiumsdiskussion im Rahmen des Bankenkolloquiums an der Universität München, 27. Januar 1994 München. Ders, *Eigenkapital für mittlere Unternehmen*—Schritte auf dem Weg an die Bayerische Börse, Diskussionsveranstaltung der Industrie- und Handelskammer für München und Oberbayern, 2. Mai 1994 München. Ders, *Finanzplatz München*—Zukunft der Bayerischen Börse, Symposium des Bayerischen Rundfunk, 3. Sept. 1994 München.
29) ドイツ銀行のこの拠点移動に関しては，ドイツの金融誌 "*ZfgK*" が 1995 年 23 号で，金融政策学会の第 41 回大会のテーマ「銀行と取引所」で特集を組んでいる。掲載論文は，以下の通り。① Hans E. Büschgen, Den Banken ist es nicht gelungen, den Privatanlegern die Eignung von Aktien als Anlageform zu vermitteln, ② Rolf-E. Breuer, Der Weg der deutschen Investment Banken nach London ist eine Befruchtung des deutschen Kapitalmarktes, ③ Uwe E. Flach, Es ist bedauerlich, wenn in Zukunft die Betreuung wichtiger Kunden aus London erfolgt, ④ Kevan V. Watts, There is a room for both the German and the Anglo-Saxon model. ①と③の論文は，不安，無念さが滲み出るような論調であるが，④は比較的楽観的である。*ZfgK*, 23/1995. S. 2-28.
30) 「ドイツは今年(1997 年―山口)11 月末に新しい電子取引のシステムを稼働させる。フランス，スイス，オーストリアの証取もこの新しいシステムを独から導入する見込み。通貨統合に合わせて欧州大陸の株式市場を事実上共通化し，ロンドン市場に対抗しようとしている」『日本経済新聞』1997 年 10 月 19 日付の記事「証券業務を完全電子化」より。

第7章
ハンブルク証券市場の歴史特性
―― ハンザ取引所の一翼として

第1節　は じ め に

　現在ハンブルクにある証券市場はハンブルク・ハンザ証券取引所(Hanseatische Wertpapierbörse Hamburg)である。この証券取引所は1999年にハノーバー・ニーダーザクセン取引所(Niedersächsische Börse zu Hannover)と合併し，その結果つくられた親会社ハノーバー・ハンブルク取引所株式会社(BÖAG＝Börsen Aktiengesellschaft Hamburg/Hannover)の傘下に置かれている[1]。またこの証券取引所は，1935年にナチスの統制経済に基づきリューベック取引所とブレーメン取引所を併合して以来，取引所自体にハンザの名がつけられていた。それ以前には，創業以来ハンブルク取引所とよばれた取引所に所属していた。これは1935年デュッセルドルフ取引所に統合されたケルン取引所(1553年設立)を除き，ドイツで現存する8取引所中最古の取引所(1558年設立)である。なお第二次世界大戦後にブレーメン取引所がこのハンザ取引所から独立し，以後ハンブルク取引所と競争関係を保っている。本章の副題を「ハンザ取引所の一翼として」としたのは以上述べたような歴史的変遷を踏まえたからである。

　このようにハンブルク取引所は，商品取引所としては400年以上の歴史をもち，ハンザ同盟加盟諸都市間の商業を背景としてさまざまな商品の取引を行ってきた。証券取引所が併設されたのは，1815年であった[2]。この証券取引所を加え19世紀末から第二次世界大戦のあいだは，一般商品部門のほかに，時代による変遷を伴ってはいるが，有価証券，穀物，コーヒー，砂糖，

ゴム，貴金属，木綿，酒類といった定期取引部門に整理されてきた。したがって，証券取引はこれらの商品取引の歴史的伝統と商習慣を踏まえて整備，組織されてきた。このため，本章でははじめにこれらの伝統的商品取引の業務と組織がハンブルク証券取引へいかに引き継がれてきたのかを，みていくこととしたい。なお，以下の歴史記述に関しては，ゴットフリート・クライン(Gottfried Klein)が1953年に取引所400周年記念にちなんで著した『ハンブルク取引所400年』("*400 Jahre Hamburger Börse*—Eine geschichtliche Darstellung")に主として依拠する[3]。

第2節　ハンブルク取引所の創業とその組織

1．ハンブルク取引所の創業

　ハンブルク取引所を創業したのは，1517年に成立した大商人の協会だった。ハンブルクの商人組合(Kaufmannschaft)を指導したのは，海上貿易商社3社であったが，このなかから2人ずつ計6人の長老と税官吏2人が市参事会代表者に選ばれた。彼らは商人の利益を代表し，商人・金融業者・従業者間の争いを調停し，また商人・航海士に対する監督および罰則をくだす権限をもっていた。

　ハンブルク取引所の設立は1558年であったが，これはアントウェルペンの取引所を模範として創業された。場所は旧アルスター湖畔で旧市街と新市街を結ぶトロースト橋隣接地，市参事会と税関建築物および起重機設置場のあいだに建設された。1577年から83年にかけて建物の大補修が行われた。建物の管理は，土地所有者であった裁縫師協会と商人長老会が分割して行った。後者はのちに機能しなくなり，1616年に取引所長老会(Börsenalte)へ改められた。しかしこれも長老会の力の減少に伴い，次第に商人代表団(Commerzdeputation)へその地位を譲った。その後は1867年以降には商業会議所が責任をもつようになっていった[4]。

　ハンブルク取引所は開設当初から今日までも，一般取引所であり，国内外に及ぶあらゆる種類の商品卸売業務，貨幣・為替業務，保険・運送業務を行

っていた。また，国外取引業者間取引は最初制限されていたが，1604年には，いくつかの例外を除きこの規制を緩め，市参事会の政策もあり60年代後半にはこの地を国際商業地へと押し上げていった。このため，アントウェルペンの布製品を持ち込んだマーチャント・アドベンチャラーをはじめ，宗教上の迫害を受けて来たオランダ人逃亡者，ポルトガルとスペインのユダヤ人，イタリア人，フランス人，そしてドイツ各地からの移住者が諸知識と諸関係を持ち込んできた。

2．ハンブルク取引所の組織

　ハンブルク取引所で仲介業務に携わったのは，取引所マークラー（仲立人）であった。彼らは1618年から48年のあいだに成文化され，1653年に印刷されたマークラー規則（Maklerordnung）に従った。その監督，登録，宣誓，処罰は17世紀までは税管理と商人長老により行われ，その後マークラー代表団と商人代表団がそれに代わった。その人数は1592年に規制されはじめ，1617年からはポルトガル系ユダヤ人は4名までとされた。ドイツ系ユダヤ人は1784年まで拒否された。1679年には，当時クリスチャン系130人とポルトガル系20人まで増加したマークラー数をそれぞれ60人と10人へと制限した。このようにマークラー規則による人数割り当てには歴史的変遷があり，1792年に廃止され，その後マークラー代表団の手にゆだねられた。このため宣誓マークラー数は18世紀初頭の120人から最高時の1826年の726人のあいだを揺れ動いた。マークラーの契約手数料は1758-59年に定められ，寡婦や孤児も業務に携わったという。

　ハンブルク取引所は，16世紀末には海外顧客に対してスパイス，染料材などの商品相場一覧表（Preiscourant）を発行していた。これは当初は個人商人による手書きのものだった。1735年に商人代表団が同取引所の市況を反映する公定用に変更することを決め，市参事会もこれを承認した。この作業のため商人代表団は，マークラー代表団が任命し注文指図を義務付けられた18人のマークラーを選び出した。商人代表団は，マークラーを任命し，さらに値付けについての監督と相場一覧表の印刷と販売についても監視をした。

マークラーは商品分野ごとに価格と記録のリストを毎週作成し，商人代表団へ写しを提供し，見返りに一覧表から上がる収益の分け前を受けた。一覧表には商品卸値段のほかに，貨幣・為替相場と保険プレミアムが添えられた。貨幣・為替相場表のほうは 1659 年からの発行であった。こちらも当初は私的なもので，発行人マークラーが市参事会から付与された優先権を印刷業者に譲渡していた。1736 年に商人代表団が先の商品相場一覧表を公表しはじめたときには，この業者とのあいだでこれを公定マークラーの業務とし，代表団の監督下に置くことで合意した。代表団は相場に差異が生じたときには，抗議し変更する権限を有した。ただし新相場の確定と相場の廃止というような政治問題が絡むときには，市参事会と協議のうえで最終決定を下した (1752 年にフリードリッヒ大王 (Friedrich der Große) が金貨と特製銀貨ターラーを相場表へ加えることを要求したとき，1820 年代にアントウェルペンとペテルスブルクの相場を載せることを受け入れたとき，1826 年にフラマン・シリングとグローテンの相場を廃止したとき，ベネツィアの旧式相場表を償却したとき，ターラーからグルテンへの相場表を転換したときなど)[5]。

第 3 節　近代における展開と商品取引所

1．近代における取引所の展開

18 世紀末に商人代表団は取引所を運河横に拡張する計画を立てたが，資金難とナポレオンの占領で中断した。この計画は 1820 年に再開され，建築と資金計画，建築士の選定が行われた。名誉商人から資金提供がなされ，市参事会も事業に加わった。当初株式公募は難航したものの，1834 年から軌道に乗りはじめた。建築場所は現在地のアドルフプラッツと定まり，1837 年鍬入れ，39 年定礎式，41 年 12 月に竣工した。現在の建物の中央部が取引所ホールとなり，約 5000 人を収容できた。1845 年には東側部分が拡張され，82-84 年には西側部分が増設された。市の建物とも連結され，イタリアルネサンス様式の砂岩飾りが取引所ファッサードを覆った。

新取引所オープンに合わせ取引所組織が改変された。それまで管理に加わっていた裁縫師協会が外れ，直接の管理責任はかつて取引所下僕（Borsenknecht）とよばれていた取引所管理者（Börsenkastellan）に委譲された。1880年の商業会議所法は，取引所監督と建物内の警備の権限を商業会議所に付与した。1896年帝国取引所法では，それは州政府の管轄とされたが，ハンブルクでは市参事会管轄に置かれ，引き続き商業会議所が直接監督責任を果たした。また同年取引所理事会が形成され，商業会議所が任命した41人のメンバーが商品部門ごとに責任を負った。それは一般商品部門とのちほど述べる定期取引が行われた特別部門に大別された。

2．商品取引所の組織

商品取引の商習慣は1820年代に導入され，40年代からは部門ごとに細分化されてきた。1840年にタバコ取引での商習慣が改正されたのは，ブレーメンおよびオランダのアメリカタバコについてのそれがこの地のものより有利であり，損失を被ったためであった。タバコについての新ユーザンスは，商品の重量，風袋目方，値引きについての規定をもち，ほかの商品取引のモデルとされた。1904年に商業会議所が新ユーザンスを公刊した。取引立会時間は，おおむね1時から3時のあいだであった。ファンド取引所ではそれ以外の時間も認められたが，これについてはのちほど触れる。またハンブルク取引所は第一次世界大戦までは「自由取引所」であり，「品行方正な紳士」であれば排除規定が適用されないかぎり自由に入場できた。ただし女性は規制され，大ホールに入れなかった。しかし1921年の帝国取引所法改正でこの規制は取り払われた。ほかに破産者，市民的名誉権を剥奪されたものは閉め出され，さらに1920年代のインフレ時代には入場制限が設けられた。商業会議所が設置した認可委員会が入場者を決め，商事登録簿記載企業所有者と会社代表者とされた。またマークラーについては1872年に宣誓マークラー制を廃止し，自由マークラーに全種の仲介業務を開放した[6]。

商品定期取引は1840年に開始された。18世紀の30年代にすでに鯨油取引が行われた経験があったが[7]，石油にその地位を譲った。1850年代には

穀物取引が入り，60年代にピークを迎えたが70年以降はベルリンが優位に立ち消滅，代わりにアメリカ製油と芋焼酎が加わるが，前者はスタンダード石油会社の進入で頓挫した。この地で重要だったのは，コーヒーの定期取引で1887年6月のコーヒー取引業者協会設立とともに開始された。先行していたニューヨークとル・アーブル(北仏)，とくに後者のサントスをめぐる投機取引は活発で，ハンブルクの定期取引はその地位を危うくしかけたが，巻き返しを図った。同様の競争がほかの欧州コーヒー輸入地とのあいだで行われ，最終的にハンブルクは世界のコーヒー輸入で第一級地の一つとなった。それは，この地での1888年の弱気投機の経験から，一種にかぎらずほかの同種の質をもつ代替品を用意し，支払いについても各国につき1000マルクの買手間弁済をすることで，契約遂行をまかなっていったからである。商品清算金庫も設立され，値付けマークラーおよび協会の管理下で決済が円滑に行われるようにした。定期取引以外に，特権付き定期取引(ドッペル・プレミアム取引など)が行われ，価格の安定化および商品市場形成へ貢献した。

そのほかの商品で定期取引業者協会が組織されたのは次の分野であった。砂糖(1888年)，木綿(1892年)，金属(1907年)，ゴム(1912年)，穀物(1928年)である。1896年の帝国取引所法は，取引業者の登録制の導入などで定期取引の濫用を規制した。しかし1908年の改正でこれは緩和され，商品の上場や取引所の指導は，商業会議所や取引所理事会へ移譲されていった。定期取引は第一次世界大戦で中断され，1920年代に復活したもののナチス時代の経済統制と第二次世界大戦の勃発で再び停止された。再再開は1954年の砂糖取引で2年後にコーヒー(第一級サントス)取引が続いた[8]。なお近年のハノーバー取引所での商品取引については図7-1に掲示した。

第4節　通貨・為替取引所と証券取引所の展開

1．通貨・為替取引所の展開

すでにみたように19世紀末まで市参事会の影響下に置かれていた公定通貨・為替相場は，1890年から商業会議所が自由に取り扱えるようになった。

第7章 ハンブルク証券市場の歴史特性　267

図 7-1　ハンブルク・ハノーバー取引所株式会社(BÖAG Börsen AG)の構成

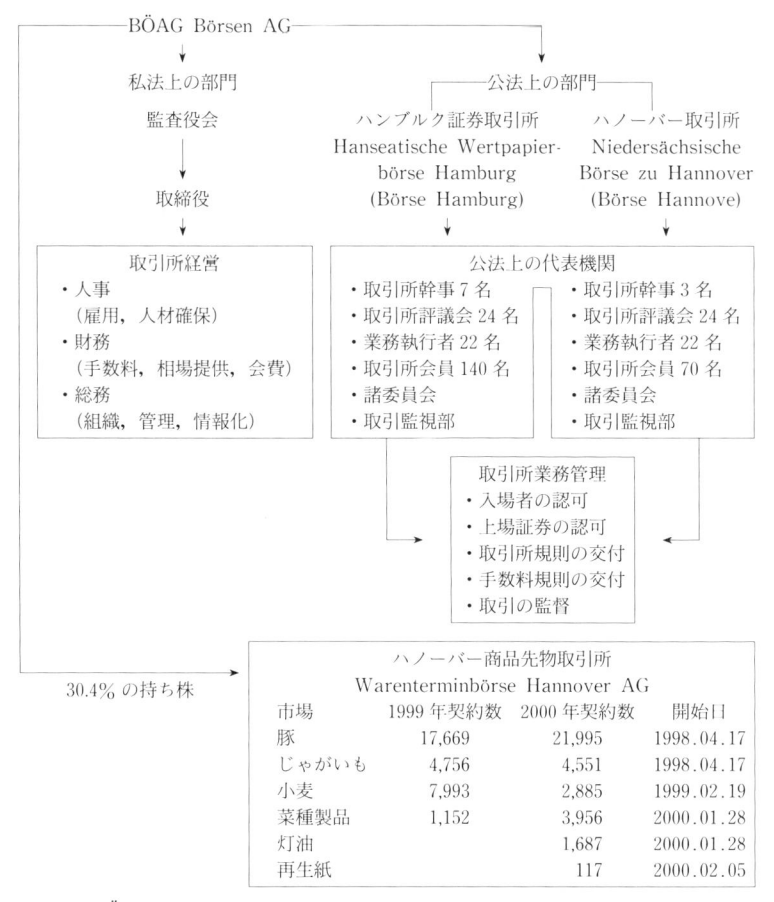

```
                    ─── BÖAG Börsen AG ───
                   │                      │
         私法上の部門                   ─── 公法上の部門 ───
                                       │                  │
         監査役会              ハンブルク証券取引所      ハノーバー取引所
           │                  Hanseatische Wertpapier-   Niedersächsische
           ↓                  börse Hamburg              Börse zu Hannover
         取締役                (Börse Hamburg)            (Börse Hannove)
           │                        ↓                         ↓
           ↓                   公法上の代表機関
    ┌──────────────┐      ┌──────────────────────────────────────┐
    │   取引所経営  │      │ ・取引所幹事 7 名      ・取引所幹事 3 名    │
    │ ・人事        │      │ ・取引所評議会 24 名   ・取引所評議会 24 名 │
    │  (雇用, 人材確保)│      │ ・業務執行者 22 名     ・業務執行者 22 名   │
    │ ・財務        │      │ ・取引所会員 140 名    ・取引所会員 70 名   │
    │  (手数料, 相場提供, 会費)│ ・諸委員会            ・諸委員会           │
    │ ・総務        │      │ ・取引監視部           ・取引監視部          │
    │  (組織, 管理, 情報化)│      └──────────────────────────────────────┘
    └──────────────┘                       ↓
                                    取引所業務管理
                                 ・入場者の認可
                                 ・上場証券の認可
                                 ・取引所規則の交付
                                 ・手数料規則の交付
                                 ・取引の監督

    30.4% の持ち株 →         ハノーバー商品先物取引所
                          Warenterminbörse Hannover AG
```

市場	1999年契約数	2000年契約数	開始日
豚	17,669	21,995	1998.04.17
じゃがいも	4,756	4,551	1998.04.17
小麦	7,993	2,885	1999.02.19
菜種製品	1,152	3,956	2000.01.28
灯油		1,687	2000.01.28
再生紙		117	2000.02.05

出所：BÖAG Börsen Aktiengesellschaft Hamburg/Hannover (Hrsg.), *Jahresbericht 1999, 2000*, Hamburg 2000, 2001 の S. 29, S. 10-11 から作製。

相場建ては当初，火曜と金曜の郵便日の1時半であった。委任を受けた値付けマークラーが鐘の音とともに帳場に現れ，商業代表団の指導下で最長老マークラーが相場を提示し，多数のマークラーにより決定された。1866年のドイツ一般商法典の導入とハンブルク公定相場表への為替相場建て規則により年末に12人の為替相場交渉人が選ばれ，輪番で相場建てにあたることとなった。時間は2時半へ変更され，相場価格からの乖離を避けるべく統一価格を打ち出した。

通貨相場も1866年に規則化され，2人の担当者が1時半に商業代表団議長立ち会いのもとで相場が建てられた。ドイツ帝国成立後は重大な変更があり，国内通貨・為替相場はフランクフルトなどの銀行中心地で建てられ，この地では外国為替と外貨および貴金属のみの扱いとされた。1896年の取引所規則では，通貨・為替・貴金属取引は証券取引所と統合され，取引所開場日ごとに相場建てが行われるようになった。

1920年代のインフレ時代には，混乱を避けるため「為替リング」という障壁が設けられ，このなかで銀行とマークラー企業の為替ディーラーが仕事をした。1931年の銀行倒産とその後の為替管理下では，取引の自由が奪われベルリンの為替相場にしたがわされた。第二次世界大戦後の1953年5月に公定為替相場は復活した。フランクフルト相場がベルリン，デュッセルドルフ，ハンブルク，ミュンヘンの取引所と共同で決められた。月曜から金曜までは，12時45分から13時45分のあいだ，土曜日は10時半から11時半のあいだに値付けが成立する[9]。

2．証券取引の開始

一方証券取引所は，典型的国際的公債市場(Fondsdbörse)として19世紀はじめに開始された。この取引は当初，多くのハンブルク商人には堅実な投資とみなされず，法的整備が遅れた部門であった。やっと1824年から外債相場表が出回ったが為替マークラーによる私的なもので，商業会議所公認の取引所相場表となったのは1867年であった。

取引所の組織として，1869年に商業会議所と証券業者の代表者10人から

なる有価証券シンジケートが設置され，証券取引ユーザンスがつくられた。後者の6人は個人銀行業者か大銀行役員，4人がマークラーとされた。その後この組織は，商業会議所管轄下の証券取引鑑定委員会に引き継がれ，この委員会が手数料や証券取引企業登録等の制度整備を施行した。1896年の帝国取引所法規則により，鑑定委員会は商業会議所が任命した取引所理事会に昇格したが，これも1918年には証券取引所会員協会へ置き換わり登録制も廃止される。1935年の規則ではそれまで22人に増加していた役員数を13人へと削減した。

立ち会い時間は，第二次世界大戦までは12時から3時，戦後は12時から2時までで，開始から1時半までが場外取引(Vorbörse)とされた。第一次世界大戦まで前場は取引所ホールのうち階上の公債ホールで行われ，1時半以降には階下西翼にある取引所ホールが使われた。また冬場の半年間夕方7時から8時までの平日取引や，1893年までは土曜日取引が行われたこともあった。1900年からはベルリンの値付けに合わせて1時間短縮され，場外取引が12時から1時まで，取引所ホール立ち会いが1時から2時までとなった。第二次世界大戦後は，証券取引所での土曜日取引は消滅したが，公定為替取引では引き継がれている。

取引所入場者および設備の利用についての規定は1932年につくられている。またこの年からはマークラーと銀行業者の分離が明確化され兼務は認められなかった。公定値付け証券となるための上場は，1869年からはシンジケートおよびその後継機関により決められた。1889年には鑑定委員会が「指導的視点」を打ち立て，その後はこれが通例の上場基準とされた(発行企業の目論見書提出，会社定款と年次報告書と会社の公表バランスシートの提示など)。1897年以降は，上場と公定値付けに対しては帝国法上の規定が適用された。1908年の取引所登録廃止後には，商業会議所が選出した素人を含む18人で上場審査局を構成し，今日まで続いている。

有価証券の定期取引は，1897年から特別認可を必要とするようになり，商業会議所と証券取引所委員会がかかわった。しかし第一次世界大戦での中断を挟んだのち1931年の銀行危機を契機に中止されたままとなった。現物

証券取引の値付けは，1896年まではシンジケートと鑑定委員会が任命したマークラーが分野別に行っていた（ドイツとノルウェー公債，それ以外の国の公債，抵当証券と富くじ債券，優先債券，銀行株，工業株）。証券相場の公定値付けは平日2時15分，遅くとも2時半開始で，土曜日は当初1時半のちに12時半開始となった。1884年の規則では相対取引，1918年からは複数同士の取引となった。第二次世界大戦後5月2日から7月9日までの閉鎖のあと，軍事政権と商業会議所の認可で再開を果たした。

この地で取引対象となった証券の特徴は，確定利付証券が配当証券を上回ったこと，前者に外債が多かったことである。ドイツ国債では，北部の諸邦と領域のものの比重が大きく，ほかに北部と中部の抵当証券や地場と北部の債券が優勢だった。またここでは船舶債も中心的市場を形成した。外債としてはノルウェー，デンマーク，フィンランドのものが大規模であり，北欧の自治体債やロシア，オーストリア，ハンガリー，アメリカ証券の比重も大きかった[10]。

第5節　現在のハンブルク証券市場と地域取引所をめぐる論争

1．現在のハンブルク証券市場

すでにみたように第二次世界大戦後は，ハンブルクの取引所も戦後の経済復興とともにほかの取引所とならんで業務を再開した。ベルリンの取引所がソ連軍により解体され，西ベルリンの商工会議所の建物へ移転を余儀なくされるなか，ハンブルクも中部・東部ドイツの後背地を失うという苦しい状態のなかで再開せざるを得なかった。またブリテン占領軍は，ハンブルクを戦後ドイツの金融センターにしようと考えていたが，アメリカの政治的圧力でフランクフルトがその道を歩んでいくこととなり[11]，重要金融機関の本店所在地となった。しかし戦前のベルリン取引所とは違い，中央資本市場の役割は果たさなかった。というのは戦後の西ドイツの取引所は，8カ所にある諸地域取引所が独立して活動し，かつ重複上場をも可能とする連邦制組織を

とったからである。監督も各州政府が行っていた。ただし，ドイツ証券取引所連合会(Arbeitsgemeinschaft der Deutschen Wertpapierbörsen)が1952年に結成された。これは西ドイツの8取引所役員間の意見調整と国内外からの訴訟に対して利害代表をし，かつ重要事項について共通規制を行うことを目的とした連絡組織であり，各取引所持ち回りにより輪番制の幹事が置かれた[12]。このように西ドイツ時代の各取引所は地域取引所としての道をとり，ハンブルク取引所もその重要な一角を占めた。

しかし最近の20年間に，東西ドイツの国家統合を挟み証券市場を取り巻く状況は激変した。1986年にはドイツ証券取引所連合会の組織改変が行われ，統一年次報告書の刊行がはじめられた(連合会は93年にドイツ株式研究所へ発展解消)。この目的はEC(現EU)統合をにらみ，フランクフルトを欧州金融センターへ押し上げることであった。これと前後して電子取引システムの導入，フランクフルト取引所の株式会社化さらにドイツ取引所株式会社への組織変更(1993年)が急速度で進んだ。しかも，欧州各取引所との取引部門ごとの連携と統合が，資本市場間競争のなかで模索されている[13]。

2．地域証券取引所をめぐる議論

このなかでドイツの地域取引所は，ドイツ取引所株式会社の出資者としてこれを支える役割を果たすと同時に，取引を電子化し生存策を模索している。ハンブルクは1990年の東西ドイツ統合後にエルベ河沿いの経済的後背地を取り戻したこともあり，商品取引所の伝統を生かしまた地域取引所として独自の道を探ってきた。そして冒頭述べたように，1999年ハノーバー・ニーダーザクセン取引所との統合にいたった。その結果「ハンブルクでは会議所が形式的には経営主体となっているが，取引所の財政的管理は取引所規則に基づき，会員商会の社団に委ねられていた」[14]組織が再編成された。会議所管轄である公法上の部門組織は残され，実質的管理部門が社団役員から私法上の部門組織である監査役会(Aufsichtrat)と取締役会(Vorsatand)へと移管された。伝統を生かしたうえでの組織革新といえよう(図7-1)。

このような地域取引所が果たす重要性について，ハンブルク大学貨幣・資

本取引研究所のシュミットが理論的整理をしているため，ここで紹介する。同氏はその論文で[15]，現在の取引所を以下の対立する3つの側面に分け論じている。第一には，ユニバーサル取引所対専門取引所，第二に公開取引所対特権的(独占的)取引所，第三に地域取引所対中央取引所であり，さらに現在第四の対立点として社団取引所対企業取引所の対立が重要とみている。すなわち欧州資本市場間競争のなかで，資金調達上の有利さを求め会社組織へ転換し，合わせて諸業務を包含するユニバーサル取引所を目指す傾向が出てきていると。しかもこの動きのなかでこれまで社団取引所がもっていた特権を廃止し，機関投資家と個人投資家に対して取引所業務を公開できるかどうかが重大な課題あるとみなす。この点でドイツ先物取引所有限会社，トレードポイント，金融ネットワークス PLC，EASDAQ，ドイツ・ノイエマルクトなどの専門的取引所が既存取引所に対しこれらの面で有効な役割を果たしてきたし，また1997年にシュツットガルトのバーデン・ヴュルテンブルク取引所が1証券についての最低契約額を引き下げ，諸地域取引所のこの種の動きの先駆けとなったと，指摘している。以上の点で注目すべきは，ハンブルク・ハノーバー取引所株式会社がその最初の年次報告書(2000年刊行)のなかで，同取引所を幻の統合に終わった iX (ドイツ取引所株式会社とロンドン取引所の合併で計画された統合取引所) の対極にある地域取引所として位置付けていたことである。これは，かつてハンブルクのハンザ取引所の理事メンバーであったシュミットが上で述べていたような，欧州レベルにおける独占的なユニバーサル取引所に反対し，証券市場間の競争を重視する理論に基づいた見解であると考えられる。

第6節　ま　と　め

　以上みてきたようにハンブルクは，中世以来ハンザ同盟における一中心都市として，また近代においてはアメリカ南北大陸との通商・交易港として栄えてきた。このなかで取引所も，商品，為替，証券取引を取引する重要な経済組織の役割を担ってきた。ただし，1980年代以降，コンピューターと自

動車産業を基盤とした南部ドイツが活気を帯びてきたのに対して,港湾と造船などの重工業がやや沈滞傾向をみせ防戦に追われているといわざるを得ない。取引所は,機構改革を行ったもののかつての活気を取り戻せるかどうかの瀬戸際に追い詰められている[16]。この意味では,ドイツのほかの地域取引所および日本の地方証券取引所と同様に,今後とも取引所が生き残っていけるかどうか注目していかなければならない。

注
1) BÖAG Börsen Aktiengesellschaft Hamburg/Hannover (Hrsg.), *Jahresbericht 1999 und 2000*, Hamburg 2000, 2001.
2) ハロルド・デグナー／ライネル・フレーゲ(土谷貞雄訳)「ドイツ証券取引所連合会とその構成員」『証券研究』第52巻,1977年4月,170-171ページ。なおこの本ではドイツの各地域取引所の紹介もされている。
3) Gottfried Klein, *400 Jahre Hamburger Börse* — Eine geschichtliche Darstellung, Hamburg 1958.
4) Ebenda, S. 3-5.
5) Ebenda, S. 7-11.
6) Ebenda, S. 12-14, 19.
7) この前史となるが,すでに1730年代に定期取引の一種であるプレミアム取引が,魚油,鯨油,鯨髭について非合法下で行われ,外国商人が利益を上げた。市参事会は規制に向かい,1746年には全面禁止されていた。Ebenda, S. 9-10.
8) Ebenda, S. 20-24. なお商品定期取引については以下を参照のこと。赤川元章「ドイツにおける商品定期取引の構造とその展開——ハンブルク取引所におけるコーヒー定期取引の生成を中心にして」『三田商学研究』第35巻第1号,1992年4月。
9) Ebenda, S. 24-25. なお,ハンブルク金融市場の成立については以下を参照のこと。赤川元章「貿易・金融中心地,ハンブルクの成立過程と世界市場」『三田商学研究』第35巻第4号,1992年10月。
10) Ebenda, S. 26-30. およびハロルド・デグナー／ライネル・フレーゲ,前掲論文,171ページ。
11) この間の事情については以下を参照。Carl-Ludwig Holtfrerich, *Finanzplatz Frankfurt* — Von der mittelalterlichen Massestadt zum europäischen Bankenzentrum, München 1999, S. 237-242. および本書第5章。
12) ハロルド・デグナー／ライネル・フレーゲ,前掲論文,109-110ページ。なお,同書によると,ドイツでは諸地域取引所の理事長を務めていたのは,個人銀行業者(家)であった場合が多かったし,現在もそうである。本章では取り上げられなかったが,ハンブルクの証券取引業者,とくにユダヤ系を含む個人銀行(家)については以下を参照のこ

と。及能正男「M. M. ウォーバーグ銀行の復活――ドイツにおけるユダヤ系個人銀行の運命」『学士会会報』第826号，2000年1月。および「(資料)マーチャント・バンカー研究――M. M. Warburg & Co. Hamburg の運命」(1)(2)，西南学院大学『経済学論集』第27巻第4号，1993年3月，第35巻第1号，2000年6月。

13) 拙稿「統合資本市場としてのドイツ取引所株式会社――取引の電子化に伴う複合システムの導入」『証券経済研究』第11号，1998年1月，同「ドイツの証券市場――諸地域取引所の歴史特性」同上第27号，2000年9月。岩田健治「欧州経済・通貨同盟と株式市場」『証券経済学会年報』第34号，1999年5月。吉川真祐「ヨーロッパの株式市場統合」『証券経済研究』第31号，2001年5月，同「ヨーロッパ3大証券取引所の株式上場とヨーロッパ株式取引所統合」同上第35号，2002年1月。

14) ハロルド・デグナー／ライネル・フレーゲ，前掲論文，138ページ。そもそもドイツの取引所は経営主体により2種類に分けられ，「私法上の社団取引所 Börsenverein と商工会議所附属取引所(Kammerbörse)が存在している」(同上，138ページ)とされる。ところでドイツでは商工会議所は「公法上の自治団体」(田沢五郎『独＝日＝英ビジネス辞典』郁文堂，1999年，457ページ)である。一方，社団取引所の社団とは「権利能力を有する非経済的社団＝『登記〔済〕社団 eingetragener Verein/e.V.』」(同上書，965-966ページ)である。ハノーバー・ハンブルク取引所株式会社は，この二つの性格の機構を併せもつ折衷的組織となった。このためたんなる，私益目的の経済的社団法人とは異なる。参考までに付け加えると，日本の商工会議所は「公的性格の強い特殊の公益社団法人」であり，株式会社形態をとる以前の取引所は「公益法人でも利益法人でもない……中間法人」であった(『新法律学辞典』第3版，有斐閣，1989年，717，976ページ)。

15) Hartmut Schmidt, Regionalbörsen und spezielle Handelsplattformen für Europa, in: Detlev Hummel/Rolf-E. Breuer (Hrsg.), *Handbuch Europäischer Kapitalmarkt*, Wiesbaden 2001, S. 398-407. また2002年秋に来日したさいの以下の二つの講演を参照。①証券経済学会第58回全国大会での講演「Regional and Trans-regional Exchanges in Europe」(『証券経済研究』第40号，2002年12月掲載)，②東京証券取引所での同じ内容の講演を同研究所が訳出したもの。「EUの取引所統合と地域取引所の問題」(『証券レビュー』第43巻第2号，2003年1月)。

16) ドイツの取引所全体での株式取引総額および全証券取引総額に占める，各取引所の業務シェアについては以下の報告が出されている。

①フランクフルトでの株式取引シェア：1987年約50％，1994年74％，1999年80％，2002年96％。

②フランクフルトでの全証券取引シェア：1999年83.7％(デュッセルドルフ4.5％，シュツットガルト4.3％，ミュンヘン2.5％，ベルリン2.3％，ハンブルク1.3％，ブレーメン0.8％，ハノーバー0.6％)，2002年87％。

以上，Sven Helmis, Dirk Schiereck und Axel Paix, Der Prädikatsmarkt: Ein bayerischer Börsen flop?, in: *Zeitschrift für Bankrecht und Bankwirtschaft*, Heft 3, 15. Juni 2002, S. 161-152. および吉川真裕「ナスダック・ドイチュランド

——ナスダックの新たなヨーロッパ戦略」『証券レポート』No. 1617, 2003 年 4 月, 31 ページ。

文献一覧

1. 著 作

Abelshauser, Werner, *Wirtschaftsgeschichte der Bundesrepublik Deutschland 1945-1980*, Frankfurt am Main 1985. ヴェルナー・アーベルスハウザー(酒井昌美訳)『現代ドイツ経済論——1945-80 年代にいたる経済史的構造分析』朝日出版社，1995年。

Achterberg, Erich, *Der Bankplatz Frankfurt am Main*, Frankfurt am Main 1955.

Albers, Will, Finanzpolitik in der Depression und in der Vollbeschäftigung, in : Deutsche Bundesbank (Hrsg.), *Währung und Wirtschaft in Deutschland 1876-1975*, Frankfurt am Main 1976. ヴィリ・アルバース「不況と完全雇用下における財政政策」ドイツ・ブンデスバンク編(呉文二・由良玄太郎監訳)『ドイツの通貨と経済』(上)，東洋経済新報社，1984 年所収。

Appel, Holger/Hein, Christoph, *Der Daimler—Chrysler Deal*, Stuttgart 1998. ボルガー・アペル／クリストフ・ハイン著(村上清訳)『合併——ダイムラー・クライスラーの 21 世紀戦略』トラベルジャーナル，1999 年。

Arnsberg, Paul, *Die Geschichte der Frankfurter Juden seit der Französischen Revolution*, Band 1, Der Gang der Ereignisse, Darmstadt 1983.

Aschhoff, Gunther et al. (Hrsg.), *Deutsche Bankengeschichte*, Band 3, Frankfurt am Main 1983 (im Auftrag des Instituts für bankhistorische Forschung e.V.,).

Baehring, Bernd, *Börsen-Zeiten*—Frankfurt in vier Jahrhundert zwischen Antwerpen, Wien, New York und Berlin, Frankfurt am Main 1985 (hrsg. von Vorstand der Frankfurter Wertpapierbörse aus 400 jährige Jubliums am 9. September 1985).

―――, Make love to your money—Über Börsen, Aktionäre und Börsianer, in : Herwig Gratsch (Hrsg.), *Zwischen Hausse und Baisse*—Börsen und Geld in Karikatur, Stuttgart 1987.

Beer, Joachim, *Der Funktionswandel der deutschen Wertpapierbörsen in der Zwischenkriegszeit (1924-1939)*, Frankfurt am Main 1999.

Berliner Börse (Hrsg.), *Berliner Börse 1685-1985*, 1985 Berlin. (拙稿「紹介 Berliner Börse (Hrsg.), *Berliner Börse 1685-1985*, 1985 Berlin.」『北星論集』第 30 号，1993 年も参照)

BÖAG Börsen Aktiengesellschaft Hamburg/Hannover (Hrsg.), *Jahresbericht 1999 und 2000*, Hamburg 2000, 2001.

Boelcke, Willi A., *Die Kosten von Hitlers Krieg*—Kriegsfinanzierung und finanzielles Kriegserbe in Deutschland 1933-1948, Paderborn 1985.

Borchardt, Knut, Währung und Wirtschaft, in: Deutsche Bundesbank (Hrsg.) *Währung und Wirtschaft in Deutschaland 1876-1975*, Frankfurt am Main 1976. クヌート・ボルヒャルト「通貨と経済」ドイツブンデス・バンク編(呉文二・由良玄太郎監訳)『ドイツの通貨と経済』(上), 東洋経済新報社, 1984年所収.

Born, Karl Erich, Vom Beginn des ersten Weltkrieges bis zum Ende der Weimarer Republik (1914-1933), in: Gunther Aschhoff et al. (Hrsg.), *Deutsche Bankengeschichte*, Band 3, Frankfurt am Main 1983.

Bremer Wertpapierbörse (Hrsg.), *300 Jahre Bremer Börsen*, Bremen 1982.

Bruns, Georg/Häuser, Karl (Hrsg.), *30 Jahre Kapitalmarkt in der Bundesrepublik Deutschland*, Frankfurt am Main 1981.

Degner, Harald, Die Zusammenarbeit der deutschen Wertpapierbörsen, in: *Die Bank*, 9. 1979.

Deutsche Bundesbank (Hrsg.), *Währung und Wirtschaft in Deutschland 1876-1975*, Frankfurt am Main 1976. ドイツ・ブンデスバンク編(呉文二・由良玄太郎監訳)『ドイツの通貨と経済——1876-1975』(上)(下), 東洋経済新報社, 1984年.

Fritsch, Ulrich, *Mehr Unternehmen an die Börse*—Bedeutung und Möglichkeiten der Publikums—Aktiengesellschaft, Köln 1978.

Gall, Lothar et al. *Die Deutsche Bank 1870-1995*, München 1995.

Gerke, Wolfgang/Hamann, Thomas, Zentrale und dezentrale Börsenhandelssyteme, in: *Zeitschrift für das gesamte Kreditwesen*, 12/1991.

Goldenberg, Susan, *Trading*—Inside the World's Leading Stock Exchanges, San Diego/New York/London 1986. スーザン・ゴールデンバーグ(長谷川慶太郎訳)『世界の投機市場——その仕組みと動かす力』(下), 東洋経済新報社, 1987年.

Gömmel, Rainer, Entstehung und Entwicklung der Effektenbörsen im 19. Jahrhundert bis 1914, in: Hans Pohl (Hrsg.), *Deutsche Börsengeschichte*, Frankfurt am Main 1992.

Gossweiler, Kurt, *Großbanken Industriemonopol, Staat*—Ökonomie und Politik des Staatsmonopolitischen Kapitalismus in Deutschland 1914-1932, Berlin 1971. クルト・ゴスヴァイラー(川鍋正敏・熊本一男・松本洋子訳)『大銀行 工業独占 国家——ヴァイマル期ドイツ国家独占資本主義論』中央大学出版部, 1979年.

Hansen, Herbert, Die Renaissance der Aktie, in: *Aktiengesellschaft*, 4. 2000, R. 124.

Hansmeyer, Karl-Heinrich/Caesar, Rolf, Kriegsfinanzierung und Inflation (1936-1948), in: Deutsche Bundesbank (Hrsg.), *Währung und Wirtschaft in Deutsch-*

land 1876-1975, Frankfurt am Main 1976. カール・ハインリッヒ・ハンスマイヤー／ロルフ・ツェーザー「戦争経済とインフレーション(1936-1948)」ドイツ・ブンデスバンク編(呉文二・由良玄太郎監訳)『ドイツの通貨と経済——1876-1975』(上)，東洋経済新報社，1984年所収。

Häuser, Karl, Kreditinstitute und Wertpapiermärkte in Deutschland-Perioden Ihrer Entwicklung, in : *Bankhistorisches Archiv*, Beiheft 14, Frankfurt am Main 1988.

Helmis, Sven/Schiereck, Dirk/Paix, Axel, Der Prädikatsmarkt : Ein bayerischer Börsen flop? in : *Zeitschrift für Bankrecht und Bankwirtschaft*, Heft 3, 15. Juni 2002.

Henning, Friedrich-Wilhelm, Börsentermingeschäfte in historischer Sicht, in : *Bankhistorisches Archiv*, Beiheft 19, Frankfurt am Main 1991.

——, Börsenkrise und Börsengesetzgebung von 1914 bis 1945 in Deutschland, in : Hans Pohl (Hrsg.), *Deutsche Börsengeschichte*, Frankfurt am Main 1992.

Hilferding, Rudolf, *Das Finanzkapital*—Eine Studie über die jüngste Entwicklung des Kapitalismus, Frankfurt am Main 1968 (Wien 1910). ルドルフ・ヒルファーディング(林要訳)『改訳金融資本論』大月書店，1952年。

Holtfrerich, Carl-Ludwig, Die Deutsche Bank vom Zweiten Weltkrieg über die Besatzungsherrschaft zur Rekonstruktion 1945-1957, in : Lothar Gall et al., *Die Deutsche Bank 1870-1995*, München 1995.

——, *Finanzplatz Frankfurt*—Von der mittelalterlichen Messestadt zum europäischen Bankenzentrum, München 1999.

Horstmann, Theo, Die Angst vor dem finanziellen Kollaps, Banken- und Kreditpolitik in der britischen Zone 1945-1948, in : Dietmar Petzina, Walter Euchner (Hrsg.), *Wirtschaftspolitik in britischen Besatzungsgebiet*, Düsseldorf 1984.

——, Um »das schlechte Bankensystem der Welt«. Die interalliierten Auseinandersetzungen über amerikanische Pläne zur Reform des deutschen Bankwesen 1945/46, in : *Bankhistorisches Archiv* 11, 1985.

——, Kontinuität und Wandel im deutschen Notenbanksystem. Die Bank deutscher Länder als Ergebnis alliierter Besatzungspolitik nach dem zweiten Weltkrieg, in : Theo Pirker (Hrsg.), *Autonomie und Kontrolle*—Beiträge zur Soziologie des Finanz- und Steuerstaates. Berlin 1989.

——, Die Entstehung der Bank deutscher Länder als geldpolitische Lenkungsinstanz in der Bundesrepublik Deutschland, in : Hajo Riese, Heinz Spahn (Hrsg.), *Geldpolitik und ökonomische Entwicklung*—Ein Symposion, Regensburg 1990.

——, *Die Alliierten und die deutschen Großbanken*—Bankenpolitik nach dem zweiten Weltkrieg in Westdeutschland, Bonn 1991.

Irmler, Heinrich, Bankenkrise und Vollbeschäftigungspolitik (1931-1936), in : Deutsche Bundesbank (Hrsg.), *Währung und Wirtschaft in Deutschland 1876-1975*, Frankfurt am Main 1976. ハインリッヒ・イルムラー「金融恐慌と完全雇用政策(1931-1936)」ドイツ・ブンデスバンク編(呉文二・由良玄太郎監訳)『ドイツの通貨と経済』(上)，東洋経済新報社，1984年所収。

Kalenberg, Michael, Stärkung des Börsenplatzes Deutschland durch Börsenzentralisierung, in : *Zeitschrift für das gesamte Kreditwesen*, 5/1988.

Klein, Gottfried, *400 Jahre Hamburger Börse*—Eine geschichtliche Darstellung, Hamburg 1958.

Kloten, Norbert/von Stein, Johann Heinrich (Hrsg.), *Obst/Hintner, Geld,- Bank- und Börsenwesen*—Ein Handbuch, 38 Auflage, Stuttgart 1991.

Leiskow, Hanns, *Spekulation und öffentliche Meinung in der ersten Hälfte des 19. Jahrhunderts*, Jena 1930.

Manfred, Pohl, Die Entwicklung deo privaten Bankwesens nach 1945, Die kreditgenossenschaft nach 1945, in : Gunther Aschhoff et al. (Hrsg.), *Deutsche Bankengeschichte*, Bd 3. Frankfurt am Main 1983.

Marsh, David, *The Bundesbank*, UK 1992. デイヴィッド・マーシュ(行天豊雄監訳，相沢幸悦訳)『ドイツ連銀の謎——ヨーロッパとドイツ・マルクの運命』ダイヤモンド社，1993年。

Möller, Hans, Die westdeutsche Währungsreform von 1948, in : Deutsche Bundesbank (Hrsg.), *Währung und Wirtschaft in Deutschland 1876-1975*, Frankfurt am Main 1976. ハンス・メラー「1948年の西ドイツ通貨改革」ドイツ・ブンデスバンク編(呉文二・由良玄太郎監訳)『ドイツの通貨と経済』(下)，東洋経済新報社，1984年所収。

Münchener Handelsverein (Hrsg.), *150 Jahre Börse in München*, München 1980.

Neidlinger, Karl, *Studien zur Geschichte der deutschen Effektenspekulation von ihren Anfängen bis zum Beginn der Eisenbahnaktienspekulation*, Jena 1930.

Neumann, Franz L., *Behemoth*—The Structure and Practice of National Socialism, 1933-1944, Oxford 1944. フランツ・ノイマン(岡本友孝・小野英祐・加藤英一訳)『ビヒモス——ナチズムの構造と実際』みすず書房，1963年。

―――, Die Wirtschaftsstruktur des Nationalsozialismus, in : Helmut Dubiel und Alfons Söllner (Hrsg.), *Wirtschaft, Recht und Staat im Nationalsozialismus—Analysen des Institut für Sozialforschung 1939-1942*, Frankfurt am Main 1984.

Ögger, Günter, *Die Gründerjahre*—Als der Kapitalismus jung und verwegen war, München/Zürich 1982.

Peters, Hans Heinrich, Bedeutung und Zukunft der Regionalbörsen, in : *Zeitschrift für das gesamte Kreditwesen*, 21/1987, S. 974.

Pohl, Hans (Hrsg.) *Deutsche Börsengeschichte*, Frankfurt am Main 1992 (im Auftrag des Wissenschaftlichen Beirats des Instituts für bankhistorische Forschung e.V.).

Rheinisch-Westfälische Börse zu Düsseldorf (Hrsg.), *Die Rheinisch-Westfälische Börse*—Entwicklung und Bedeutung des Wertpapiermarktes im nordwestdeutschen Wirtschaftsraum, Düsseldorf 1951.

――――, *Die Rheinisch-Westfälische Börse*—Entwicklung und Bedeutung des Wertpapiermarktes im nordwestdeutschen Wirtschaftsraum, Düsseldorf 1951, Ders, *Börse Düsseldorf* — Eine Geschichte, Düsseldorf 2000.

Rudolph, Bernd, Effekten- und Wertpapierbörsen, Finanztermin- und Devisenbörsen seit 1945, in: Hans Pohl (Hrsg.), *Deutsche Börsengeschichte*, Frankfurt am Main 1992.

Schmidt, Hartmut, Die Rolle der Regionalbörsen am deutschen Kapitalmarkt heute und morgen (Teil I, II), in: *Kredit und Kapital*, Heft 1, 2, Berlin 1992.

――――, Wer braucht heute eigentlich noch die kleineren Börsen?, in: *Sparkasse*, Heft 3, Bonn 3. 1995.

――――, Regionalbörsen und spezielle Handelsplattformen für Europa, in: Detlev Hummel und Rolf-E. Breuer (Hrsg.), *Handbuch Europäischer Kapitalmarkt*, Wiesbaden 2001.

――――, Regional and Transregional Exchanges in Europa,『証券経済研究所』第40号，2002年12月。日本証券経済研究所監訳「EVの取引所総合と地域取引所の問題」『証券レビュー』第43巻第2号，2003年1月。

Schmidt, Hartmut/Oesterhelweg, Olaf/Treske, Kai, Deutsche Börsen im Leistungsvergleich-IBIS und BOSS-CUBE, in: *Kredit und Kapital*, Heft 1, Berlin 1996.

Stücken, Rudolf, Schaffung der Reichsmark, Reparationsregelung und Auslandsanleihen, Konjunkturen 1924-1930, in: Deutsche Bundesbank (Hrsg.), *Währung und Wirtschaft in Deutschland 1876-1975*, Frankfurt am Main 1976. ルドルフ・シュトゥッケン「ライヒスマルクの創設，賠償規則と外債，景気情勢 (1924-1930年)」ドイツ・ブンデスバンク編(呉文二・由良玄太郎監訳)『ドイツの通貨と経済』(上)，東洋経済新報社，1984年所収。

Von, Rosen, Rüdiger, Die Arbeitsgemeinschaft der Deutschen Wertpapierbörsen, in: *Zeitschrift für das gesamte Kreditwesen*, 18/1987.

Wandel, Eckhard, *Die Entstehung der Bank deutscher Länder und die deutsche Währungsreform 1948*—Die Rekonstruktion des westdeutschen Geld- und Währungssystems 1945-1949 unter Berücksichtigung der amerikanischen Besatzungspolitik, Frankfurt am Main 1980.

―――, Das deutsche Bankwesen im Dritten Reich (1933-1945), in : Gunter Aschhoff et al. (Hrsg.), *Deutsche Bankengeschichte*, Bd. 3, Frankfurt am Main 1983.

Weitz, John, *Hitler's Banker*, Boston 1997. ジョン・ワイツ(糸瀬繁監訳)『ヒットラーを支えた銀行家』青山出版，1997年。

Winkel, Harald, *Die Ablösungskapitalien aus der Bauernbefreiung in West- und Süddeutschland*―Höhe und Verwaltung bei Standes- und Grunherren, Stuttgart 1968.

Wormser, Otto, *Die Frankfurter Börse*―Ihre Besonderheiten und Ihre Bedeutung, Tübingen 1919, S. 3.

Zahn, Johannes C. D., *Der Privatbankier*, 3. Auflage, Frankfurtam Main 1972，金原実・小湊繁訳「個人銀行家」日本証券経済研究所『証券研究』第46巻，1975年11月。

2．米英占領軍文書

OMGUS,

- Allied Control Authority, Directorate of Finance (DFIN), *Elimination of Bank Power to invest in Corporation Stocks and Engage in Stock Exchange Transactions*, Paper by the U.S. Member, 23. October 1945, DFIN/P (45) 29.
- Allied Control Authority, Directorate of Finance (DFIN), *Reorganization of the German bank system*, proposals for future bank policy and bank organization, studies, recommendations, comments, interviews with financial experts, Friedrich Sperl, Frankfurt a. M., 16. February 1946 and Memorandum zur Frage der Börse, Folder Titel 11.00 Proposals for Future Bank Policy.
- Allied Control Authority, Directorate of Finance (DFIN), *Report on the German Stock Exchange Systems compared with the English and American Systems*, Folder Titel, 19.50 Stock Exchange.
- Office of Military Government for Germany (U.S.), *Ordinance for the establishment of a Länder Union Bank*, 15. February 1948, Public Record Office, Kewgarden, England, FO1046/680.
- Allied Control Authority, Directorate of Finance (DFIN), *Elimination of Excessive Concentration of Economic Power in Banking*, Paper submitted by the U.S. Member, 30. October 1945, DFIN/P (45) 33. E. O. 12065 SECTION 3-40 2/NN DG NO. 77 5058.
- Allied Control Authority, Directorate of Finance (DFIN), Banking Branch, HQ Finance Division, HQ Control Commission for Germany (B. E.), *Decentralisation of the banking system of the British Zone and the creation of a joint Banking*

Board for the British and U.S. Zones, 18th June 1947 Berlin, FIN/24008 (BK).
British Zone of Military Government-Germany,
- *Ordinance for the establishment of a Länder Union Bank*, 24/1/1948, Public Record Office, Kewgarden, England, FO1046/680.

Memorandum by Holgate,
- *Decentralisation of Banking*, 1. The dominance of the proposed Länder Union Bank, 24th November 1947, Bank of England Archive, London, OV34/90.

Reichsbankleitstelle, Chief Administration of the Reichsbank for the British Zone of Control,
- *Will it be possible to introduce the Federal Reserve System in Germany ?*, August 16th 1946 Hamburg, Bank of England Archive, London, OV34/12, p. 6. and Observations of the big three banks regarding the impending dismemberment of the branches in Southern Germany, 14. 3. 1947. Bank of England Archive, London, OV34/14, p. 6.
- *Domicile of the central noteissuing bank for the Western Zones*, Hamburg, November 6th, 1947, Bank of England Archive, London, OV34/90. S. 2-9.
- *Record concerning the Munich Discussion on January 9th and 10th*, Hamburg 1948, 12/1/1948, Public Record Office, Kewgarden, England, FO 1046/680. S. 6.

3．その他資料

Arbeitsgemeinschaft der Bayerischen Industrie- und Handelskammern (Hrsg.), *Eigenkapital für mittlere Unternehmen* — Schritte auf dem Weg an die Bayerische Börse, Diskussionsveranstaltung, 2. Mai 1994. (Manuskript)

Arbeitsgemeinschaft der Deutschen Wertpapiermarkt (Hrsg.), *Jahresbericht, 1988-* (このうち，1988年から1991年のものについては，日本の金融機関の現地関係者による翻訳，ドイツ証券取引所連合会「年度報告書」として刊行されている。また1992年度からはこの報告書の刊行は，ドイツ取引所株式会社が引き継いでいる)

Bayerische Börse in München (Hrsg.), *Die zukünftige Rolle von Zentralbörse und Regionalbörsen in Deutschland* Podiumsdiskussion im Rahmen des Bankenkolloquiums an der Universität München, 27. Januar 1994 München. Ders, *Eigenkapital für mittlere Unternehmen*—Schritte auf dem Weg an die Bayerische Börse, Diskussionsveranstaltung der Industrie- und Handelskammer für München und Oberbayern, 2. Mai 1994 München. Ders, *Finanzplatz München*—Zukunft der Bayerischen Börse, Symposium des Bayerischen Rundfunk, 3. Sept. 1994 München.

Deutsches Aktieninstitut (Hrsg.), *DAI-Factbook 2000*—Statistiken, Analysen und Graphiken zu Aktionären, Aktiengesellschaften und Börsen, Frankfurt am Main 2001.

Deutsche Bundesbank (Hrsg.), *Deutsches Geld- und Bankwesen in Zahlen 1876-1975*, Frankfurt am Main 1976.

Gerke, Wolfgang (Hrsg.), *Gutachten zur Fortentwicklung des deutschen Börsenwesens durch Einführung eines elektronischen Handelssystems (EHS)*, Mannheim 4. 1991 (Manuskript).

Lerner, Franz, Rezension ; Bernd Baehring's Börsen-Zeiten, in : *Bankhistorisches Archiv*, Frankfurt am Main, 1/1988.

Liften, Hans/Peters, Hans Heinrich, *Börse Hannover*—200 Jahre Zentrum des Wertpapierhandels in Niedersachsen, www. logicalline./www-hamburg/wir-ueberuns/200-jahre-boerse-hannover.html, 2002/06/28.

Rheinisch-Westfälische Börse zu Düsseldorf (Hrsg.), *Börse Düsseldorf*—Eine Geschichte, Düsseldorf 2000.

Rudorf, Dieter, Die Bedeutung des Bankplatzes Leipzig nimmt wieder zu, in : *Handelsblatt*, 27. 10. 1994.

Ruess, Hartmut, *Börse Stuttgart* — einige hervorspringende Daten, Stuttgart 2000 (Manuskript). Untersuchungsausschuß für das Bankwesen 1933.

―――, *Untersuchung des Bankwesens 1933*, Bd. 1. 2, Berlin 1933.

Westdeutsche Landesbank (Hrsg.), *Nordrhein-Westfalen-Finanzplatz mit Perspektiven*, Düsseldorf 1994.

Wiesheu, Otto, Ansprache auf dem Symposium "Finanzplatz München—Zukunft der bayerischen Börse", 30. September 1994. (Manuskript)

o.V.
   Internet für Alle, *Wirtschaftswoche* 10. 14. 1999.

o.V.
   www.neuermarkt.de/INT, 12.1999年.

4. 和文文献

赤川元章「ドイツにおける商品定期取引の構造とその展開――ハンブルク取引所におけるコーヒー定期取引の生成を中心にして」『三田商学研究』第35巻第1号, 1992年4月。

―――「貿易・金融中心地, ハンブルクの成立過程と世界市場」同上第35巻第4号, 1992年10月。

飯田裕康「〔1〕証券市場の成立と発展」日本証券経済研究所編『新版現代証券事典』日本経済新聞社, 1992年, 第11章。

飯野由美子「西ドイツ貯蓄奨励・財形政策の転換と個人貯蓄構造の変化――西ドイツ金融自由化の一側面」『証券研究』第88巻, 1989年9月。

―――「金融」戸原四郎・加藤栄一・工藤章編『ドイツ経済――統一後の10年』有斐閣, 2003年, 第3章。

生川栄治「ベルリン大銀行と利益共同体」近畿大学商経学会『商経学叢』第39巻第1号，1992年7月。
─── 「ベルリン大銀行と支店制の展開」同上第40巻第3号，1994年3月。
─── 『ドイツ金融史論』有斐閣，1995年。
─── 『ドイツ現代銀行論──ドイツ信用銀行と資本形成』日本評論社，1960年。
居城弘「第1次大戦前ドイツの通貨と金融」酒井一夫・西村閑也編『比較金融史研究』ミネルヴァ書房，1992年第3章所収。
─── 『ドイツ金融史研究──ドイツ型金融システムとライヒスバンク』ミネルヴァ書房，2001年。
伊豆久「取引所の自主規制について」『証券レポート』No.1598，2001年9月。
岩田健治「欧州経済・通貨同盟と株式市場」証券経済学会編『証券経済学会年報』第34号，1999年5月。
大野英二『ドイツ金融資本成立史論』有斐閣，1956年。
大澤武男『ユダヤ人とドイツ』講談社現代新書，1991年。
─── 『ユダヤ人ゲットー』講談社現代新書，1996年。
大島通義「第三帝国の財政統計・増補版改定版(1933-1944年度)」(1)‐(3)，『三田学会雑誌』第84巻2-4号，1991年7月/10月，1992年1月。
─── 『総力戦時代のドイツ再軍備──軍事財政の制度論的考察』同文館，1996年。
大矢繁夫「ドイツの銀行の証券信用業務」酒井一夫・西村閑也編『比較金融史研究』ミネルヴァ書房，1992年，第4章所収。
─── 『ドイツ・ユニバーサルバンキングの展開』北海道大学図書刊行会，2001年。
小倉欣一・大澤武男『都市フランクフルトの歴史──カール大帝から1200年』中公新書，1994年。
加藤栄一『ワイマール体制の経済構造』東京大学出版会，1973年。
加藤國彦『1931年ドイツ金融恐慌』御茶の水書房，1996年。
及能正男「M. M. ウォーバーグ銀行の復活──ドイツにおけるユダヤ系個人銀行の運命」学士会編『学士会会報』第826号，2000年1月。
─── 「(資料)マーチャント・バンカー研究──M. M. Warburg & Co. Hamburgの運命」(1)(2)，西南学院大学『経済学論集』第27巻第4号，1993年3月，第35巻第1号，2000年6月。
ケンプ，ウータ(日本証券経済研究所訳)『西ドイツの公社債市場』日本証券経済研究所，1988年。
小湊繁「西ドイツの戦後企業金融(1)」『証券研究』第37巻，1973年8月。
小湊繁・飯野由美子「通貨と金融」戸原四郎・加藤栄一編『現代のドイツ経済──統一への経済過程』有斐閣，1992年，第3章。
近藤一仁『上陸する巨大ネット市場「ナスダック」』経済法令研究会，1999年。
斉藤晴造『ドイツ銀行史の研究』法政大学出版局，1977年。
酒井一夫・西村閑也編著『比較金融史研究──英・米・独・仏の通貨金融構造1870-1914

年』ミネルヴァ書房，1992年。
清水一之「ドイツの資本市場の構造改革とコーポレートガバナンスの変容」，明治大学大学院『商学研究論集』第22号，2005年2月。
───「DAX30社に見られる株式所有構造の変容とドイツの銀行権力──独占委員会報告書に依拠して」同上第23号，2005年9月。
谷口智彦「ドイツは一皮むけている──市場主義への企業の変身急」『日経ビジネス』2000年2月14日。
玉野井昌夫「戦後におけるドイツ証券市場の特色」『証券研究』第21巻，1967年6月。
チャーナウ，ロン（青木栄一訳）『ウォーバーグ──ユダヤ財閥の興亡』（上）（下），日本経済新聞社，1998年。
塚本健「西ドイツの証券税制」『証券研究』第10巻，1964年5月。
───「西ドイツの景気調節的財政金融政策と資本市場」『証券研究』第37巻，1973年8月。
───「1980年代西ドイツ財政と資本市場」『証券研究』第88巻，1989年3月。
土屋貞雄「西ドイツ証券市場の概観」日本興行銀行特別調査室『特別資料』34-9，1960年2月。
───「西ドイツの金融制度と産業金融」『証券研究』第37巻，1973年8月。東京証券取引所ロンドン駐在員事務所
───「証券市場を取り巻く環境変化と証券取引所の対応－その三」①・②『証券』第47巻第552，553号，1995年3月，4月。
恒木健太郎「取引所の投機に関するマックス・ウェーバーとヴェルナー・ゾンバルトの共通意識」京都大学大学院『社会システム研究』第8号，2005年2月。
戸原四郎「西ドイツにおける占領政策と企業再編成」『証券研究』第37巻，1973年8月。
───「西ドイツにおける戦後改革」東京大学社会科学研究所編『戦後改革2──国際環境』東京大学出版会，1974年所収。
戸原四郎・加藤栄一編『現代のドイツ経済──統一への経済過程』有斐閣，1992年。
戸原四郎・加藤栄一・工藤章編『ドイツ経済──統一後の10年』有斐閣，2003年。
中本康夫『ロスチャイルド家──世界を動かした金融帝国』誠文堂新光社，1980年。
二上季代司「証券取引所の株式会社化の意義」『証券レポート』No.1597，2001年8月。
───「証券取引所の組織構造とガバナンス」『証券経済研究』第33号，2001年9月。
日本興行銀行特別調査室，特別資料34-9『西ドイツ証券市場の概観』1960年。
日本興行銀行データサービス『西ドイツ証券市場30年の歩み』Ⅰ．債券市場(海外金融制度シリーズ28)，Ⅱ．株式市場(同32)，Ⅲ．経済関係年表(同37)，1982年。
日本証券経済研究所編集／刊行『図説ヨーロッパの証券市場1997年版』1997年。
───『図説EUの証券市場1999年版』1999年。
馬場哲「19世紀後半～20世紀初頭におけるフランクフルト・アム・マインの工業化と自治体合併」篠塚信義・石坂昭雄・高橋秀行編著『地域工業化の比較史的研究』北海道大学図書刊行会，2003年，第13章。

ハロルド・デグナー／ライネル・フレーゲ(土屋貞雄訳)
――「ドイツ証券取引所連合会とその構成員」『証券研究』第52巻，1997年4月。
平島健司「企業・政府間関係：グローバル化の中の銀行政策―日独の比較」工藤章・橘川武郎・グレン・D. フック編『現代日本企業　第1巻企業体制(上)』有斐閣，2005年，第12章。
広瀬隆『赤い楯』(上)(下)，集英社，1991年。
――『地球のゆくえ』集英社，1994年。
松野尾裕「ドイツ取引所アンケート委員会(1892-93年)」『立教経済学研究』第43巻第1号，1989年7月。
――(資料)「ドイツ帝国取引所法1896年6月22日」同上第44巻第1号，1990年7月。
松田健「ドイツにおける『企業統治規範』の策定と法規制――企業経営の透明性と開示のための法律(Transparenz- und Publizitatsgesetz)との関係から」明治大学大学院『商学研究論集』第18号，2003年2月。
――「ドイツにおけるコーポレート・ガバナンスろ論の展開」同上第19号，2003年9月。
真鍋俊二『アメリカのドイツ占領政策――1940年代国際政治の流れのなかで』法律文化社，1989年。
三田村智(慶応大学大学院)「ドイツにおける中小企業金融への「保証」制度の果たす役割と問題点」，証券経済学会第62回全国大会自由論題報告レジメ，於桃山学院大学2004年11月)。
諸兄實・松尾展成・小笠原繁・柳澤治・渡辺尚・シュレンマー『ドイツの歴史空間――関税同盟・ライヒ・ブント』昭和堂，1994年。
拙著『西ドイツの巨大企業と銀行――ユニバーサル・バンク・システム』文眞堂，1988年。
――「ドイツの証券市場――諸地域取引所の歴史史特性」『証券経済研究』第27号，2000年9月。
――「ドイツにおける証券取引所と証券取引業者についての見聞録」同人誌『ブレーメン館』No. 2, 2004年6月。
――「ナチス期の戦時金融体制についての覚え書き」同人誌『ブレーメン館』No. 3, 2005年6月。
山田徹雄「ドイツにおける情報関連産業――SAPの事例研究」『跡見学園大学女子大学紀要』第33号，2000年3月。
山本武信『ユーロの生誕』共同通信社，1999年。
吉川真裕「ロンドン証券取引所の株式上場」『証券レポート』No. 1598, 2001年8月。
――「ヨーロッパの株式市場統合」『証券経済研究』第31号，2001年5月。
――「ヨーロッパ3大取引所の株式上場とヨーロッパ株式市場統合」同上第35号，2002年1月。
――「ナスダック・ドイチュランド――ナスダックの新たなヨーロッパ戦略」『証券レ

ポート』No.1617, 2003 年 4 月。

逐次刊行物
日本経済新聞「『ドイツ株式会社』に転機——金融の産業支配・労使協議に緩み」2000 年 2 月 7 日。
―――「証券業務を完全電子化」1997 年 10 月 19 日。

論文初出一覧

序　章，「ドイツの証券市場——諸地域取引所の歴史特性」『証券経済研究』第27号，2000年9月。

第1章，「国際債券市場としてのフランクフルト証券取引所——生成・展開過程と歴史特性」『北星論集』第39号，2001年3月。

第2章，「中央資本市場としてのベルリン証券取引所——生成から崩壊への過程」(1)『北星論集』第32号，1995年3月。

第3章，「中央資本市場としてのベルリン証券取引所——生成から崩壊への過程」(2)『北星論集』第33号，1996年3月。

第4章，「中央資本市場としてのベルリン証券取引所——生成から崩壊への過程」(3)『北星論集』第34号，1997年3月。

第5章，「西ドイツの連邦制資本市場——4カ国占領とフランクフルト金融市場の復活」(上)『北星論集』第43巻第2号，2004年3月。

第5章，「西ドイツの連邦制資本市場——4カ国占領とフランクフルト金融市場の復活」(下)『北星論集』第44巻第1号，2004年9月。

第6章，「統合資本市場としてのドイツ取引所株式会社——取引の電子化に伴う複合システムの導入」『証券経済研究』第11号，1998年1月。

第6章，「ドイツ取引所株式会社の成立と展開——複合的取引システムをめぐって」証券経済学会編『証券経済学会年報』第33号，1998年5月。

第7章，「ハンブルク証券取引所の歴史特性——ハンザ取引所の一翼として」杉江雅彦編『証券・金融市場の新たなる展開』晃洋書房，2002年12月，第3章所収。

第7章，「ハンブルグ証券取引所の伝統と組織改革——地域取引所とガバナンス」日本経営学会編『経営学論集73集——IT革命と企業経営』千倉書房，2002年9月所収。

あ と が き

　第一著作となった前著『西ドイツの巨大企業と銀行』(文眞堂，1988年)を刊行したあとで，次のテーマをどうするかについて考えはじめた。その後1991年4月から1年間国外研修の機会を与えられた。4月と9月にドイツ文化センターでドイツ語研修をし，前半はベルリン自由大学銀行研究所のハイン教授のもとで，また後半はエアランゲン・ニュルンベルク大学のハーン教授のもとで研修を行った。この間，日本にいたときに考えていた3つのテーマで資料探索をした。それは第一にはハウスバンク・システム，第二にはEU(当時はEC)統合，そして第三に証券市場問題であった。

　しかし，ハウスバンクについてのドイツにおける研究者は思ったほど多くはなく，また文献資料もわずかしか刊行されていないことが判明した。1本の理論的な学位論文のほかには金融機関宛にアンケートをして，その結果をまとめた若手の実証的な学位論文が1，2本あるかないかでしかなかった。また第二テーマは東西ドイツの統合と合わせて，進展中であったがこれまでの研究ベース不足ですぐには取り組めなかった。それに対して第三テーマについては，まえがきに書いたように，結構資料が入手できるようになってきた。さらに1990年代の後半からは，読みきれないほど証券市場関連の文献がドイツの書店の店頭を飾るようになり，若手研究者も増加してきている。また10年前の日本ではドイツの金融論，金融市場論，銀行史研究が盛んなのに対して，証券市場論，証券市場史研究は研究者も少なく，とくに地域証券取引所史についての研究成果は皆無といっていいほどであった。このため，当初考えていたこの第三テーマにその後の研究の的を絞ることとした。

　本書をまとめてみてまず反省しているのは，証券市場研究が現実の市況の

影響を大きく受けることである。序章にあたる原稿を執筆していた時期には，ITバブルに突入していてドイツでも株式ブームが巻き起こっていた。しかしこのバブルとノイエマルクトも21世紀の初頭に破綻をみせた。このため序章はかなり楽観的な論調となり，第5章の結論とは若干の齟齬をきたしている。将来予測は慎重にしなければならないことを改めて痛感させられた。しかし，反省と当時の気分を含めてそのまま掲載している。

　その他このテーマで作業を開始してから，この分野では，次の三点にわたる複雑な問題があることに気がついた。それらのうちいくつかには手をつけてはいるが，依然として未解決な問題も残されている。これらを指摘しておきたい。

　まず第一には，各地域に分散している証券取引所の性格がそれぞれ個性的で，それぞれが独自の形成史をもっていることである。したがって，歴史研究に足を踏み入れざるを得なくなった。しかし，どこからまたいつの時期からはじめるかが問題であった。中世からの商品取引との関連やリヒャルト・エーレンベルク(Richard Ehrenberg)の研究まで遡るかどうかであるが，今回この著作では充分には手をつけられなかった。したがって本書は『ドイツ証券市場史』という表題であるものの，現代のドイツ証券市場との関連で重要と考えた側面に絞って叙述してある。また，研究開始当時，ドイツには8カ所に地域証券取引所が存在していた。すべての取引所史にまで触れるかどうかという問題が，利用可能な資料の有無をも含めてあった。これまでベルリン，フランクフルト，ハンブルク証券取引所史については，一応のとりまとめをすることはできた。しかし，そのほかの取引所，とくにミュンヘンとケルン，デュッセルドルフおよびブレーメンほかについては資料収集上の問題もあり，完成していない。収集の作業と合わせて，今後の課題として残されてしまった。

　第二には，ベルリン証券市場史の分析途中から気がつきはじめたことであるが，証券取引におけるユダヤ系業者(個人銀行家またマークラー銀行)の役割の重要性であった。ベルリンもそうであったが，フランクフルトでは決定的といえるほどの様相をみせていた。したがって欧州証券市場史では避けて

は通れないこの側面にどこまで踏み込むか，踏み込めるのかという問題である。当時，ドイツでは個人銀行史の面ではマンフレート・ポール(Manfned Pohl)氏らの，また証券市場との関係では本書でも引用したハロルド・デグナーとライネル・フレーゲ(Harald Degher/Rainer Flöge)両氏の業績が出されていた。さらに1995年にドイツ銀行が第二次世界大戦後2冊目となるドイツ銀行史を刊行して，本格的にメスが入れられはじめてきた。また，個別個人銀行史に関する著作も次々と出版されだした。ただしこの著作ではこれらについてはほんのわずかしか触れていない。本格的な個別個人銀行史と信用銀行との関係を含めた歴史的な諸問題の分析と解明については，今後の大きな研究課題として残さざるを得なかった。ナチスにより略奪されたユダヤ人財産の返還交渉も進展していて，この面を含めて注意していきたいと考えている。

　第三に，1990年代に入ると，ドイツ証券市場の問題はドイツだけのものではなくなった。EU統合のなかで位置付けていかなければならなくなっている。欧州中央銀行が成立したのち，次は欧州資本市場統合が速やかに進むという見解もあったが，こちらはそうはいかなかった。ロンドン，パリ，フランクフルト各金融市場間で取引・決済システムの統合をめぐり熾烈な駆け引きと競争が行われている。どこか一都市にその中心が置かれるのか，それともこのまま三すくみ状態でいくのか，連邦的な統合にいたるのか，まだ予断が許されない。

　以上，残された大きな問題を含め今後の課題となる論点をいくつか指摘した。今後他の研究者の研究の進展を期待するとともに，理論的整理を含めた今後の私自身の研究課題としておきたい。

索　引

アルファベット順

BIFOS　242
BÖAG　261, 267
BOSS-CUBE　237, 241, 246, 251, 256
CDMX　15
DKV　247
DWZ　242, 247
EHS　243
Eurex　11, 14
EU統合　18
FWB　237, 245, 247
GOFFEX　219, 241
IBIS　237, 246, 251, 256
IT革命　18
KISS　237, 241
KonTraG　13
LSÖ　142, 151
MATIS　237, 242
MDAX　16
Mefo　138
MIDS　237
OMGUS　168, 200, 232
RPÖ　142
SDAX　15
SEAQインターナショナル　238, 251, 253
SMAX　15
SOFFEX　219, 241
STOXX-Indizes　15
Xetra　11, 14

あ　行

愛国国債　36
アービトラージ（裁定取引）　42, 45, 120
アーリア化　8, 50, 146
アルフィナンツ　221
安定性志向　24, 51
ヴァルブルク（ウォーバーグ）　10, 51

エッファ手形（Öffa）　134, 138
欧州金融センター　11, 167, 198
王立の取引所　17
音無しの金融　8, 135, 172
オプション取引　219, 241

か　行

外国為替管理局　132
外国為替業務　107
外国投機資金　114
買い値　249
価格形成　45, 108
価格固定化　45
価格統制　149, 188
貸付金庫銀行券　95
株価暴落　126
株式業務　24
株式公開市場　15
株式相場　129
株式投機　103, 112
株式利回り　113
貨幣業務　4, 28, 52
貨幣市場への資本市場の従属　223, 224
為替業務　4, 28
為替先物取引　109
為替相場　30, 268
為替取引所　16, 24, 29, 30, 119
企業取引所　272
貴金属取引　268
起債調整　221, 223
規制緩和　215, 220
宮廷金融　4, 65
業務シェア　256, 274
銀行アンケート（調査）委員会　135
銀行株　38
銀行間市場　17, 131, 156, 222, 238
銀行危機　126, 136
銀行支配力　186

銀行取引所　　214, 221, 222
銀行の自己資本　　115
銀行の証券業務　　24
金融恐慌　　129
金融債　　216
金融資本　　6, 24, 143, 186, 221
金融自由化　　9, 223
金融的後背地　　63
金割引銀行　　133, 137, 145
繰延取引　　44
グルデン　　40, 66, 156
クレイ　　181, 193
玄人（筋）　　6, 45, 82, 156
軍事融資　　16, 125, 140, 151
軍需企業　　138, 142, 150
月末決済（相場）　　41, 71, 78, 112
ゲーリング　　7, 148, 152
兼営禁止　　183
現物取引　　93, 131
交互計算業務　　6
鉱山株　　3, 85, 102
公定取引　　177
公定マークラー　　24, 47, 238, 240
国際業務　　41, 95
国債売買業務　　91
個人銀行（家）　　6, 50, 147
個人銀行のルネッサンス　　228
個人信用　　16
国家信用　　17
国庫（財務省）証券　　93, 149, 173
雇用創出等特殊手形　　138, 140
コンクラーベ　　165, 204, 205
混合取引所　　3
混蔵寄託証券　　178, 179
コンゾルチウム　　96, 145
コンツェルンバンク　　142, 170, 208

さ　行

債券業務　　4, 24
債券相場　　130
債券投機　　39
債券取引所　　37, 214
債券利回り　　113
債務証書貸付　　218, 224
債務証書借り入れ　　216, 218

先物取引　　7, 17, 44, 71, 82, 93, 218
先物取引業務　　91
差別的優遇税制　　214
ザラバ　　131
自己金融　　9, 135, 142, 150, 207, 209
自己資本比率　　96
自己投機　　47
自己売買業務　　107
市場集中義務　　96
事前金融　　81, 141
自治体債（券）　　209, 216, 220, 223
指導者原理　　8, 143
指導的取引所　　244
私法上の社団　　178, 274
姉妹取引所　　244
社会的市場経済　　210
社団取引所　　274
シャハト　　7, 110, 140, 148
15 日決済　　41, 112
住宅建築　　209, 220
集中排除　　166, 186, 189, 191
自由取引（所）　　47, 265
自由マークラー　　78, 119, 238, 255
商業会議所　　4, 178, 265
商業協会　　4
商業協議会　　4
商業銀行業務　　6, 24
商業金融　　42
証券協会　　38
証券決済銀行　　122
証券先物取引　　107
証券清算　　180
証券取引所　　3
証券発行引受団　　96
証券流通業務　　107
商工会議所　　17, 38, 103, 179
商工会議所附属取引所　　274
商事マークラー　　72
上場証券　　38
上場審査局　　112
商人組合　　262
商人代表団　　262
商品取引所　　3, 24, 29, 261
信用安定　　18
信用制度法　　136

索　引　297

信用創造　　115, 170
信用連鎖　　116
政府(財務省)手形　　93, 149
西部の窪地　　110, 121
戦時賠償金　　6, 17
宣誓マークラー　　30, 72, 78
専門取引所　　272
占領軍文書　　166, 168
創業時代　　6, 155
相場確定　　108
相場操縦　　107
相場建て　　97, 131, 143, 153, 268
相場調整　　45
相場停止　　171, 176
相場表　　30, 41, 178, 214

た　行

大量注文　　248
立会取引所　　242
ターラー　　40, 67, 156
短期借入金　　116
短期信用　　148
地域取引所　　2, 121, 244
中央資本市場委員会　　216, 222
中央信用委員会　　133, 222
中央取引所　　48, 121, 238, 242, 244
仲介業務　　47
仲裁委員会　　108
長期資金　　116, 148
長期投資資金　　114
直接金融　　13
通貨改革　　17, 170, 180, 182, 205
強気筋　　73
抵当債(券)　　209, 216, 221
鉄道証券　　39
電子取引システム(IBIS)　　11, 241, 246, 271
店頭取引　　109, 178
ドイツ一般商法典　　39, 67, 72
ドイツ株価指数(DAX)　　11, 16, 213, 215, 241
ドイツ株式研究所　　214
ドイツ金融センター　　5, 13
ドイツ先物取引所(DTB)　　11, 219, 237, 238
ドイツ証券取引所連合会　　9, 212, 240
ドイツ証券振替銀行連合　　122
ドイツ中央取引所　　48

ドイツ取引所株式会社　　1, 23, 237, 271
ドイツ・レンダーバンク(BdL)　　192, 196
統　相場　　73
投機資金　　52
投機筋　　45
投機取引　　17, 39, 44
統合参謀本部指令　　182, 193
東西ドイツの統合　　18, 215
投資管理　　141
投資金融　　42, 151, 194
投資信託　　217
投資調整　　141
投資の抑制　　214
登録業者　　81
特殊手形　　136
ドーズ　　111
ドッジ　　181, 190
飛び領土　　205
取引時間　　248
取引所(場)外取引　　94, 107, 109, 112
取引所間競争　　257
取引所規則　　4, 30, 62
取引所調査委員会　　68, 76
取引所長老会　　262
取引所取引　　3, 34, 79
取引所入場者　　119, 143, 179, 269
取引所閉鎖　　94
取引所法　　68, 80, 82
取引所理事会　　108, 143, 178, 185, 266
取引手数料　　253

な・は　行

内部市場　　81, 91, 152
値幅　　249
ノイエマルクト　　14, 237
配当制限　　141
ハイマート(郷土)取引所　　144, 157
ハウスバンク　　9, 14, 142, 170
発券銀行　　66, 137, 195, 209
発行業務　　80
引受け・保証銀行　　132
非中央取引所　　244
秘密積立金　　141
封鎖勘定　　206
封鎖証券　　179

復興金融　207
復興金融公庫(KfW)　194
不動産業務　95
プレミアム取引　44, 71
ベートマン　6, 31, 35
保証シンジケート　132
ポートフォリオ政策　107
本店所在地　144, 198

ま・や行

民営化　215, 220
無記名証券　35
メタリック債　37
メッツラー　6, 31, 32, 209
メフォ手形　7, 138, 140, 148
目論見書　220
闇市場　149
有価証券混蔵寄託銀行　145, 171
有価証券保管・振替機関　109, 123, 145, 156, 180
夕刻取引所　6, 38, 84

ユニバーサル・バンク(・システム)　6, 91, 118, 195, 222
ユニバーサル取引所　272
呼び値　249
弱気筋　73

ら・わ行

ライヒ国庫証券　149
ランデス・ツェントラールバンク(LZB)　196, 197
利害衝突　75
流動性　42, 115, 131, 136
流動性公債　149
ルポール・ロンバード信用　52, 56
レンダー・ウニオンバンク　190, 193, 196
連邦制取引所　244
ロートシルト　6, 9, 17, 18, 35, 51
ロッテリー債(富くじ付債権)　4, 37
猟犬作戦　205
割引国庫証券　149

山口 博教(やまぐち ひろのり)

- 1950年　東京生まれ，55年に北海道へ移転
- 1974年　北海道大学経済学部卒業
- 1980年　北海道大学大学院経済学研究科満期退学
- 1981年　北星学園大学経済学部着任，現在教授
- 1991年　経済学博士(立教大学)

著　書

富森虔児編著『現代の巨大企業——国際比較の視点から』新評論社，1985年(共著，第4章執筆)

『西ドイツの巨大企業と銀行——ユニバーサル・バンク・システム』文眞堂，1988年(単著)

杉江雅彦編『証券・金融市場の新たなる展開』晃洋書房，2002年(共著，第3章執筆)

ドイツ証券市場史——取引所の地域特性と統合過程

2006年2月28日　第1刷発行

著　者　　山　口　博　教

発行者　　佐　伯　　浩

発行所　北海道大学出版会
札幌市北区北9条西8丁目北海道大学構内(〒060-0809)
Tel. 011(747)2308・Fax. 011(736)8605・http://www.hup.gr.jp

岩橋印刷／石田製本　　　　　　　　　　　© 2006　山口博教

ISBN4-8329-6591-3

ドイツ・ユニバーサルバンキングの展開	大矢 繁夫 著	A5・270頁 定価4700円
金融資本論研究 ―コメンタール・論争点―	松井 安信 編著	A5・418頁 定価2800円
支配株主の責任と少数者株主の保護	藤原 雄三 著	A5・344頁 定価4500円
ストック経済のマクロ分析 ―価格・期待・ストック―	久保田 義弘 著	A5・342頁 定価6000円
経済のサービス化と産業政策	松本 源太郎 著	A5・216頁 定価3500円
ニュージャージー・スタンダード石油会社の史的研究	伊藤 孝 著	A5・490頁 定価9500円
北海道の企業 ―ビジネスをケースで学ぶ―	小川 正博 森永 文彦 編著 佐藤 郁夫	A5・320頁 定価2800円

〈定価は消費税を含まず〉

―――― 北海道大学出版会 ――――